損益の区分シフト

経常利益の調整実態と株価への影響

木村晃久［著］
Kimura Akihisa

CLASSIFICATION SHIFTING
IN MULTI-STEP INCOME STATEMENT
An Analysis of Its Patterns and Its Impact on Stock Prices

中央経済社

はしがき

　本書は,「損益の区分シフト」と呼ばれる利益マネジメントを経営者がおこなうか否か,また,それがおこなわれた場合,それによって投資家が誤導されるか否かを検証したものである。損益の区分シフトとは,ある区分(たとえば,営業外費用)に計上すべき損益を別の区分(たとえば,特別損失)に計上することで,ターゲットとなるサブトータルの利益(たとえば,経常利益)の金額を調整することである。

　筆者がこのテーマに関心をもつようになったきっかけは,ある企業の損益計算書を眺めていたときに,営業外費用の区分と特別損失の区分にまったく同じ損益項目が計上されていることを偶然発見したことにある。そのとき大学院生であった筆者は,損益の区分シフトの存在を知らなかったのだが,同じ損益項目を別の区分に計上できるのであれば,それを利用して簡単に経常利益の金額を操作できるはずだということは,容易に想像することができた。

　そこで,先行研究がないか調べてみたところ,当時(2007年ごろ)は,後にこのテーマの seminal paper となる McVay(2006)が世に出たばかりであり,このテーマの嚆矢となる研究である Ronen and Sadan(1975)から30年ものあいだ,関連する論文は数本しかなく,ほとんど研究がおこなわれていないことがわかった。日本企業を対象にこのテーマを検証したものは,(筆者の知るかぎり)当時はまったく存在しなかった。少なくとも日本では目新しい研究テーマを発見できた喜びは大きかった。それからおよそ10年が経過し,ようやく本書のようなかたちにまとめることができた。

　筆者は常々,会計制度の設計にとって有益な実証研究をおこないたいと考えている。実際,日本の損益計算書を対象として損益の区分シフトの研究をおこなうことは,会計制度の設計を考えるうえで,非常に大きな意義をもつといえる。国際会計基準(国際財務報告基準)やアメリカの会計基準に準拠して作成される損益計算書は,日本の損益計算書とは異なる区分表示形式をもつ。その

ため，日本の損益計算書を対象とした分析は，これらの会計基準で日本の損益計算書の区分表示形式が導入された場合に起こりうる経済的帰結を予想するための「疑似実験」として位置づけることができるというわけである。

日本の損益計算書では，一時的な性格をもつ特別損益と，より持続的な性格をもつ経常利益が区分表示される。これにたいし，国際会計基準に準拠して作成される損益計算書では，一時的な性格をもつ損益項目を区分表示することが認められていない。しかも，その理由は，損益の区分シフトの機会をなくすことにあるとされている。そのため，本書の検証は，一時的な損益を区分表示する制度と，それをしない制度のどちらが合理的かを判断するための材料を提供するという意味で，会計制度の設計を考えるうえで有益なものとなるはずである。とくに，国際会計基準を採用する日本企業が増えてきている現状において，また，国際会計基準審議会（IASB）が一時的な損益を区分して表示することについて，プロジェクトを立ち上げて検討中であるという現状において，果たしてどちらの損益計算書の開示形式のほうが投資家にとって望ましいものなのかについては，改めて考えてみなければならない問題であろう。

いっぽうアメリカでは，経営者が一時的だと考える損益を除いて計算した利益（いわゆる「プロ・フォーマ利益」）を，損益計算書の外で自主的に開示する実務が定着している。これは，アメリカの会計基準に準拠して作成される損益計算書の区分表示が，投資家にたいする情報提供という機能を十分には果たせていないことを意味する。本書の検証は，一時的な損益を除いた利益について，制度による強制開示と自主的な開示のどちらが合理的かを判断するための材料を提供するという意味でも，会計制度の設計を考えるうえで有益なものとなるはずである。一時的な損益を区分表示しない国際会計基準を採用する日本企業の増加は，日本においてもプロ・フォーマ利益の開示が増えていく可能性があることを意味しているから，強制開示と自主的な開示の差異についても，改めて考えてみる必要がある問題といえるだろう。

筆者は，本書における検証により，制度によって開示が強制されているサブトータルの利益をターゲットとした損益の区分シフトの実態と，それにたいする投資家の評価という，日本の損益計算書を検証対象とすることではじめて可

能となる経験的証拠の蓄積をおこなうことができたと考えている。これは本書独自の貢献といえる。

さらに本書には，もうひとつ独自の貢献があったと考えている。それは，利益マネジメント研究の新領域の開拓である。これまでの損益の区分シフトにかんする実証研究は，そのすべてが同一会計期間でおこなわれる損益の区分シフトを対象としていた。これにたいし本書では，同一会計期間のみならず，会計期間をまたぐ損益の区分シフトの実態と，それにたいする投資家の評価についても検証をおこなっている。これは，利益マネジメント研究のメインストリームとして位置づけられている「損益の期間配分操作」と，本書の研究テーマである「損益の区分シフト」という，2種類の利益マネジメントが混合した，新しい研究領域とみることができるだろう。

本書は，筆者のおよそ10年にわたる研究をまとめたものである。出版にさいして，サンプルや検証モデル，コントロール変数や統計的有意水準の選択，異常値の処理方法など，各研究のあいだでバラツキが生じないよう，統一を図ったうえで，大幅な加筆修正をおこなった。よって，本書の各章は，〈初出一覧〉に掲げた各章のもとになった論文とは，全く異なったものに仕上がっている。

なお，このような大幅な加筆修正には，一連の研究としての統一感をもたせるだけではなく，もうひとつの意図がある。大規模サンプルをもちいた実証研究では，本書で統一を図ったさまざまな点のうち，いくつかを恣意的に決定することで，自分にとって望ましい結果を得ることができる場合がある。そのため，実証研究は「真実」ではなく，「自分の見たいもの」を見ているのではないかと批判されることもある。本書では，検証にかかるさまざまな点について統一を図ることで，自分にとって望ましい実証結果を得るための操作を極力できないようにすることを心がけている。つまり，本書のこのような試みは，上述した実証研究にたいする批判にたいして，筆者なりに対処することを意図したものでもある。

もちろん，このような実証研究にたいする批判にたいしては，ほんらい理論仮説や検証モデルを精緻化していくことで対処すべきであることは承知してい

る。また，本書において，理論仮説と検証モデルはともに非常にシンプルなものであり，よりいっそうの精緻化が必要であることも承知している。さらに，本書でおこなった研究の諸過程において，思わぬ見落としや誤解があるかもしれない。研究のさらなる進展に向けて，先学諸先生ならびに読者諸賢のご批判，ご叱正をお願い申し上げる。

　本書を刊行するにあたり，さまざまな方々のご支援を受けた。まず，恩師である大日方隆先生（東京大学）には，学部・大学院時代から現在に至るまで，親身なご指導をいただいていることに，深く感謝しなければならない。先生の研究にたいする真に妥協のない姿勢は，（身近に感じることができたからこそ）到底真似できるようなものではないことはわかっているが，それでも一歩でも近づけるように努力していきたい。本書の刊行が，先生から受けた学恩にたいするお返しに，少しでもなっていれば幸いある。

　本書は，筆者の博士論文をもとに，出版にさいして必要な修正を施したものである。大日方先生を含め，審査委員の粕谷誠先生（東京大学），米山正樹先生（東京大学），佐藤整尚先生（東京大学），首藤昭信先生（東京大学）には，審査の過程で有益なコメントを頂戴した。ここに感謝申し上げる。頂戴したコメントは，本書の体系を損なわない範囲で反映したつもりではあるが，なかには反映できなかったコメントもある。それについては今後の研究に活かすことを誓い，お許しを乞いたい。

　博士論文の完成に至るまでには，東京大学の現代会計フォーラム（UTCAF）で複数回にわたる報告の機会をいただいた。また，ここでまとめた研究の一部は，日本会計研究学会や日本ファイナンス学会で報告をおこなったものがベースとなっている。個別のお名前を記さないが，筆者がおこなったこれらの研究報告にたいし，多くの先生方から貴重なコメントを頂戴した。この場を借りて，お礼申し上げる。

　現在の勤務先である，横浜国立大学経営学部の先生方には，日ごろから大変お世話になっている。快適な職場環境を提供していただいていること，また，財政事情が厳しいなか，このような実証分析をおこなうために必要不可欠なデータベースを整備していただいていることに感謝したい。

筆者が大学教員としてのキャリアをスタートした，前任校の埼玉学園大学の先生方にもお世話になった。とくに，当時経営学部長であった新田忠誓先生（一橋大学名誉教授）には，現在に至るまで，さまざまなお仕事でご一緒させていただくことで，多くの貴重な経験を得ることができている。心から感謝するとともに，今後もそのご厚恩に報いるべく，努力を重ねていきたい。

　なお，本書のベースとなった研究の一部は，科学研究費補助金・若手研究(B)（課題番号24730383および26780248）による助成をいただいた。また，本書の出版にあたっては，一般財団法人産業経理協会から出版助成をいただいた。ここに厚く感謝申し上げる。さらに，出版事情の厳しいなか，本書のような市場性の乏しい研究書の出版を快くお引き受けいただいた中央経済社と，編集に携わってくださった田邉一正氏にお礼申し上げる。

　最後に，慣例ながら，筆者が研究者としての人生を歩むことを後押ししてくれた両親の博昭と邦子，弟の将之，普段から筆者を支えてくれている家族の優子，真大，匡志，昂平に本書を捧げたい。家族のサポートがなければ，博士論文を書き上げ，本書を出版するには至らなかったであろう。

2019年1月

　　　　　　　　　　　　　　　　　　　　　　　　　　　　木村　　晃久

目　次

序　章
本書の目的と構成
第1節　本書の意義と目的・1
(1) 利益の区分表示にかんする制度と実務　1
(2) 損益の区分シフトとは　2
(3) 一時的な損益を区分表示することの是非　3
(4) 本書の目的　4
第2節　本書の特徴・5
(1) 日本固有の開示制度環境を活かした分析　5
(2) 会計期間をまたぐ損益の区分シフトの検証　5
(3) 個別の損益項目に着目した追検証　6
第3節　本書の構成・7
(1) 損益の区分シフトの実態　7
(2) 損益の区分シフトにたいする投資家の評価　8
(3) 損益の区分シフト―固定資産の費用配分に着目して―　9

第1部　損益の区分シフトの実態

第1章
同一時点の損益の区分シフトにかんする実態分析
―区分選択項目に着目して―
第1節　はじめに・13
(1) 利益マネジメントの類型　13
(2) IASBによる基本財務諸表プロジェクト　14
(3) 経営者によるサブトータルの利益の調整　15
(4) 本章の目的と構成　16
第2節　先行研究・17

  （1）　損益の区分シフトの実態　17
  （2）　プロ・フォーマ利益の裁量的決定　21
  （3）　本章の特徴　24
 第 3 節　サンプル・25
  （1）　区分選択項目の記述統計量　25
  （2）　区分選択項目と経常利益の相関関係　27
 第 4 節　シフト率の定義と分布・28
  （1）　シフト率の定義　28
  （2）　シフト率の分布　29
 第 5 節　シフト率の変化に着目した損益の区分シフトの実態分析・31
  （1）　シフト率の変化の分布　31
  （2）　損益の区分シフトの実態にかんする分析結果　34
  （3）　追加的検証　38
 第 6 節　おわりに・40

第 2 章
会計期間をまたぐ損益の区分シフトにかんする実態分析
―特別損失の頻度と規模に着目して―

 第 1 節　はじめに・43
  （1）　会計期間をまたぐ損益の区分シフト　43
  （2）　本章の目的と構成　44
 第 2 節　先行研究・45
  （1）　特別項目の計上実態　45
  （2）　ビッグ・バス　47
 第 3 節　サンプル・51
  （1）　特別損益と経常利益の記述統計量　52
  （2）　特別損益と経常利益の相関関係　53
 第 4 節　特別損失の頻度に着目した損益の区分シフトの実態分析・55
  （1）　特別損失の計上頻度の分布　55
  （2）　継続的な損益の区分シフトの実態にかんする分析結果　57
  （3）　追加的検証　63

第 5 節　特別損失の規模に着目した損益の区分シフトの実態分析・67
　　　（1）　特別損失の規模の分布　67
　　　（2）　異時点間の損益の区分シフトの実態にかんする分析結果　70
　　　（3）　追加的検証　74
第 6 節　おわりに・75

第 2 部 ■ 損益の区分シフトにたいする投資家の評価

第 3 章
同一時点の損益の区分シフトにたいする投資家の評価
―区分選択項目に着目して―

第 1 節　はじめに・79
　　　（1）　利益の区分表示と損益の区分シフト　79
　　　（2）　本章の目的と構成　81
第 2 節　先行研究・82
　　　（1）　特別損益（特別項目）にたいする投資家の評価　82
　　　（2）　損益の区分シフトにたいする投資家の評価　83
　　　（3）　プロ・フォーマ利益にたいする投資家の評価　85
　　　（4）　本章の特徴　88
第 3 節　仮説構築・88
　　　（1）　利益の持続性と価値関連性　88
　　　（2）　損益の区分シフトが利益の持続性にあたえる影響　90
　　　（3）　投資家による損益の区分シフトへの対応　91
第 4 節　サンプル・92
　　　（1）　記述統計量　93
　　　（2）　相関マトリックス　95
第 5 節　検証モデルと検証結果・96
　　　（1）　検証モデル　96
　　　（2）　検証結果　99
第 6 節　追加的検証・101
　　　（1）　将来利益の予測能力　101

（2）識別規準の変更　105
　　第 7 節　おわりに・106

第 4 章
継続的な損益の区分シフトにたいする投資家の評価
―特別損失の継続的な認識に着目して―

　　第 1 節　はじめに・109
　　第 2 節　先行研究・110
　　第 3 節　仮説構築・111
　　第 4 節　サンプル・113
　　　　（1）記述統計量　114
　　　　（2）相関マトリックス　115
　　第 5 節　検証モデルと検証結果・116
　　　　（1）検証モデル　116
　　　　（2）検証結果　118
　　第 6 節　追加的検証・120
　　　　（1）将来利益の予測能力　120
　　　　（2）識別規準の変更　123
　　第 7 節　おわりに・123

第 5 章
異時点間の損益の区分シフトにたいする投資家の評価
―大規模な特別損失に着目して―

　　第 1 節　はじめに・125
　　第 2 節　先行研究・126
　　　　（1）一時的な損失にたいする投資家の評価　126
　　　　（2）裁量的に決定された一時的な損失にたいする投資家の評価　129
　　　　（3）本章の特徴　130
　　第 3 節　仮説構築・130
　　第 4 節　サンプル・131

　　　　（1）記述統計量　132
　　　　（2）相関マトリックス　134
　　第5節　検証モデルと検証結果・135
　　　　（1）検証モデル　135
　　　　（2）検証結果　137
　　第6節　追加的検証・138
　　　　（1）将来利益の予測能力　138
　　　　（2）識別規準の変更　142
　　第7節　おわりに・142

第3部 ■ 損益の区分シフト
―固定資産の費用配分に着目して―

第6章
損益の区分シフトにかんする実態分析
―固定資産の費用配分に着目して―

　　第1節　はじめに・147
　　　　（1）固定資産の費用配分にかんする損益項目に着目する理由　147
　　　　（2）本章の目的と構成　148
　　第2節　サンプル・150
　　　　（1）固定資産処分損益と減損損失の記述統計量　150
　　　　（2）固定資産処分損益や減損損失と他の損益の相関関係　153
　　第3節　固定資産処分損益の区分変更に着目した分析・154
　　　　（1）固定資産処分損益の計上区分の変更パターン　154
　　　　（2）固定資産処分損益の区分変更の経常利益にたいするインパクト　156
　　第4節　減損・処分損の頻度に着目した損益の区分シフトの実態分析・159
　　　　（1）減損・処分損の計上頻度の分布　160
　　　　（2）継続的な損益の区分シフトの実態にかんする分析結果　163
　　　　（3）追加的検証　167

第5節　減損損失の規模に着目した損益の区分シフトの実態分析・169
　　　（1）減損損失の規模の分布　169
　　　（2）異時点間の損益の区分シフトの実態にかんする分析結果　172
　　　（3）追加的検証　176
第6節　おわりに・177

第7章
同一時点の損益の区分シフトにたいする投資家の評価
―固定資産処分損益の区分変更に着目して―

第1節　はじめに・179
第2節　仮説構築・180
第3節　サンプル・182
　　　（1）記述統計量　182
　　　（2）相関マトリックス　184
第4節　検証モデルと検証結果・185
　　　（1）検証モデル　185
　　　（2）検証結果　187
第5節　追加的検証・189
　　　（1）将来利益の予測能力　189
　　　（2）企業のグルーピングの変更　192
第6節　おわりに・193

第8章
継続的な損益の区分シフトにたいする投資家の評価
―固定資産の償却不足に着目して―

第1節　はじめに・195
第2節　仮説構築・196
第3節　サンプル・198
　　　（1）記述統計量　199

（2）　相関マトリックス　201
　　　第4節　検証モデルと検証結果・202
                （1）　検証モデル　202
                （2）　検証結果　204
　　　第5節　追加的検証・206
                （1）　将来利益の予測能力　206
                （2）　識別規準の変更　210
　　　第6節　おわりに・211

第9章
異時点間の損益の区分シフトにたいする投資家の評価
――大規模な減損損失に着目して――
　　　第1節　はじめに・213
　　　第2節　仮説構築・214
　　　第3節　サンプル・216
                （1）　記述統計量　217
                （2）　相関マトリックス　219
　　　第4節　検証モデルと検証結果・220
                （1）　検証モデル　220
                （2）　検証結果　221
　　　第5節　追加的検証・223
                （1）　将来利益の予測能力　223
                （2）　識別規準の変更　226
　　　第6節　おわりに・227

終　章
総括と展望
　　　第1節　各章の発見事項・229
                （1）　損益の区分シフトの実態　229
                （2）　損益の区分シフトにたいする投資家の評価　230

　　　　　（3）損益の区分シフト―固定資産の費用配分に着目して―　231
　第2節　本書の結論・232
　第3節　制度的インプリケーション・233
　第4節　課題と展望・235
　　　　　（1）本書の限界とそれにたいする今後の展望　235
　　　　　（2）経常利益と特別損益の区分を超えて　237

参考文献・239
索　　引・249

〈初出一覧〉

　本書は博士論文『区分式損益計算書における損益の区分シフト―その実態と株価への影響―』をもとに，出版にあたって見直しをおこない，必要な修正を施したものである。本書（および，博士論文）の各章のもとになった論文（すべて単著）の初出時点と公刊誌は以下のとおりである。なお，本書（および，博士論文）の執筆にあたり，これらを全面的に見直し，大幅な加筆修正をおこなった。

章	発表年	論文タイトルと公刊誌
第1章	2010	「損益項目のシフトを利用した利益マネジメント」『埼玉学園大学紀要経営学部篇』(10)：109-119.
第2章	2016	「特別損益の計上パターンと利益マネジメントの関係」『横浜経営研究』37 (1)：155-179.
第3章	2009	「利益マネジメントにたいする投資家の評価―減益や損失の回避を目的とした損益項目のシフトを題材として―」『東京大学経済学研究』(51)：17-28.
第4章	2016	「経常的特別損失に対する投資家の評価」『會計』190 (5)：563-575.
第5章	2007	「特別損失計上後の利益にたいする投資家の評価」『企業会計』59 (12)：130-134.
第6章	2015	「減損損失の認識頻度とタイミングの企業間差異」『横浜経営研究』36 (1)：105-132.
第6章	2017	「わが国損益計算書における固定資産処分損益の区分シフト」『横浜経営研究』37 (3-4)：103-125.
第7章	2013	「固定資産処分損益の表示区分操作を利用した利益平準化のValue Relevance」『横浜経営研究』33 (4)：81-92.
第8章	2016	「固定資産の償却不足に対する投資家の評価」『横浜経営研究』37 (2)：193-205.
第9章	2015	「減損会計情報の価値関連性」『會計』188 (4)：483-495.

　上述した論文における研究成果の一部は，JSPS科研費24730383，およびJSPS科研費26780248の助成を受けたものである。

序　章

本書の目的と構成

第1節　本書の意義と目的

（1）　利益の区分表示にかんする制度と実務

　日本の財務諸表開示制度に準拠して作成された（連結）損益計算書では，ボトムラインとしての純利益だけではなく，サブトータルとして，売上総利益，営業利益，経常利益といった利益を開示することが要求されており，経常利益と特別損益は区分表示されることになる（財務諸表等規則第69条，連結財務諸表規則第48条）。経常利益と特別損益のちがいは，それが発生する原因となった取引の経常性にある。経常利益にくらべ，特別損益の区分には，一時的な性格をもつ項目が計上されることになる。

　日本以外に目を向けると，たとえばIASB（International Accounting Standards Board）による開示制度は，IAS 1（International Accounting Standards No. 1, *Presentation of Financial Statements*）で規定されているとおり，特別損益と同様，一時的な性格をもつ異常項目（Extraordinary Items）を区分して表示することが認められていない（IAS 1, par. 87）。また，米国のFASB（Financial Accounting Standards Board）による開示制度においても，2015年1月に公表したASU 2015-01（Accounting Standards Update 2015-01, *Income Statement—Extraor-*

dinary Items and Unusual Items）によって，異常項目の区分表示は廃止された。ただし，米国では，企業が自主的に一時的と思われる損益を除外して算定したプロ・フォーマ利益（Pro Forma Earnings）を開示する実務が普及している。また，財務諸表本体や注記において，一時的な性格をもつ特別項目（Special Items）を強調するかたちで表示することもできる。

（2）損益の区分シフトとは

このように，制度上，損益計算書において一時的な損益を区分して表示するか否かは，国や地域，また時代によって大きく異なる。その理由は，一時的な損益を区分して表示することで，財務諸表利用者（とくに投資家）にとって有用な情報が提供できるという見解と，一時的な損益を区分して表示することを認めることで，経営者に「損益の区分シフト」（Classification Shifting）と呼ばれるタイプの利益マネジメント（Earnings Management）の機会をあたえてしまうことになり，それによって投資家が誤導される可能性があるから望ましくないとする見解が，真っ向から対立していることにある。

ここで，損益の区分シフトとは，ある区分に計上すべき損益を別の区分に計上することで，ターゲットとなるサブトータルの利益の金額を調整することである。日本の損益計算書では，たとえば経常利益の構成要素である営業外損益に計上すべき損益を，経常利益とは区分される特別損益に計上することで，ターゲットとなる経常利益の金額を調整することができる。これは，実体上の利益マネジメント（Real Earnings Management）や損益の期間配分操作（Accruals Earnings Management）と並ぶ，第3の利益マネジメントとして，近年学界で注目を浴びているものである。

もちろん，一時的な損益を区分して表示することが禁止されれば，経営者がそれを利用した損益の区分シフトをおこなうことはできなくなる。実際，IAS 1において，異常項目の区分表示を廃止した理由は，損益が異常項目であるか否かを経営者が裁量的に決定する，つまり，損益の区分シフトを実行する機会をなくすことにあった（IAS 1, par. BC64）。しかし，損益の区分シフトによって投資家が誤導されない限り，この廃止理由は合理的なものとはいえない。「損益計算書において一時的な損益を区分して表示すべきか否か」という制度

上の問題に答えるためには，損益の区分シフトによって投資家が誤導されるか否かをあきらかにする必要があるのである。

(3) 一時的な損益を区分表示することの是非

これまでおこなわれてきた実証研究のなかには，一時的な損益を区分して表示することを支持する結果を報告するものもあれば，それを支持しない結果を報告するものもある。たとえば，株価（または，株式リターン）と利益の関連性が，利益の構成要素によって異なり，その差異は利益の持続性の差異と関連していることをあきらかにした Lipe（1986）をはじめとするいくつかの実証研究は，一時的な損益を区分して表示することを支持するものといえる（Jones and Smith 2011；大日方 2006）。また，損益の区分シフトによって投資家が誤導されるわけではないことをあきらかにした Athanasakou et al.（2011）や Abdalla and Clubb（2016）は，これを間接的に支持するものといえる。いっぽう，コア利益（Core Earnings）をターゲットとした損益の区分シフトによって投資家が誤導されることをあきらかにした Alfonso et al.（2015）や Abdalla（2016）は，一時的な損益を区分して表示することを支持しないものである。経営者によって裁量的に決定されたプロ・フォーマ利益にたいして，投資家が誤った評価をすることをあきらかにした研究も同様に，これを支持しないものである（Doyle et al. 2003；Lougee and Marquardt 2004；Landsman et al. 2007；Brown et al. 2012；Curtis et al. 2014）。

ただし，一時的な損益を区分して表示することを支持しない結果が得られている先行研究が検証対象としていたのは，制度上，財務諸表本体において開示が要求されていないコア利益やプロ・フォーマ利益をターゲットとした損益の区分シフトである。経営者がこれらの利益を調整する動機や調整可能な範囲，また，それにたいする投資家の評価は，本体において開示が要求され，監査の対象となる利益とは異なるはずである。そのため，制度上開示を要求されていない利益を対象とした検証結果は，それを要求されている利益を対象とした場合にも同様に得られるとは限らない。

(4) 本書の目的

上述したように，日本の（連結）損益計算書では，経常利益と特別損益は区分表示される。また，経営者は，経常利益と特別損益の区分をある程度は裁量的に決定することができる[1]。これは，財務諸表本体に開示される経常利益をターゲットとした損益の区分シフトが，日本の（連結）損益計算書においても実行可能であることを意味している。しかし，日本企業を対象として，経常利益をターゲットとした損益の区分シフトの実態を検証した研究や，それにたいする投資家の評価を検証した研究の蓄積は，ほとんどないといってよい。

本書の目的は，日本の区分式損益計算書を対象として，経常利益をターゲットとした損益の区分シフトが経営者によっておこなわれているか否か（損益の区分シフトの実態），また，それがおこなわれている場合，それによって投資家が誤導されてしまうことがあるか否か（損益の区分シフトにたいする投資家の評価）について，実証的な検証をつうじてあきらかにすることである。本書において，損益の区分シフトの実態分析は，損益の区分シフトにたいする投資家の評価を検証するための準備段階として位置づけられる。

本書の意義は，研究成果の蓄積が進んでいない，制度上開示を要求されている利益をターゲットとした損益の区分シフトにかんする研究をおこなうことで，損益計算書において一時的な損益を区分表示すべきか否かという開示制度上の問題にたいして，判断材料を提供することにある。現在IASBでは，財務報告におけるコミュニケーションの改善プロジェクト（Better Communication in Financial Reporting）の一環として，基本財務諸表プロジェクト（Primary Financial Statements）が進められている。2018年9月に開催されたIASB Meetingのアジェンダ・ペーパー（Agenda Paper 21C, *Unusual or Infrequent Items*）では，一時的な性格をもつ損益項目の識別指針を提供することはチャレンジングであるものの，それは財務諸表情報として提供すべきものであると考えていること

---

1 たとえば，「企業会計原則注解」の注12では，「特別損益に属する項目であっても，金額の僅少なもの又は毎期経常的に発生するものは，経常利益計算に含めることができる。」と規定されている。

をあきらかにしている（IASB 2018, par. 20）。IASB によるこのような一時的な損益の取り扱いにたいする方針の変更は，経済合理的なものといえるのだろうか。その判断材料を提供するという意味で，本書は大きな意義をもつであろう。

第2節　本書の特徴

（1）　日本固有の開示制度環境を活かした分析

　上述したように，損益の区分シフトにかんする先行研究が対象としているのは，制度上開示を要求されていないコア利益やプロ・フォーマ利益であり，そこでの検証結果は，日本の損益計算書における経常利益のように，制度上，財務諸表本体に開示を強制されている利益を対象とした場合にも同様に得られるとは限らない。本書の第1の特徴は，日本固有の開示制度環境を活かし，財務諸表本体に開示を強制されている経常利益をターゲットとした損益の区分シフトについて検証をおこなう点にある。本書の検証は，IASB が一時的な損益を強制開示することで引き起こされる経済的帰結を予測するうえで有益な「擬似実験」としてとらえることができよう。

（2）　会計期間をまたぐ損益の区分シフトの検証

　これまでの先行研究において検証されている損益の区分シフトは，同一の会計期間（同一時点）でおこなわれているものに限定されている。しかし，損益の区分シフトは，ある区分に計上すべき損益を別の区分に計上することで，ターゲットとなる利益の金額を調整することであるから，会計期間をまたぐかたちでの区分の変更もまた，損益の区分シフトと呼ぶことができる。たとえば，業績悪化時に将来の費用を先取り計上することで，将来の費用負担を減らすことを目的とした，ビッグ・バス（Big-Bath Accounting）と呼ばれる利益マネジメントは，将来の経常費用を特別損失として先取り計上した場合，会計期間をまたぐかたちで損益の区分シフトがおこなわれていることになる。また，Penman（2013）でも指摘されているように，固定資産処分損や減損損失を継続的に計

上する企業は，減価償却費を過小計上している可能性が高い。これは，日本の開示制度のように固定資産処分損や減損損失が特別損失として計上される場合，継続的に経常費用とすべき費用を特別損失として計上する損益の区分シフトをおこなっているとみることができる。

損益の区分シフトのターゲットとなる利益が制度上開示を強制されている場合，経営者はその利益を開示しないという選択肢がない。そのため，経営者はそのターゲットとなる利益を継続的に調整しようとするはずである。結果として，会計期間をまたぐ損益の区分シフトは，ターゲットとなる利益が制度上開示を強制されている，日本のような開示制度をもつ場合に助長されることになるはずである。区分式損益計算書において，一時的な性格をもつ損益を区分表示すべきか否かという問題に答えるためには，このような会計期間をまたぐ損益の区分シフトによっても，投資家が誤導されるか否かを確認しておく必要がある。そこで，本書では，先行研究にはみられない，会計期間をまたぐかたちでの損益の区分シフトについても検証をおこなうことにした。これが本書の第2の特徴である。

(3) 個別の損益項目に着目した追検証

損益の区分シフトの手段としてもちいられる特別損益は，さまざまな特性をもつ項目から構成されており，同じ特別損益項目に該当するものであっても，損益の区分シフトの手段としての利用可能性やその効果は，項目ごとに大きく異なる。たとえば，リストラ費用のように，その項目のなかに他の区分の費用または損失として計上されるべき項目を混ぜることができるようなものもあれば，固定資産処分損益のように，経常利益の構成要素である営業外損益と，経常利益とは区分される特別損益の双方の区分に計上可能な区分選択項目もある。また，償却性資産の減損損失のように，その損失額を大きく見積もることで，将来の経常費用として認識される減価償却費が小さくなり，結果として会計期間をまたぐ損益の区分シフトが可能となる項目もある。損益項目をひとくくりにして検証をおこなった場合，このような差異が無視されることになる。

また，損益項目をひとくくりにして検証をおこなった場合，経営者が個別の損益項目を組み合わせて，全体として損益の区分シフトをおこなっている実態

をとらえられる可能性は高くなるものの，損益の区分シフトに利用できない項目が含まれることにより，実際は損益の区分シフトをおこなっていないにもかかわらず，それがおこなわれているものとして識別してしまう可能性も高くなる。個別の損益項目を対象として検証をおこなえば，前者の可能性は低くなるものの，後者の可能性を低くすることもできる。

このように，個別の損益項目を対象とした研究をおこなうことにはメリットがあるにもかかわらず，損益の区分シフトにかんする先行研究では，個別の損益項目に着目した検証がほとんどおこなわれていない。本書の第3の特徴は，いくつかの損益項目をひとくくりにした特別損益や区分選択項目に着目した検証を補完する目的で，個別の損益項目に着目した追検証をおこなう点にある。

第3節　本書の構成

本書は，第1部「損益の区分シフトの実態」，第2部「損益の区分シフトにたいする投資家の評価」，および第3部「損益の区分シフト―固定資産の費用配分に着目して―」からなる全9章と，序章（本章）および終章で構成されている。なお，第1部は第1章と第2章の全2章，第2部は第3章から第5章の全3章，第3部は第6章から第9章の全4章で構成されている。

本書の目的は，日本の（連結）損益計算書を対象として，経常利益をターゲットとした損益の区分シフトの実態と，それにたいする投資家の評価について，実証的な検証をつうじてあきらかにすることである。この目的の前段は第1部で，後段は第2部で検証される。なお，第3部は，第1部と第2部でおこなった，損益項目をひとくくりにした検証について，個別の損益項目に着目して追検証をおこなうことを目的としたものである。

以下では，各部の構成と主要な結果を簡潔に示す。

（1）　損益の区分シフトの実態

第1部は，第1章「同一時点の損益の区分シフトにかんする実態分析―区分選択項目に着目して―」と，第2章「会計期間をまたぐ損益の区分シフトにか

んする実態分析―特別損失の頻度と規模に着目して―」の全2章で構成されている。本書の最終的な目的は，損益の区分シフトによって投資家が誤導されてしまうことがあるか否かをあきらかにすることである。そのため，第1部では，その準備段階として，区分選択項目や特別損益を利用した損益の区分シフトの実態をあきらかにすると同時に，それをおこなっている企業の識別規準の妥当性を検討することになる。

　まず，第1章では，経営者が区分選択項目を利用して損益の区分シフトをおこなった場合，その項目の計上区分や計上割合に特徴的な変化が表れることに着目して，損益の区分シフトの実態を分析する。検証結果は，経常利益を増大させるように区分選択項目の計上区分やその計上割合を大幅に変更している企業グループが，その項目を利用して，それをおこなっていない企業グループと遜色のない経常利益や経常増益を達成するために，同一時点の損益の区分シフトをおこなっていることを示唆するものであった。

　つぎに，第2章では，経営者が損益の区分シフトをおこなった場合，その特別損失の頻度や規模に特徴的な傾向が表れる点に着目して，損益の区分シフトの実態を分析する。なお，第2章では，同一時点の損益の区分シフトではなく，会計期間をまたぐ損益の区分シフトを検証対象としている。検証結果は，経済的に無視できない大きさの特別損失を継続的に計上している企業グループが，損益の区分シフトを継続的におこなっていることを示唆するものであった。また，大規模な特別損失を計上している企業グループが，将来の経常費用を特別損失として先取り計上する，異時点間の損益の区分シフトをおこなっていることを示唆する結果も得られた。

（2）　損益の区分シフトにたいする投資家の評価

　第2部は，第3章「同一時点の損益の区分シフトにたいする投資家の評価―区分選択項目に着目して―」，第4章「継続的な損益の区分シフトにたいする投資家の評価―特別損失の継続的な認識に着目して―」，そして第5章「異時点間の損益の区分シフトにたいする投資家の評価―大規模な特別損失に着目して―」の全3章で構成されている。第2部では，第1部で検討した損益の区分シフトをおこなっている企業の識別規準をもちいて，さまざまなタイプの損

益の区分シフトによって，投資家が誤導されてしまうことがあるか否かをあきらかにすることになる。

　まず，第3章では，第1章であきらかにした，区分選択項目を利用した同一時点の損益の区分シフトによって，投資家が誤導されてしまうことがあるか否かについて検証をおこなう。つぎに，第4章では，第2章第4節であきらかにした，特別損失を利用した継続的な損益の区分シフトによって，投資家が誤導されてしまうことがあるか否かについて検証をおこなう。最後に，第5章では，第2章第5節であきらかにした，将来の経常費用を特別損失として先取り計上する，異時点間の損益の区分シフトによって，投資家が誤導されてしまうことがあるか否かについて検証をおこなう。

　これらの検証結果は，たいていのケースにおいて，損益の区分シフトによって生じた，損益項目がもつ恒久利益（持続可能な利益）にかんする情報内容の差異を反映して，投資家が損益の区分シフトをおこなっている企業の損益項目を株式評価に利用していることを示唆するものであった。また，損益項目がもつ情報内容の差異がわからない場合であっても，投資家は，損益の区分シフトによって情報の信頼性が低下したことを反映して，当該損益項目を割り引いたうえで株式評価に利用することもあきらかになった。このことから，少なくとも投資家は，これらの損益の区分シフトに誤導されないといえる。

（3）　損益の区分シフト—固定資産の費用配分に着目して—

　第3部は，第6章「損益の区分シフトにかんする実態分析—固定資産の費用配分に着目して—」，第7章「同一時点の損益の区分シフトにたいする投資家の評価—固定資産処分損益の区分変更に着目して—」，第8章「継続的な損益の区分シフトにたいする投資家の評価—固定資産の償却不足に着目して—」，そして第9章「異時点間の損益の区分シフトにたいする投資家の評価—大規模な減損損失に着目して—」の全4章で構成されている。第3部は，個別の損益項目に着目した追検証である。

　第6章は，本書の第1部に対応するものである。検証結果は，固定資産処分損益の区分変更を利用した，同一時点の損益の区分シフトをおこなっている企業が一定程度の割合で存在することを示唆するものであった。また，経済的に

無視できない大きさの減損・処分損（減損損失と固定資産処分損益の合計値）を継続的に計上している企業グループが，固定資産の償却不足を利用した継続的な損益の区分シフトをおこなっていることを示唆する結果も得られた。さらに，大規模な減損損失を計上している企業グループが，将来の減価償却費を減損損失として先取り計上する，異時点間の損益の区分シフトをおこなっていることを示唆する結果も得られた。

　第7章から第9章は，本書の第2部の第3章から第5章に対応するものである。まず，第7章では，第6章第3節であきらかにした，固定資産処分損益の区分変更を利用した同一時点の損益の区分シフトによって，投資家が誤導されてしまうことがあるか否かについて検証をおこなう。つぎに，第8章では，第6章第4節であきらかにした，固定資産の償却不足を利用した継続的な損益の区分シフトによって，投資家が誤導されてしまうことがあるか否かについて検証をおこなう。最後に，第9章では，第6章第5節であきらかにした，将来の減価償却費を減損損失として先取り計上する，異時点間の損益の区分シフトによって，投資家が誤導されてしまうことがあるか否かについて検証をおこなう。これらの検証結果は，第2部で得られた検証結果と整合的なものであった。

　最後に，終章「総括と展望」では，各章の発見事項の要約をおこなったうえで，本書の結論を提示する。そして，本書では扱うことのできなかった課題と将来の研究に向けた展望を示す。

第 **1** 部

損益の区分シフトの実態

第1章 同一時点の損益の区分シフトにかんする実態分析
　　　　―区分選択項目に着目して―
第2章 会計期間をまたぐ損益の区分シフトにかんする
　　　　実態分析
　　　　―特別損失の頻度と規模に着目して―

第 1 章

同一時点の損益の区分シフトにかんする実態分析
―区分選択項目に着目して―

第1節 はじめに

(1) 利益マネジメントの類型

　経営者が一般に公正妥当と認められた会計原則（Generally Accepted Accounting Principles；GAAP）の範囲内で，特定の目的を達成するために報告利益を調整することを利益マネジメントという[1]。利益マネジメントにはさまざまな手段があるが，それは実体上の利益マネジメントと会計上の利益マネジメントに大別され，後者はさらに損益の期間配分操作と損益の区分シフトに分類することができる。

　実体上の利益マネジメントは，報告利益を調整するために取引そのものを調整することであり，研究開発投資の抑制による費用の削減が，その代表例として挙げられる。これにたいし，会計上の利益マネジメントは，報告利益を調整するために，取引そのものではなく会計方針や会計上の見積もりを調整するこ

---

[1] これにたいし，GAAPを逸脱して会計利益を調整することを会計不正（Manipulation）と呼び，利益マネジメントとは区別される。なお，利益マネジメントの定義にはさまざまなものがあり，ここでの定義は首藤（2010）でもちいられているものと同様のものである。他の定義については，たとえばRonen and Yaari（2007）を参照。

とである。このうち，損益の期間配分操作は，減価償却方法の変更や減損会計における回収可能価額の見積もりの調整といった，損益の規模とタイミングの調整である。いっぽう，損益の区分シフトは，たとえば「リストラ費用」といった包括的な項目を特別損失として計上し，そのなかにほんらい経常的な費用として計上しなければならない損益項目を紛れ込ませるといった，損益の計上区分の調整である。経営者は，利益マネジメントによるコストとベネフィットを勘案して，これらの手段を選択・実行することになる[2]。

（2） IASBによる基本財務諸表プロジェクト

現在IASBが採用しているIAS 1では，異常項目を区分して表示することが認められていない（IAS 1, par. 87）。IASBが異常項目の区分表示を廃止した理由は，損益が異常項目であるか否かを経営者が裁量的に決定する，つまり，損益の区分シフトを実行する機会をなくすことにあった（IAS 1, par. BC64）。しかし，現在IASBでは，財務報告におけるコミュニケーションの改善プロジェクトの一環として，基本財務諸表プロジェクトが進められており，2018年9月に開催されたIASB Meetingのアジェンダ・ペーパーでは，一時的な性格をもつ損益項目を識別し，財務諸表情報として提供すべきであると考えていることをあきらかにしている（AP 21C, par. 20）。これは，IASBが財務諸表の表示にかんする方針を転換しようとしていることを意味するものといえる。

異常項目の区分表示を廃止することは，経営者が損益の区分シフトを実行する機会をなくすことにつながるが，財務諸表情報の利用者（とくに投資家）が損益の区分シフトによって誤導されないのであれば，それを禁止すべき必然性はない。そのうえ，Ronen and Yaari（2007）や大日方（2013a）でも指摘されているように，利益マネジメントには経営者がもつ将来キャッシュフローにかんする内部情報を顕示するタイプのものも存在するから，損益の区分シフトを実行する機会をなくすことは，経営者から将来キャッシュフローにかんする内部情報を顕示する機会を奪ってしまうことになるかもしれない。基本財務諸表

---

2 経営者による利益マネジメント手段の選択にかんして実証的に検証したものとして，たとえばAbernathy *et al.*（2014）を参照。

プロジェクトにおいて提案されている，一時的な性格をもつ損益項目を財務諸表情報として提供することの是非を判断するためには，それによって経営者が投資家を誤導するような損益の区分シフトをおこなうようになるか否かをあきらかにしなければならない。

　日本では，（連結）損益計算書のなかで経常利益と特別損益が区分表示される。また，特別損益は一時的な性格をもち，経常利益と特別損益の区分の決定には，経営者にある程度の裁量の余地がある。よって，日本企業を対象に，経常利益と特別損益の区分の裁量性を利用した損益の区分シフトの実態と，それにたいする投資家の評価を実証的に分析すれば，その検証結果は，IASBの基本財務諸表プロジェクトにおいて提案されている開示方法の是非を判断するための検討材料として有益なものになるだろう。

（3）　経営者によるサブトータルの利益の調整

　本書の目的は，日本の区分式損益計算書を対象として，経常利益をターゲットとした損益の区分シフトが経営者によっておこなわれているか否か，また，それがおこなわれている場合，それによって投資家が誤導されてしまうことがあるか否かについて，実証的な検証をつうじてあきらかにすることである。本書の目的の前段は，その後段を検証するための準備段階でもある。そのため，本書の第1部では，損益計算書上，開示が強制されている経常利益をターゲットとした損益の区分シフトが経営者によっておこなわれているか否かについて検証をおこなう。

　損益の区分シフトについて，その存在を実証的にはじめてあきらかにしたのはRonen and Sadan（1975）であるが，それが学界でとくに注目されるようになったのはMcVay（2006）以降と，比較的新しい研究テーマである。次節であきらかにするように，経営者が損益の区分シフトをおこなっているとする検証結果の蓄積は，米国をはじめとする諸外国の企業を対象として，近年急速に進んできている（Athanasakou *et al.* 2007, 2009, 2010 ; Barua *et al.* 2010 ; Fan *et al.* 2010 ; Robinson 2010 ; Haw *et al.* 2011 ; Behn *et al.* 2013 ; Abernathy *et al.* 2014 ; Desai and Nagar 2016 ; Fan *et al.* 2016 ; Joo and Chamberlain 2016 ; Li 2016 ; Nagar and Sen 2016 ; Zalata and Roberts 2016, 2017 ; Fan and Liu 2017）。しかし，損益の区分シフ

トの実態について，日本企業を対象として実証的にあきらかにした研究は少ない（永田・白土 2013 ; Chae and Nakano 2015）。

　米国では，企業が自主的に一時的と思われる損益を除外して算定したプロ・フォーマ利益を開示する実務が普及している。プロ・フォーマ利益は，企業ごと，年度ごとにプロ・フォーマ利益に含める損益項目を選択することができる。実質的にみて，これは損益の区分シフトと同様の利益マネジメントである。プロ・フォーマ利益については，その計算方法（どの損益項目をプロ・フォーマ利益に含めるか）を経営者が裁量的に決定していることを実証的にあきらかにした先行研究が数多く存在する（Bhattacharya *et al.* 2004 ; Entwistle *et al.* 2005 ; Black and Christensen 2009 ; Barth *et al.* 2012 ; Chen *et al.* 2012 ; Curtis *et al.* 2014 ; Choi and Young 2015 ; Black *et al.* 2017）。

　日本では，個別の損益項目のうち，経常利益の構成要素である営業外損益と，それとは区分して表示される特別損益の双方に区分することが可能な項目が存在する。具体的には，固定資産処分損益や為替差損益などの項目が該当する。ここでは，そのような損益項目を「区分選択項目」と呼ぶことにしよう。日本基準を採用している上場企業は，この区分選択項目をどちらの区分にどの程度の割合で計上するかを適当に調整することにより，経常利益の金額を調整することができる。日本企業を対象として，区分選択項目に着目して，損益の区分シフトをおこなっているか否かについて実証的にあきらかにしたものは，「退職給付に係る会計基準」の適用初年度に実行可能な，会計基準変更時差異を利用した損益の区分シフトの実態を分析した吉田・吉田（2004）と乙政（2008）しか存在しない。

（4）　本章の目的と構成

　本章では，区分選択項目を利用した同一時点の損益の区分シフトによって投資家が誤導されることがあるか否かを検証する準備段階として，経営者がこのタイプの損益の区分シフトをおこなっているか否かをあきらかにする。本章の検証は，第3章でもちいられる，このタイプの損益の区分シフトをおこなっている企業を識別する規準が妥当なものであることを確認するためにおこなわれるものである。

検証の結果，経常利益を増大させるように区分選択項目の計上区分や計上割合を大幅に変更している企業グループは，シフト前経常利益（仮に区分選択項目を利用した損益の区分シフトをおこなわなかったとした場合の経常利益）やシフト前経常増益の大きさが，他の企業グループよりも小さくなり，実際に損益計算書において開示されている経常利益や，それによって計算される経常増益は，少なくとも他の企業グループと遜色のない大きさとなることがあきらかとなった。これは，経常利益を増大させるように区分選択項目の区分やその計上割合を大幅に変更している企業グループが，その項目を利用して，それをおこなっていない企業グループと遜色のない経常利益や経常増益を達成するために，損益の区分シフトをおこなっていることを示唆するものである。

　本章の構成は以下のとおりである。まず，第 2 節では，本章の研究と関連する先行研究として，プロ・フォーマ利益の裁量的決定にかんする先行研究を含む，損益の区分シフトの実態にかんする先行研究を概観し，第 3 節では，本章で検証対象とするサンプルについて記述する。その後，第 4 節で区分選択項目を利用した損益の区分シフトを検証するための指標として「シフト率」を定義し，第 5 節ではシフト率の変化に着目した分析をおこなう。第 6 節は本章のまとめである。

第 2 節　先行研究

（1）　損益の区分シフトの実態

①　初期の研究

　損益の区分シフトについて，その存在を実証的にはじめてあきらかにしたのは Ronen and Sadan（1975）である。そこでは，米国の 4 業種 62 企業をサンプルとして，異常項目の期待外部分と異常項目控除前利益（Ordinary Income before Extraordinary Items）の対前年度変化の期待外部分を推定し，両者の相関関係をみることで，企業が異常項目を利用して異常項目控除前利益を平準化しているか否かを検証している。結果は，両者の間に統計的に有意な負の相関関

係が観察されるというものであった。これは，企業が異常項目を利用した損益の区分シフトによって，異常項目控除前利益を平準化していることを示唆するものである。

その後，Barnea et al. (1976) では，期待外損益の推定方法を変更したうえで，異常項目控除前利益のみならず，営業利益についても，平準化のターゲットとされる利益として検証対象に含めて分析をおこなった。そこでは，異常項目控除前利益と同様，営業利益についても，異常項目を利用した損益の区分シフトによる平準化がおこなわれていることを示唆する結果が得られている。

損益の区分シフトが学界で注目を集めるようになったのは，McVay (2006) によるところが大きいが，それ以前には，英国やオーストラリアの企業をサンプルとして，いくつかの実証研究がおこなわれていた。Brayshaw and Eldin (1989) は，英国企業をサンプルとして，為替換算差額（Exchange Differences）の計上区分を変更することによって，営業利益を平準化している実態をあきらかにした。また，Beattie et al. (1994) は，英国企業をサンプルとして，異常項目控除前利益に含まれる除外項目（Exceptional Items）と異常項目の双方に計上可能な項目を区分選択項目（Discretionary Classification Items）と定義し，区分選択項目を利用した損益の区分シフトによって，異常項目控除前利益を平準化している実態をあきらかにした。さらに，Godfrey and Jones (1999) は，オーストラリア企業をサンプルとして，営業利益と異常項目の双方に計上可能な項目を利用した損益の区分シフトによって，営業利益を平準化している実態をあきらかにしている。

② McVay (2006) とそれ以降の諸外国における研究

McVay (2006) が米国企業の大規模データをもちいて損益の区分シフトの存在をあきらかにすると，損益の区分シフトの実態にかんする実証研究の蓄積が急速に進むこととなった。McVay (2006) は，それまでの損益の区分シフトにかんする実証研究とは異なり，Jones (1991) を嚆矢とする，裁量的アクルーアルズ（Discretionary Accruals）の推定方法を援用して，利益マネジメントのターゲットとなるコア利益の期待部分を回帰モデルによって推定している点に特徴がある。彼女は，期待コア利益を回帰モデルによって推定したのち，そこ

から期待外コア利益を計算し，期待外コア利益を負の特別項目で回帰することで，負の特別項目を利用した損益の区分シフトによって，とくにアナリスト予想利益を達成するためにコア利益を操作している実態をあきらかにした。

McVay（2006）は年次の財務データをもちいて，特別項目を利用したコア利益をターゲットとした損益の区分シフトにかんする分析をおこなったが，四半期の財務データをもちいてこれを追検証したものとして，Fan et al.（2010）がある。そこでは，McVay（2006）と同様の結果が示されており，第4四半期に損益の区分シフトをおこなう傾向がとくに強いことが追加的にあきらかにされている。また，Barua et al.（2010）は，特別項目ではなく廃止事業損益（Discontinued Operations）を利用したコア利益をターゲットとした損益の区分シフトがおこなわれていることをあきらかにした。さらに，Fan and Liu（2017）は，売上原価と販売費及び一般管理費に着目し，前者は前年同期の売上総利益の水準を達成するために損益の区分シフトに利用されていること，コア利益をターゲットとした場合は両者ともに損益の区分シフトに利用されていることをあきらかにしている。

このほかにも，損益の区分シフトの実態にかんする研究は多様な拡がりをみせている。たとえば，英国における財務諸表の開示規制の変更[3]が，英国企業の損益の区分シフトに影響をあたえたとする一連の研究（Athanasakou et al. 2007, 2010 ; Zalata and Roberts 2017）や，損益の区分シフトと他の利益マネジメントの関係や，経営者がアナリスト予想利益を経営者にとって望ましい水準に誘導する予想ガイダンスとの関係を実証した研究（Athanasakou et al. 2009 ; Abernathy et al. 2014）がある。また，コーポレート・ガバナンスや監査，法のちがいが損益の区分シフトの実行に影響をあたえることをあきらかにした研究の蓄積も進んでいる（Haw et al. 2011 ; Behn et al. 2013 ; Desai and Nagar 2016 ; Joo and Chamberlain 2016 ; Li 2016 ; Zalata and Roberts 2016）。さらに，損益の区分シフトの動機として，財務制限条項に着目して検証したもの（Fan et al. 2016）や，

3　なお，Cameron and Gallery（2008）は，オーストラリアにおいて，異常項目の定義が厳格化されたあと，異常項目として多額の費用を計上する実務が横行するようになった実態をあきらかにしている。

負の特別項目を利用した損益の区分シフトだけでなく，正の特別項目をコア利益に含めることによってコア利益を増大させる損益の区分シフトも存在することをあきらかにした研究もある（Nagar and Sen 2016）。

なお，McVay（2006）以降，個別の損益項目に着目した損益の区分シフトにかんする実証研究はあまり存在しないが，低所得者用住宅税額控除（Low-Income Housing Tax Credits）の計上区分に着目した研究として，Robinson（2010）がある。低所得者用住宅税額控除の償却費は，営業費用のほか，一定の条件を満たせば，税金費用として計上することが容認されている。Robinson（2010）は，この条件を満たすためにはコストがかかるにもかかわらず，企業はその条件を満たすことで，低額所得者用住宅税額控除の償却費を税金費用として計上する方法を選択していることをあきらかにした。

③ 日本企業を対象とした研究

日本企業を対象として，McVay（2006）と同様の検証手法をもちいて，損益の区分シフトの実態をあきらかにした研究としては，永田・白土（2013）とChae and Nakano（2015）が挙げられる。前者は特別損益を利用して経常利益をターゲットとした損益の区分シフトがおこなわれていることを，後者は営業外損益を利用して営業利益をターゲットとした損益の区分シフトがおこなわれていることを，それぞれあきらかにした。なお，永田・白土（2013）は，他の先行研究とは異なり，経営者が継続的に損益の区分シフトをおこなっている実態についてもあきらかにしている点が特徴的である。

また，日本では2001年3月期決算から，企業会計審議会が公表した「退職給付に係る会計基準」が適用されている。当基準の適用初年度に生じる「会計基準変更時差異」は，15年以内で償却処理すること，当該差異を5年以内で償却する場合，経営者はその償却額を特別損益として区分計上することが認められているが，それ以外の場合は営業外損益として区分計上することが求められていた[4]。この会計基準変更時差異は，上述した区分選択項目に該当するも

---

4 これについては，日本公認会計士協会が2000年に公表したリサーチ・センター審理情報 No.13「退職給付に係る会計基準変更時差異の取り扱い」を参照。

のである。これを利用した損益の区分シフトについては，吉田・吉田（2004）と乙政（2008）が検証をおこなっている。前者は，財務制限条項のある企業について，会計基準変更時差異の償却額を特別損益として区分する傾向があることをあきらかにした。また，後者は経常利益にたいする株価の反応が強い企業ほど，その償却額を特別損益として区分する傾向があることをあきらかにしている。

④ 小括

ここまで見てきたように，経営者は損益の区分シフトを実行する機会があたえられると，何らかの目的を達成するためにそれをおこなうことが，多くの先行研究によってあきらかにされてきた。ただし，近年おこなわれているMcVay（2006）をはじめとする損益の区分シフトにかんする研究の多くは，特別項目に「リストラ費用」のような包括的な損益項目を計上し，そのなかにコア利益として計上しなければならない損益項目を紛れ込ませるといった手段が暗黙のうちに想定されている。

これらの先行研究とは異なり，本章では，区分選択項目に着目して，経常利益と特別損益の区分の裁量性を利用した損益の区分シフトの実態をあきらかにする。区分選択項目に着目して分析をおこなっている研究は，損益の区分シフトにかんする研究のなかでは少数派である（Beattie *et al.* 1994 ; Brayshaw and Eldin 1989 ; Godfrey and Jones 1999 ; Robinson 2010 ; 吉田・吉田 2004 ; 乙政 2008）。しかし，区分選択項目に着目する方法は，「リストラ費用」のような包括的な損益項目に他の損益項目を紛れ込ませるタイプの損益の区分シフトを検証する場合にくらべ，双方の区分に計上される損益項目が明確である分だけ，損益の区分シフトの実態をより直接的にとらえることができるというメリットがある。この方法をもちいて分析をおこなう環境があたえられているのであれば，それを利用しない手はないであろう。

（2） プロ・フォーマ利益の裁量的決定

第1節でも触れたように，プロ・フォーマ利益は，企業ごと，年度ごとにプロ・フォーマ利益に含める損益項目を選択することができる。これは，実質的

にみて，区分選択項目を利用した損益の区分シフトと同様の利益マネジメントである。しかし，プロ・フォーマ利益の裁量的決定にかんしては，損益の区分シフトとは異なる事象として取り扱われており，独自に先行研究の蓄積が進んでいる。以下では，プロ・フォーマ利益の裁量的決定を，区分選択項目を利用した損益の区分シフトのひとつとしてとらえたうえで，それについて検証をおこなった先行研究について概観する。

① プロ・フォーマ利益の開示規制強化（Regulation G）前後の研究

Bhattacharya et al.（2004）は，プロ・フォーマ利益の裁量的決定についてあきらかにした初期の研究である。そこでは，過去にプロ・フォーマ利益から除外した費用を，その後は除外しない傾向があることがあきらかにされている。これは，特定の損益をプロ・フォーマ利益に含めるか否かについて，経営者が裁量的に決定していることを示唆する結果といえる。

その後，Entwistle et al.（2005）は，2002 年の SOX 法（Sarbanes-Oxley Act of 2002）とその翌年の SEC（Securities and Exchange Commission）によるプロ・フォーマ利益開示の規制強化（Regulation G）がおこなわれる前は，米国企業において，非常に大きな利益増加型の調整がプロ・フォーマ利益をターゲットとしておこなわれていたことをあきらかにしている。また，Chen et al.（2012）では，SEC による規制強化前において，高い監査報酬を支払ってでも，プロ・フォーマ利益を増額させていた実態があきらかにされている。

SEC によるプロ・フォーマ利益開示の規制強化によって，プロ・フォーマ利益開示の実務にどのような変化があったかについては，Entwistle et al.（2006a, 2006b）や Kolev et al.（2008）によって実証的に分析されている。これらは，SEC による規制強化後に，プロ・フォーマ利益について，利益増加型の調整の頻度や大きさが減少したことや，潜在的に投資家を誤導させるような開示方法でプロ・フォーマ利益を報告しなくなったことを受けて，プロ・フォーマ利益の開示の質が SEC による規制強化によって改善したと結論付けている。なお，Kolev et al.（2008）では，SEC による規制強化後，経営者がプロ・フォーマ利益を操作する代わりに，特別項目を利用した損益の区分シフトをおこなうようになったという，興味深い指摘がなされている。

② プロ・フォーマ利益を調整する動機に着目した研究

その後,経営者が償却費,研究開発費,そして株式報酬費用といった経常的な費用項目を単発的にプロ・フォーマ利益から除外することで,目標利益を達成しようとすることをあきらかにした Black and Christensen (2009) を皮切りに,プロ・フォーマ利益の調整を機会主義的におこなっているのか,それとも経営者のもつ内部情報を顕示するためにおこなっているのかをあきらかにしようとする研究がおこなわれるようになった。

たとえば,Barth et al. (2012) は,経営者が株式報酬費用をプロ・フォーマ利益から機会主義的に除外していることをあきらかにしている。また,Curtis et al. (2014) は,一時的な性質をもつ利益に着目し,一時的な利益をプロ・フォーマ利益から除外している場合は,その項目がもつ将来利益の予測能力を反映した内部情報の顕示がなされているのにたいし,一時的な利益をプロ・フォーマ利益に含めている場合は,将来利益の予測能力を反映したものではないことから,機会主義的な調整であると結論付けている。

なお,プロ・フォーマ利益の調整とは異なるが,これと関連した研究として Riedl and Srinivasan (2010) がある。彼らは,特別項目を注記で開示するか,それとも財務諸表本体で開示するかの決定が,特別項目の持続性にかんする情報を顕示するためにおこなわれていることをあきらかにした。

このほか,経営者がプロ・フォーマ利益をどのような場合に機会主義的に調整しようとするかをあきらかにしようとした研究もある。Choi and Young (2015) と Black et al. (2017) は,制度上開示される利益 (GAAP Earnings) が目標利益を達成していない場合に,経営者が機会主義的にプロ・フォーマ利益を調整することをあきらかにしている。また,Brown et al. (2012) は,投資家が楽観的になると,特定の費用を除外したプロ・フォーマ利益をより目立つ方法で開示することをあきらかにしている。

③ 小括

このように,プロ・フォーマ利益の裁量的決定については,何らかの目的を達成するためにそれがおこなわれることが,多くの先行研究によってあきらかにされてきた。これは,実質的にみて,区分選択項目を利用した損益の区分シ

フトと同様の利益マネジメントであるから，区分選択項目を利用した損益の区分シフトの実態については，相当程度の先行研究の蓄積が進んでいるとみることもできる。ただし，プロ・フォーマ利益は，制度上開示を要求されていない利益である。上述したように，財務諸表本体で開示が強制されている利益をターゲットとして，区分選択項目を利用した損益の区分シフトの実態を検証した研究はそれほど多くはない（Beattie *et al.* 1994；Brayshaw and Eldin 1989；Godfrey and Jones 1999；Robinson 2010；吉田・吉田 2004；乙政 2008）。ターゲットとなる利益が財務諸表本体で開示されるか否かによって，経営者の行動は異なるはずであるから，本章において，財務諸表本体で開示が強制されている利益をターゲットとした損益の区分シフトの実態について検証をおこない，その成果を蓄積することには大きな意義がある。

（3） 本章の特徴

　日本の会計基準を採用している上場企業は，固定資産処分損益や為替差損益などの区分選択項目をどちらの区分にどの程度の割合で計上するかを適当に調整することにより，損益計算書上，開示が強制されている経常利益の金額を調整することができる。つまり，財務諸表本体で開示が強制されている利益をターゲットとした，区分選択項目を利用した損益の区分シフトを検証するうえで，日本は望ましい制度環境となっている。それにもかかわらず，これを検証したものは，「退職給付に係る会計基準」の適用初年度に実行可能な，会計基準変更時差異を利用した損益の区分シフトの実態を分析した吉田・吉田（2004）と乙政（2008）しか存在しないことは，上述したとおりである。

　本章の特徴は，日本企業を対象として，会計基準の変更という特殊な状況下になくとも実行可能な，区分選択項目を利用した同一時点の損益の区分シフトの実態をあきらかにしようとしている点にある。ただし，損益の区分シフトによって投資家が誤導されるか否かを検証するための準備段階として，損益の区分シフトをおこなっている企業（企業グループ）の識別規準の妥当性を検討することも本章の目的となっている。そのため，このような目的をもたない先行研究とは，異なる検証方法をもちいることになる。

第3節 サンプル

　本章で検証対象とするサンプルは，日本の上場企業（金融業を除く[5]）のうち，3月末日決算（12か月決算）であり，日本基準で連結財務諸表を作成[6]している企業である。財務データは日本経済新聞デジタルメディアの『日経財務データ（DVD 版）』から収集している。日本では，2000年3月期決算から連結財務諸表を主体とする開示様式に変更されたため，本章では，2000年からデータベースに収録されている最新年度である2014年までの財務データを利用する。

　なお，『日経財務データ（DVD 版）』において収録されている，営業外収益と特別利益の双方に計上される損益項目は，「有価証券売却益［累計］」「有価証券評価益［累計］」「その他資産処分益・評価益［累計］」「為替差益［累計］」の4項目であり，営業外費用と特別損失の双方に計上される損益項目は，「有価証券売却損［累計］」「有価証券評価損［累計］」「その他資産処分損・評価損［累計］」「為替差損［累計］」の4項目である。そこで，本章では，区分選択項目をこれら4項目の合計額と定義することにした。

（1） 区分選択項目の記述統計量

　まずは，区分選択項目の記述統計量を，それを除いた経常利益や特別損益と併せて確認してみよう。これは，**図表1−1**に示してある。ここで，SHI^{ot} は営業外損益に区分される区分選択項目，SHI^{spe} は特別損益に区分される区分選択項目，OI^{adj} は修正経常利益，SI^{adj} は修正特別損益である。添え字の i は企業，t は年度である。修正経常利益は，営業外損益に区分される区分選択項目を除く経常利益であり，$OI^{adj}_{it}=OI_{it}-SHI^{ot}_{it}$ で計算される。修正特別損益は，

---

[5] 本章で使用している業種分類は，日経中分類である。分析対象となるサンプルには，食品，繊維，パルプ・紙，化学，医薬品，石油，ゴム，窯業，鉄鋼，非鉄金属製品，機械，電気機器，造船，自動車，輸送用機器，精密機器，その他製造，水産，鉱業，建設，商社，小売業，不動産，鉄道・バス，陸運，海運，空運，倉庫，通信，電力，ガス，サービスの計32業種が含まれている。

[6] 連結対象となる子会社等がなく，連結財務諸表を作成・開示していない企業については，個別財務諸表を対象として分析をおこなう。

図表 1-1　変数の記述統計量（2001-2014 年）

変数	平均値	標準偏差	最小値	第1四分位	中央値	第3四分位	最大値	観測値数
OI_{it}^{adj}	0.053	0.105	−4.767	0.019	0.042	0.077	3.100	29,483
SHI_{it}^{ot}	0.000	0.006	−0.116	−0.001	0.000	0.000	0.310	29,483
$SHI_{it}^{ot}>0$	0.003	0.007	0.000	0.000	0.001	0.004	0.310	8,387
$SHI_{it}^{ot}<0$	−0.003	0.006	−0.116	−0.004	−0.002	−0.001	0.000	10,705
SI_{it}^{adj}	−0.007	0.034	−0.763	−0.007	−0.001	0.000	1.936	29,483
SHI_{it}^{spe}	−0.003	0.025	−0.853	−0.004	−0.001	0.000	0.885	29,483
$SHI_{it}^{spe}>0$	0.010	0.034	0.000	0.001	0.003	0.008	0.885	6,940
$SHI_{it}^{spe}<0$	−0.007	0.022	−0.853	−0.007	−0.003	−0.001	0.000	19,841

注）各変数の定義はつぎのとおりである。OI^{adj}＝修正経常利益，SHI^{ot}＝営業外損益に区分される区分選択項目，SI^{adj}＝修正特別損益，SHI^{spe}＝特別損益に区分される区分選択項目。添え字の i は企業，t は年度である。なお，すべての変数について，前期末総資産でデフレートしている。

特別損益に区分される区分選択項目を除く特別損益であり，$SI_{it}^{adj}=SI_{it}-SHI_{it}^{spe}$ で計算される。OI は経常利益であり，SI は特別損益である。

　なお，ここでは企業規模を調整する目的で，すべての変数を前期末総資産でデフレートしている。そのため，分析期間は 2001 年から 2014 年の 14 年間となり，観測値数は 29,483 企業・年となった[7]。ここで記述統計量をみる目的は，経営者が区分選択項目をどちらの区分にどの程度計上する傾向があるか，また，同項目がどの程度の規模を有しているかを確認することにある。

　図表 1-1 をみると，分析期間において，営業外損益に区分される区分選択項目（SHI^{ot}）は，特別損益に区分される区分選択項目（SHI^{spe}）よりも小規模（平均値でみると，SHI^{ot} は 0.000 であるのにたいし，SHI^{spe} は −0.003）であることがわかる。また，修正経常利益（OI^{adj}）の規模（平均値 0.053，中央値 0.042）にたいし，区分選択項目（SHI^{ot} と SHI^{spe}）の規模は非常に小さく，平均的にみると，区分選択項目が経常利益にあたえる経済的な影響は小さいといえる。

　なお，区分選択項目を計上していない観測値を除外してみると，営業外損益

---

[7] なお，第2章より観測値数が2だけ小さくなっているのは，区分選択項目の計算にもちいたサンプルのうち，損益の符号が逆転しているというあきらかな不備が存在する観測値を除外したことによる。

に区分されるものの平均値は，正値のみを集計したものについて 0.003，負値のみを集計したものについて -0.003 であり，特別損益に区分されるものの平均値は，正値のみを集計したものについて 0.010，負値のみを集計したものについて -0.007 である。これは，区分選択項目が計上された場合，それが経常利益（平均値 0.053）にたいして経済的に無視できない影響をあたえることになることを示唆している。

最後に，修正特別損益（SI^{adj}）は平均値 -0.007，中央値 -0.001 である。これは，平均値でみれば，特別損益に区分される区分選択項目（SHI^{spe}）の約 2 倍，中央値にいたっては同程度の規模である。このことから，区分選択項目は，特別損益のなかでも大きな割合を占める項目で構成されていることがわかる。

（2） 区分選択項目と経常利益の相関関係

ここでは，区分選択項目と経常利益の相関関係について確認しておこう。これは**図表 1－2**に示してある。図表の左下段の数値はピアソンの積率相関係数，右上段の数値はスピアマンの順位相関係数である。なお，ここでの相関係数は，すべての変数について年度ごとに上下 1% ずつを異常値として置換処理した後のものである。

図表 1－2 をみると，分析期間において，修正経常利益（OI^{adj}）と営業外損益に区分される区分選択項目（SHI^{ot}）の間に，弱いながらも統計的に有意な負の相関関係が観察される。これは，経常利益の水準が低いときに，経常利益を増大させるために区分選択項目が利用されていることを示唆するものと考え

図表 1－2　変数間の相関マトリックス

変数		①	②	③	④
①	OI^{adj}_{it}		$-0.035**$	$0.081**$	$-0.013*$
②	SHI^{ot}_{it}	$-0.026**$		-0.001	$0.020**$
③	SI^{adj}_{it}	$0.119**$	-0.007		$0.015**$
④	SHI^{spe}_{it}	$0.017*$	$0.021**$	0.014	

**は 1% 水準で有意，*は 5% 水準で有意。
注）各変数の定義は図表 1－1 の注を参照。図表の左下段はピアソンの積率相関係数，右上段はスピアマンの順位相関係数である。ここでの相関係数は，すべての変数について年度ごとに上下 1% ずつを異常値として置換処理した後のものである。

られる[8]。それにたいし，特別損益に区分される区分選択項目（SHI^{spe}）については，修正経常利益（OI^{adj}）との間に明確な傾向はみられなかった[9]。

第4節 シフト率の定義と分布

経営者は，区分選択項目を利用した損益の区分シフトにより，経常利益の金額を調整することができる。ただし，区分選択項目の総額は決まっているため，経営者は経常利益の金額を無制限に調整することはできず，区分選択項目の区分を調整することによって達成可能な経常利益の範囲は限定される。ここでは，経常利益の調整可能な範囲が限定される点に着目し，損益の区分シフト実態を分析するための準備として「シフト率」と呼ばれる指標を定義したうえで，本章で検証対象となるサンプルのシフト率の分布を確認してみよう。

(1) シフト率の定義

まずは，経営者が区分選択項目を利用してどの程度経常利益を増大させているかを示す指標として，「シフト率」を定義しよう。これは以下の式（1）で表現される。

$$R_{it}^{cs} = \frac{OI_{it} - OI_{it}^{min}}{OI_{it}^{max} - OI_{it}^{min}} \tag{1}$$

ここで，R^{cs} はシフト率，OI は経常利益，OI^{max} は最大経常利益（区分選択項目の区分を操作することで達成可能な最大の経常利益），OI^{min} は最小経常利益（区分選択項目の区分を操作することで達成可能な最小の経常利益），添え字の i は企業，t は年度である。

---

8 もちろん，経常利益の水準が高いときに，経常利益を圧縮させるために区分選択項目が利用されている可能性もある。
9 これらの間には，スピアマンの順位相関係数をみると，統計的に有意な弱い負の相関関係が観察されるものの，ピアソンの積率相関係数をみると，統計的に有意な弱い正の相関関係が観察され，符号が逆転していた。

式（1）の分母は，最大経常利益と最小経常利益の差額であるから，達成可能な経常利益の範囲を意味する。また，式（1）の分子は，経常利益と最小経常利益の差額であるから，区分選択項目による経常利益の増加額を意味する。よって，シフト率（R^{cs}）は，経営者が達成可能な経常利益の範囲のなかで，どの程度経常利益を増大させているかを示すことになる。シフト率の値は0％から100％の間をとり，その値が大きいほど，経営者が経常利益を増大させる方向に区分選択項目を計上していることを意味する。

なお，最小経常利益（OI^{min}）と最大経常利益（OI^{max}）は，それぞれ以下の式（2）と式（3）で定義される。

$$OI_{it}^{min} = OI_{it} - SHP_{it}^{ot} + SHL_{it}^{spe} \qquad (2)$$
$$OI_{it}^{max} = OI_{it} - SHL_{it}^{ot} + SHP_{it}^{spe} \qquad (3)$$

ここで，SHP^{ot} は営業外収益に区分される区分選択項目，SHL^{ot} は営業外費用に区分される区分選択項目，SHP^{spe} は特別利益に区分される区分選択項目，SHL^{spe} は特別損失に区分される区分選択項目であり，これらはすべて総額ベースで定義されている。式（2）は，営業外収益に区分される区分選択項目（SHP^{ot}）をすべて特別利益として計上し，特別損失に区分される区分選択項目（SHL^{spe}）をすべて営業外費用として計上することで，経常利益が最小になることを表現したものである。また，式（3）は，営業外費用に区分される区分選択項目（SHL^{ot}）をすべて特別損失として計上し，特別利益に区分される区分選択項目（SHP^{spe}）をすべて営業外収益として計上することで，経常利益が最大になることを表現したものである。

（2） シフト率の分布

つぎに，本章のサンプルにおいて，シフト率がどのように分布しているか確認してみよう。これは，**図表 1-3** に示してある。なお，ここではデフレーターを利用する必要がないため，2000年のデータもシフト率の計算に利用できる。ただし，区分選択項目をまったく計上していないものについては，シフト率の計算式である式（1）の分母がゼロとなるため，それを定義することが

図表1-3 シフト率の分布

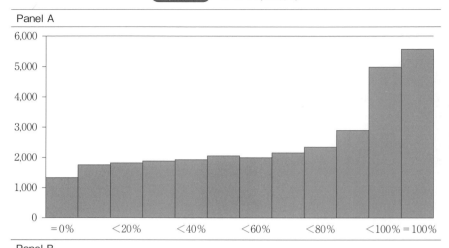

シフト率	観測値数	割合1	累積1	割合2	累積2
N/A	1,225	3.84%	3.84%	N/A	N/A
＝0%	1,330	4.17%	8.02%	4.34%	4.34%
＜10%	1,742	5.47%	13.48%	5.69%	10.03%
＜20%	1,815	5.70%	19.18%	5.92%	15.95%
＜30%	1,869	5.87%	25.04%	6.10%	22.05%
＜40%	1,923	6.03%	31.08%	6.28%	28.32%
＜50%	2,057	6.45%	37.53%	6.71%	35.04%
＜60%	1,982	6.22%	43.75%	6.47%	41.51%
＜70%	2,157	6.77%	50.52%	7.04%	48.54%
＜80%	2,339	7.34%	57.86%	7.63%	56.18%
＜90%	2,886	9.06%	66.92%	9.42%	65.60%
＜100%	4,973	15.61%	82.52%	16.23%	81.83%
＝100%	5,569	17.48%	100.00%	18.17%	100.00%
Total	31,867	100.00%		100.00%	

注）割合1はサンプル全体に占める割合（累積1はその累積割合），割合2はシフト率を算定できるサンプル全体に占める割合（累積2はその累積割合）である。

できない。そのため，分析期間は2000年から2014年の15年間となり，観測値数は30,642企業・年（シフト率を算定できないサンプルを含めた場合，31,867企業・年）となった。

図表1-3をみると，シフト率の分布は右肩上がりであり，0%がもっとも

少ない 1,330 企業・年（シフト率を算定できるサンプル全体の約 4%），100% がもっとも多い 5,569 企業・年（シフト率を算定できるサンプル全体の約 18%）となっている。このことから，全体的にみて，経営者は経常利益が大きくなるように区分選択項目を区分する傾向が強いことがわかる。これは，米国企業において，プロ・フォーマ利益が大きくなるように，そこに含める損益項目を決定する傾向があることをあきらかにした，Entwistle *et al.*（2005）や Chen *et al.*（2012）の結果と整合的である。

第 5 節　シフト率の変化に着目した損益の区分シフトの実態分析

　区分選択項目を利用した損益の区分シフトは，その企業にとっての正常な区分選択とは異なる区分選択をおこなうことで，経常利益の金額を調整することを意味している。前節ではシフト率の分布を観察したが，企業ごとに正常な区分選択の水準は異なるから，シフト率の水準が高いことをもって，経常利益を増大させる損益の区分シフトをおこなっていると判定することはできない。そこで，本節では，シフト率の対前年度変化に着目し，大規模なシフト率の変化を経験している企業グループに，区分選択項目を利用した同一時点の損益の区分シフトをおこなっているような特徴が観察されるか否かを確認することで，経営者がこのタイプの損益の区分シフトをおこなっているか否かをあきらかにする。

（1）　シフト率の変化の分布

　分析対象となる日本の上場企業において，どの程度の規模のシフト率の変化があれば，通常ではない大規模なシフト率の変化と呼べるのだろうか。まずは，この点を確認するため，分析対象となるサンプルのシフト率の変化の分布を確認してみよう。これは，図表 1−4 に示してある。なお，ここでは経常利益を増大させる損益の区分シフトをとらえることを目的としているため，シフト率の増加に着目する。また，シフト率の対前年度変化を計算するうえで，2 期間連続したシフト率のデータが必要となる。そのため，分析期間は 2001 年から

図表1−4　シフト率の変化の分布

Panel A

Panel B

シフト率の変化	観測値数	割合1	累積1	割合2	累積2
N/A	1,816	6.13%	6.13%	N/A	N/A
≦0%	15,174	51.20%	57.32%	54.54%	54.54%
≦10%	3,364	11.35%	68.67%	12.09%	66.63%
≦20%	2,221	7.49%	76.17%	7.98%	74.61%
≦30%	1,674	5.65%	81.81%	6.02%	80.63%
≦40%	1,314	4.43%	86.25%	4.72%	85.35%
≦50%	1,097	3.70%	89.95%	3.94%	89.29%
≦60%	766	2.58%	92.53%	2.75%	92.05%
≦70%	721	2.43%	94.97%	2.59%	94.64%
≦80%	560	1.89%	96.86%	2.01%	96.65%
≦90%	417	1.41%	98.26%	1.50%	98.15%
≦100%	515	1.74%	100.00%	1.85%	100.00%
Total	29,639	100.00%		100.00%	

注）割合1はサンプル全体に占める割合（累積1はその累積割合），割合2はシフト率の変化を算定できるサンプル全体に占める割合（累積2はその累積割合）である。

2014年の14年間となり，観測値数は27,823企業・年（シフト率の変化を算定できないサンプルを含めた場合，29,639企業・年）となった。

　ここで，区分選択項目の計上のしやすさは，年度や産業のちがいによって異なるから，それらのちがいによって，これを利用した損益の区分シフトのおこ

ないやすさも異なるものと考えられる。そのため，シフト率の変化について，年度効果と産業効果をコントロールしたうえでグルーピングしたほうがよいとする見解もある。しかし，たとえ損益の区分シフトがおこないづらい年度や産業であっても，それを実行したい経営者は，多少無理をしてでも実行するだろうし，それがおこないやすい年度や産業であっても，それを実行する必要のない経営者は実行しない。

　ここでは損益の区分シフトをおこなっている企業（または，企業グループ）の識別に関心がある。このとき，シフト率の変化について，年度や産業のちがいをコントロールしてしまうと，損益の区分シフトをおこなっている可能性が高いような大規模なシフト率の増加を経験しているにもかかわらず，それが年度平均や産業平均とさほど異ならないことによって，大規模なシフト率の増加と判定されないといった可能性がある。よって，ここではシフト率の増加でグルーピングをおこなうさい，年度や産業のちがいはコントロールしないことにした。

　図表1-4をみると，サンプルのおよそ45%にあたる12,649企業・年が前年度よりもシフト率を増加させている。また，シフト率の増加を規模の大きいほうからカウントしていくと，それが70%超となるのは1,492企業・年，60%超となるのは2,213企業・年，50%超となるのは2,979企業・年であり，それぞれシフト率を算定できるサンプルの5%程度から10%程度である。次章の特別損失の計上頻度に着目した分析では，先行研究でもちいられていた判定規準を参考にして，通常ではない継続的な特別損失を判定している。そこでは，追加的検証にもちいる規準を含め，サンプル全体に占める割合が3%程度から15%程度を，通常ではない水準と判定した。そこで以下では，サンプル全体に占める割合が10%程度となる，シフト率の変化が50%超の場合を通常ではない「大規模なシフト率の増加」と定義したうえで分析をおこなった結果を，主として報告することにした。

　なお，シフト率を増加させていない企業グループは，区分選択項目を利用した同一時点の損益の区分シフトをおこなっていない企業グループとして，分析のさい，大規模なシフト率の増加をおこなった企業グループの比較対象とする。また，シフト率の変化が0%超50%以下の企業グループは，区分選択項目を

利用した損益の区分シフトをおこなっている可能性もあるし，おこなっていない可能性もある，いわゆる「グレーゾーン」に位置するものである。以下の検証では，損益の区分シフトをおこなっていない企業グループと，大規模なシフト率の増加を経験している企業グループの差異に着目するが，それと同時に，大規模とはいえないシフト率の増加を経験している企業グループについても，大規模なシフト率の増加を経験している企業グループと異なる特徴をもつか，つまり，これらを分割する意義があるか否かを確認することになる。

（2） 損益の区分シフトの実態にかんする分析結果

① リサーチ・デザイン

経営者が区分選択項目を利用した同一時点の損益の区分シフトによって経常利益を増大させた場合，他の条件が等しければ，損益の区分シフトをおこなった企業の経常利益の水準やその増益幅は，それをおこなっていない企業の経常利益の水準や増益幅よりも大きくなる。ただし，損益の区分シフトをおこなうということは，それをおこなう前段階において，目標とする利益には到達していないはずである。このとき，損益の区分シフトをおこなった企業は，それをおこなわなかった企業にくらべ，調整前の段階でみた経常利益や経常増益が小さくなるはずである。また，経営者は目標利益を達成していない場合，それを達成するために利益マネジメントをおこなうから，損益の区分シフトによって目標利益を達成していれば，損益の区分シフトをおこなった企業は，結果としてそれをおこなわなかった企業と遜色ない水準の利益または増益を達成するものと考えられる。

経常利益を増大させるために損益の区分シフトをおこなっている企業は，結果として他の企業にくらべ，大規模なシフト率の増加を経験することになる。そのため，経営者が区分選択項目を利用した同一時点の損益の区分シフトをおこなっているか否かは，大規模なシフト率の増加を経験している企業グループが，損益の区分シフトをおこなっていない企業グループにくらべ，それをおこなう前の段階で経常利益や経常増益が小さくなっているか否か，また，それをおこなった後の段階で，それらが少なくとも遜色のない大きさになっているか否かを検証すればよい。

企業グループ間の経常利益の水準と変化(損益の区分シフトをおこなう前の段階とおこなった後の段階の双方)の平均値の差異を検証するため,以下では一元配置分散分析(ANOVA)をおこなう。なお,損益のパターンは,経済環境の変化や産業固有の会計処理などの影響により,年度や産業によって異なる傾向を示すことが知られている。各企業の目標利益も,年度や産業のちがいによって影響を受けるだろう。そのため,経常利益の水準と変化については,年度や産業のちがいをコントロールしたうえで検証したほうがよい。そこで以下では,主として年度効果と産業効果をコントロールしたうえで検証をおこなった結果を報告する[10]。

 ここで,以下の検証でもちいるシフト前経常利益(OI_BCS_{it})を定義しておこう。シフト率の変化がプラスの場合,シフト前経常利益は,以下の式(4)で定義される。

$$OI\_BCS_{it} = OI_{it}^{min} + (OI_{it}^{max} - OI_{it}^{min}) \times R_{it-1}^{cs} \qquad (4)$$

 式(4)は,仮に経営者が前期のシフト率を採用した場合の経常利益を,シフト前経常利益と定義していることを示している。なお,シフト率の変化がゼロまたはマイナスの場合,シフト前経常利益と実際に損益計算書で開示されている経常利益は等しいものと定義する。

② 主要な分析結果

 まずは,シフト率の変化と経常利益の水準の関係について,一元配置分散分析(ANOVA)をおこなった結果をみてみよう。これは**図表1-5**に示してある。なお,企業iのt期のシフト率の対前年度変化が0%以下のときは,区分選択項目を利用した損益の区分シフトをおこなっていない企業として$CS\_NO_{it}^{up}$に分類される。また,企業iのt期のシフト率の対前年度変化が0%超50%以下

---

[10] 年度効果と産業効果のコントロールは,経常利益の水準と変化(損益の区分シフトをおこなう前の段階とおこなった後の段階の双方)について,前期末総資産でデフレートしたうえで年度ごとに上下1%ずつを異常値として置換処理したのち,それぞれについて年度別・産業別の平均値からの差異を計算することでおこなっている。

図表 1-5 シフト率の変化と経常利益の水準の関係

分類	$OI\_BCS_{it}^m$		OI_{it}^m		観測値数
	平均値	標準偏差	平均値	標準偏差	
① $CS\_NO_{it}^{up}$	0.002	0.056	−0.001	0.059	15,174
② $CS\_SML_{it}^{up}$	−0.001	0.051	−0.001	0.052	9,670
③ $CS\_BIG_{it}^{up}$	−0.006	0.059	−0.001	0.060	2,979
F 値	27.65**		0.17		
多重比較	①>②,①>③,②>③		N/A		

**は1%水準で有意,*は5%水準で有意。
注)OI_{it}^m は企業 i の t 期の経常利益($t-1$ 期の総資産でデフレート)の年度別・産業別平均値からの差異,$OI\_BCS_{it}^m$ は企業 i の t 期のシフト前経常利益($t-1$ 期の総資産でデフレート)の年度別・産業別平均値からの差異である。また,シフト率の対前年度変化が50%超のとき CS_BIG^{up},それが0%超50%以下のとき CS_SML^{up},0%以下のとき CS_NO^{up} に分類される。なお,多重比較は,少なくとも5%水準で統計的に有意になったものを示している。

のときは $CS\_SML_{it}^{up}$ に,それが50%超のときは,「大規模なシフト率の増加」を経験している企業として $CS\_BIG_{it}^{up}$ に,それぞれ分類される。また,OI_{it}^m は企業 i の t 期の経常利益($t-1$ 期の総資産でデフレート)の年度別・産業別平均値からの差異,$OI\_BCS_{it}^m$ は企業 i の t 期のシフト前経常利益($t-1$ 期の総資産でデフレート)の年度別・産業別平均値からの差異である。

　図表1-5をみると,t 期に大規模なシフト率の増加を経験している企業グループ($CS\_BIG_{it}^{up}$)は,シフト前経常利益の水準($OI\_BCS_{it}^m$)がもっとも低いことが確認できる。この企業グループと損益の区分シフトをおこなっていない企業グループ($CS\_NO_{it}^{up}$)との間の平均値の差異を多重比較した結果は,統計的に有意である。これにたいし,実際に損益計算書において開示されている経常利益の水準(OI_{it}^m)をみると,前者の企業グループ($CS\_BIG_{it}^{up}$)と後者の企業グループ($CS\_NO_{it}^{up}$)の間で平均値に統計的に有意な差異はない。これらの結果は,大規模なシフト率の増加を経験している企業グループが,経常利益を損益の区分シフトをおこなっていない企業グループの水準に引き上げる目的で,区分選択項目を利用した同一時点の損益の区分シフトをおこなっていることを示唆するものといえよう。

　つぎに,シフト率の変化と経常利益の変化の関係について,一元配置分散分析(ANOVA)をおこなった結果をみてみよう。これは**図表1-6**に示してある。

図表1-6　シフト率の変化と経常利益の変化の関係

分類	$\Delta OI\_BCS_{it}^m$		ΔOI_{it}^m		観測値数
	平均値	標準偏差	平均値	標準偏差	
① $CS\_NO_{it}^{up}$	0.001	0.037	−0.002	0.041	15,174
② $CS\_SML_{it}^{up}$	0.000	0.033	−0.001	0.035	9,670
③ $CS\_BIG_{it}^{up}$	−0.002	0.041	0.003	0.043	2,979
F値	9.11**		20.11**		
多重比較	①>②, ①>③		①<③, ②<③		

**は1％水準で有意，*は5％水準で有意。
注）ΔOI_{it}^m は企業 i の t 期の経常利益の対前年度変化額（$t-1$ 期の総資産でデフレート）の年度別・産業別平均値からの差異，$\Delta OI\_BCS_{it}^m$ は企業 i の t 期のシフト前経常利益の対前年度変化額（$t-1$ 期の総資産でデフレート）の年度別・産業別平均値からの差異である。各分類の定義は図表1-5の注を参照。

　なお，$\Delta OI\_BCS_{it}^m$ は企業 i の t 期のシフト前経常利益の対前年度変化額[11]（$t-1$ 期の総資産でデフレート）の年度別・産業別平均値からの差異，ΔOI_{it}^m は企業 i の t 期の経常利益の対前年度変化額（$t-1$ 期の総資産でデフレート）の年度別・産業別平均値からの差異である。

　図表1-6をみると，t 期に大規模なシフト率の増加を経験している企業グループ（$CS\_BIG_{it}^{up}$）は，シフト前経常利益の変化（$\Delta OI\_BCS_{it}^m$）がもっとも低いことが確認でき，損益の区分シフトをおこなっていない企業グループ（$CS\_NO_{it}^{up}$）との間の平均値の差異を多重比較した結果は，統計的に有意である。これにたいし，実際に損益計算書において開示されている経常利益の対前年度変化（ΔOI_{it}^m）をみると，前者の企業グループ（$CS\_BIG_{it}^{up}$）は後者の企業グループ（$CS\_NO_{it}^{up}$）よりも大きく，平均値の差異を多重比較した結果は，統計的に有意である。これらの結果は，大規模なシフト率の増加を経験している企業グループが，損益の区分シフトをおこなっていない企業グループより大きな経常増益を達成する目的で，区分選択項目を利用した同一時点の損益の区分

---

[11] シフト前経常利益の対前年度変化額は，$\Delta OI_{it}^{bcs} = OI_{it}^{bcs} - OI_{it-1}$ で算定される。経営者が経常増益目標を立てるさい，その基準値は前年度のシフト前経常利益ではなく，前年度の実際に損益計算書において開示されている経常利益をもちいるからである。

シフトをおこなっていることを示唆するものといえよう。

(3) 追加的検証

① 損失回避と減益回避

個々の企業の目標利益は特定することができないものの，目標利益の達成といった場合，経営者が掲げる典型的な目標としては，損失回避と減益回避が挙げられることが多い[12]。そこで，以下ではまず，区分選択項目を利用した同一時点の損益の区分シフトによって，経常損失や経常減益を回避した企業がどの程度存在するか，その数をカウントしてみよう。なお，ここでは，式（2）で定義した最小経常利益（OI_{it}^{min}）が負であるものの，経常利益（OI_{it}）が非負となっている企業を「損失回避企業」とする。また，t 期の最小経常利益（OI_{it}^{min}）と $t-1$ 期の経常利益（OI_{it-1}）の差額が負であるものの，t 期の経常利益の対前年度変化額（ΔOI_{it}）が非負となっている企業を「減益回避企業」とする。

まず，損失回避企業と判定される観測値数をカウントしたところ，339 企業・年がそれに該当した。つぎに減益回避企業と判定される観測値数をカウントしたところ，746 企業・年がそれに該当した。なお，損失回避企業と減益回避企業は一部重複しているため，損失と減益の少なくともいっぽうを回避した観測値数をカウントしたところ，994 企業・年がそれに該当した。これらの結果は，経常損失や経常減益を回避するために区分選択項目を利用した同一時点の損益の区分シフトをおこなっている企業が，一定程度の割合で存在することを示唆するものである。

② 大規模なシフト率の増加の定義

前節の検証によって得られた結果は，大規模なシフト率の増加を経験している企業グループにおいて，区分選択項目を利用した同一時点の損益の区分シフトがおこなわれていることを示唆するものであった。ただし，大規模なシフト

12　日本企業を対象に，減益や損失の回避を目的とした利益マネジメントの存在を実証的にあきらかにしたものとして，たとえば首藤（2010）を参照。

率の増加の定義は主観的なものであり，シフト率の変化によるグルーピングが異なれば，得られる結果も異なる可能性があるから，「大規模なシフト率の増加」の定義を変更して検証を繰り返すことで，検証結果の頑健性を高めたほうがよい。

そこで，ここでは追加的検証として，「大規模なシフト率の増加」の定義を，シフト率の変化が60％超とした場合と，それが70％超とした場合のそれぞれについて，上述と同様の検証をおこなった。これらの結果は，上述の検証によって得られた結果と同様，大規模なシフト率の増加を経験している企業グループにおいて，区分選択項目を利用した同一時点の損益の区分シフトがおこなわれていると解釈できるものであった。

③ 年度効果と産業効果

上述の検証では，経常利益（シフト前経常利益）の水準や変化について，年度効果と産業効果をコントロールしたうえで検証をおこなっていた。これは，目標となる経常利益の水準や変化が，年度別・産業別の平均値に近いことを想定しているものといえる。ただし，これらの目標値については，年度や産業のちがいによらず，上述したような損失や減益の回避であることも多い。

そこで，ここでは追加的検証として，経常利益の水準や変化について，年度効果と産業効果をコントロールせずに分析をおこなった。これらの結果もまた，上述の検証によって得られた結果と同様，大規模なシフト率の増加を経験している企業グループにおいて，区分選択項目を利用した同一時点の損益の区分シフトがおこなわれていると解釈できるものであった。とくに，経常利益の変化については，大規模なシフト率の増加を経験している企業グループにおいて，シフト前経常利益の変化の平均値はマイナス（つまり，減益）であったのにたいし，実際に損益計算書において開示されている経常利益の変化の平均値はプラス（つまり，増益）となっていた。これは，区分選択項目を利用した損益の区分シフトが，経常増益を達成する目的でおこなわれることが多いことを示唆する結果ととらえることができよう。

第6節 おわりに

　本章の目的は，本書の最終的な目的である，損益の区分シフトによって投資家が誤導されることがあるか否かを検証するための準備段階として，経営者が区分選択項目を利用した同一時点の損益の区分シフトをおこなっているか否かをあきらかにすることであった。区分選択項目を利用した損益の区分シフトをおこなっている企業は，それをおこなっていない企業にくらべ，結果として大規模なシフト率の増加を経験することになる。このことから，本章では，大規模なシフト率の増加を経験している企業グループに，損益の区分シフトをおこなっているような特徴が観察されるか否かについて，一元配置分散分析（ANOVA）をもちいて検証をおこなった。検証結果をまとめると，以下のようになる。

　まず，大規模なシフト率の増加を経験している企業グループは，損益の区分シフトをおこなっていない企業グループにくらべ，シフト前経常利益の水準は低いものの，実際に損益計算書において開示されている経常利益は遜色ない水準となっていた。また，大規模なシフト率の増加を経験している企業グループは，損益の区分シフトをおこなっていない企業グループにくらべ，シフト前経常増益は小さいものの，実際に損益計算書において開示されている経常利益をもとに計算された経常増益は大きくなっていた。これらは，大規模なシフト率の増加を経験している企業グループが，区分選択項目を利用した同一時点の損益の区分シフトをおこなっていることを示唆するものである。よって，本書の第2部第3章では，大規模なシフト率の増加を経験している企業グループを，区分選択項目を利用した同一時点の損益の区分シフトをおこなっている企業グループとして識別したうえで，損益の区分シフトにたいする投資家の評価を検証する。

　また，追加的検証により，経常損失や経常減益を回避するために区分選択項目を利用した損益の区分シフトをおこなっている企業が，一定程度の割合で存在することもあきらかとなった。よって，本書の第2部第3章では，この識別規準をもちいて，経常損失や経常減益を回避するための区分選択項目を利用し

た同一時点の損益の区分シフトにたいする投資家の評価についても，併せて検証をおこなうことにした。

第2章

会計期間をまたぐ
損益の区分シフトにかんする実態分析
―特別損失の頻度と規模に着目して―

第1節 はじめに

(1) 会計期間をまたぐ損益の区分シフト

　損益の区分シフトは，ターゲットとなるサブトータルの利益を調整するために，損益をどの区分にどの程度の割合で計上するかを裁量的に決定するタイプの利益マネジメントである。この定義に従えば，損益の区分シフトは，同一会計期間（同一時点）における損益の計上区分の調整に限定する必要はない。それにもかかわらず，損益の区分シフトにかんする先行研究では，同一時点の損益の区分シフトに限定して検証がおこなわれている。また，企業が自主的に一時的と思われる損益を除外して算定する，プロ・フォーマ利益の裁量的決定は，実質的にみて区分選択項目を利用した損益の区分シフトと同様の利益マネジメントであるものの，これについて検証した先行研究もまた，同一時点の裁量的決定のみを取り扱っている。

　そのようななかで，永田・白土（2013）は，日本企業を対象として，同一時点の損益の区分シフトの実態を，McVay（2006）と同様の手法で検証したものであるが，そのほかにも，損益の区分シフトが継続的におこなわれている実態をあきらかにしている点が特徴的である。そこでは，経営者が同一時点の損益

の区分シフトを継続的におこなうことが想定されているようであるが，継続的な損益の区分シフトは，この方法のほかにも，異なる会計期間の損益を先取りしたり，先送りしたりしながら，その損益の計上区分や計上割合を調整することでも達成することができる。たとえば，Penman（2013）でも指摘されているように，固定資産の減価償却費を過小計上し続けると，結果として固定資産の減損損失や処分損が継続的に計上される可能性が高くなる。これらの損益項目が異なる区分に計上される場合，減価償却費の意図的な過小計上は，継続的な損益の区分シフトをおこなっているとみることができる。

また，業績悪化時に将来の費用を先取り計上するビッグ・バスと呼ばれる利益マネジメントは，将来の経常費用を特別損失として先取り計上していれば，会計期間をまたぐ損益の区分シフトとなる。次節でみるように，ビッグ・バスについては，先行研究の蓄積が進んでいるものの，会計期間をまたぐ損益の区分シフトの観点からそれを検証したものはほとんどないといってよい。

（2） 本章の目的と構成

本章の目的は，経営者が経常利益と特別損益の区分の裁量性を利用して，会計期間をまたぐ損益の区分シフトをおこなっているか否かについての実態をあきらかにすることである。なお，本章では，第4章や第5章でもちいられる，これらのタイプの損益の区分シフトをおこなっている企業の識別規準が妥当なものであることを確認するために，検証がおこなわれることになる。

ここで，もし経営者が経常利益と特別損益の区分の裁量性を利用した損益の区分シフトをおこなっているのであれば，特別損益に特徴的なパターンが表れることになる。たとえば，継続的に損益の区分シフトをおこなっている企業は，他の企業にくらべて，結果として経済的に無視できない大きさの特別損失を高頻度で計上することになる。また，将来の経常利益を増大させるために，異時点間の損益の区分シフトをおこなっているのであれば，結果としてそれを実行した企業は，他の企業にくらべて，それを実行した期に大規模な特別損失を計上することになる。そこで本章では，特別損失の頻度と規模に着目して，損益の区分シフトの実態を分析することにした。

検証の結果，経済的に無視できない大きさの特別損失を継続的に計上してい

る企業グループは，損益の区分シフトをおこなっていないとされる企業グループにくらべ，売上高成長率が低い（または，増収の達成率が低い）にもかかわらず，経常増益の大きさ（または，経常増益の達成率）には差異がないことがあきらかとなった。これは，経済的に無視できない大きさの特別損失を継続的に計上している企業グループが，継続的な損益の区分シフトをおこなっていることを示唆するものである。また，大規模な特別損失を計上している企業グループは，損益の区分シフトをおこなっていないとされる企業グループにくらべ，その翌期の売上高成長率は低いにもかかわらず，大きな経常増益を達成する傾向があることがあきらかとなった。これは，大規模な特別損失を計上している企業グループが，将来の経常費用を特別損失として先取り計上する，異時点間の損益の区分シフトをおこなっていることを示唆するものである。

本章の構成は以下のとおりである。まず，第2節では，本章で分析の対象となる利益マネジメントである，会計期間をまたぐ損益の区分シフトに関連する先行研究として，特別項目の計上実態にかんする研究とビッグ・バスの実態について検証した研究を概観する。その後，第3節では，本章で検証対象とするサンプルについて記述し，第4節では特別損失の計上頻度に着目した損益の区分シフトの実態分析を，第5節ではその規模に着目した損益の区分シフトの実態分析をおこなう。第6節は本章のまとめである。

第2節　先行研究

（1）　特別項目の計上実態

①　継続的な損益の区分シフトの実態にかんする研究

永田・白土（2013）は，損益の区分シフトが継続的におこなわれている実態を明示的に検証した，おそらく唯一の先行研究である。彼女らは，売上高の1％以上の特別損失を計上し，かつMcVay（2006）と同様の回帰モデルで推定した異常経常利益がプラスである場合，損益の区分シフトがおこなわれている疑いがあるものとしてカウントし，その疑いがあるとカウントされた回数で企

業をグルーピングしたうえで，各企業グループ間の経常増益の達成頻度の差異を観察している。

結果は，損益の区分シフトがおこなわれている疑いがあるとカウントされた回数が多いグループのほうが，経常増益の達成頻度が高いというものであった。これは，経常増益の達成を目的とした損益の区分シフトが継続的におこなわれていることを示唆するものである。

② 継続的な特別項目の認識にかんする研究

永田・白土（2013）とは異なり，継続的な損益の区分シフトについて明示的に取り扱ったものではないが，その存在をあきらかにした研究として位置づけることができるものとして，Fairfield et al.（2009）がある。そこでは，収益性の低かった企業についてみると，過去の負の累積特別項目は将来の売上高利益率と関連がないのにたいし，収益性の高かった企業についてみると，過去の負の累積特別項目は将来の低い売上高利益率に結びつくことがあきらかにされている。これは，高い収益性を維持するために継続的に負の特別項目を計上していた企業が存在することを示唆するものである。負の特別項目は一時的な性格をもつ項目であるから，負の特別項目を継続的に計上しているという事実は，そこに持続的な性格をもつ項目が含まれていること，つまり，継続的な損益の区分シフトがおこなわれていることを示唆する結果と解釈することができる。

また，Johnson et al.（2011）は，米国企業を対象として，負の特別項目の計上頻度の持続性について分析している。そこでは，過去の負の特別項目の計上頻度でグルーピングしたうえで，その後の負の特別項目の計上頻度について，その平均値をグループごとに比較している。結果は，過去に負の特別項目の計上頻度が高い企業は，その後も負の特別項目の計上頻度が高いというものであった。このほかにも，過去に負の特別項目を計上している企業は，その後に資産の評価損（Write-Off, Write-Down）を計上する可能性が高いことが，Francis et al.（1996）によってあきらかにされている。これらは，負の特別項目の継続的な認識が，偶然発生したものではないことを示唆するものである。

なお，Cain et al.（2016）は，特別項目の質を検証したものであるが，会計期間をまたぐ損益の区分シフトについて検証したものと位置づけることもでき

る。Cain et al.（2016）は，負の特別項目の質に着目し，米国企業で計上されている負の特別項目の3分の2は一時的な性質をもつものであるが，残りの3分の1については，過去・現在・将来のいずれかの経常的項目として認識すべきものが，機会主義的に負の特別項目として誤って区分されている可能性があることを指摘している。これは，広い意味で会計期間をまたぐ損益の区分シフトの実態をとらえたものといえよう。

③ 本章の特徴

本章では，継続的な特別損失の計上が意図的であるか否かを判断するため，Johnson et al.（2011）でもちいられた負の特別項目の計上頻度の持続性についての検証を利用する。また，特別損失を継続的に認識している企業が，継続的な損益の区分シフトをおこなっているか否かをあきらかにする目的で，Fairfield et al.（2009）のように特別損失の計上頻度と企業業績の関係を検証する。このように，複数の先行研究のリサーチ・デザインを取り込むことで，継続的な損益の区分シフトの実態をあきらかにしようとする点が，本章の特徴といえる。

（2） ビッグ・バス

① 資産の評価損に着目した研究

業績悪化時に将来の費用を先取り計上するビッグ・バスと呼ばれる利益マネジメントの実態については，とくに経営者の裁量の余地が大きいと考えられている資産の評価損や減損損失に着目して検証がおこなわれてきた。資産の評価損を対象として，ビッグ・バスの存在をあきらかにした初期の研究としては，Elliott and Shaw（1988）と Zucca and Campbell（1992）がある。Elliott and Shaw（1988）は，大規模な評価損を計上する米国企業について，評価損計上前と計上時の収益性（ROA や ROE）が産業平均よりも悪いことを発見した。また，Zucca and Campbell（1992）は，評価損控除前の利益が期待利益をすでに下回っていて，かつ，評価損を計上した場合にその企業がビッグ・バスをおこなっていると定義し，評価損を計上した企業（77社）のうち，約60％（45社）がビッグ・バスをおこなっていることをあきらかにした。その後，Spear and Taylor (2011) は，2001年から2008年の米国企業をサンプルとして，評価損控除前の利益が正のときよりも負のときのほうが大きな評価損を計上する実態をあきらかにしている。

　ビッグ・バスの手段は評価損の計上のみではないから，評価損と他の手段との関係についても検証したほうがよい。Rees *et al*. (1996) と Chao and Horng (2013) は，資産の評価損を利用したビッグ・バスの存在を検証しているが，そこでは資産の評価損と裁量的アクルーアルズの関係についても併せて検証をおこなっている。これらはともに，資産の評価損が大きいほど，裁量的アクルーアルズが小さい（負の裁量的アクルーアルズが大きい）ことをあきらかにしている。

　なお，Chao and Horng (2013) は，ROE が低い企業は資産の評価損が大きく，裁量的アクルーアルズが小さいことをもって，企業がビッグ・バスをおこなっていると結論付けている。これにたいし，Rees *et al*. (1996) は，評価損を計上する企業は，評価損控除前の利益が産業平均より低く，裁量的アクルーアルズが負であることをあきらかにしているものの，評価損を計上した翌期においても裁量的アクルーアルズが反転しないことから，これは機会主義的な操作ではなく，経済状況を顕示するものであると結論付けている。

② **減損損失に着目した諸外国の研究**

　固定資産の減損損失を利用したビッグ・バスについて実証的に検証をおこなったものとしては，減損会計基準の変更によってビッグ・バスが助長されたか否かを検証した Riedl (2004) と Zhang *et al*. (2010) がある。Riedl (2004) は，SFAS 121（Statements of Financial Accounitng Standards No. 121, *Accounting for the Impairment of Long-Lived Assets and for Long-Lived Assets to Be Disposed Of*）の適用前後で，米国企業における減損損失を利用したビッグ・バス行動にどのような変化が起こったかについて検証をおこなっている。結果は，SFAS 121 が減損損失を利用したビッグ・バス行動を助長したことを示唆するものであった。いっぽう，Zhang *et al*. (2010) は，中国企業をサンプルとして，減損損失の戻入れ禁止によって，ビッグ・バス行動が抑制されたことを示唆する結果を得ている。

減損損失の裁量的決定については，のれんの減損損失を対象とした研究が圧倒的に多い。Jordan and Clark（2004）と Masters-Stout *et al*.（2008）は米国企業を対象として，AbuGhazaleh *et al*.（2011）と Stenheim and Madsen（2016）は英国企業を対象として，Kabir and Rahman（2016）はオーストラリアの企業を対象として，Giner and Pardo（2015）はスペインの企業を対象として，そして Abdul Majid（2015）はマレーシアの企業を対象として，それぞれのれんの減損損失を利用したビッグ・バスの存在をあきらかにしている。また，これらの研究のなかには，ガバナンスやモニタリングが強いと，機会主義的なビッグ・バスが抑制されることをあきらかにしたものもある（AbuGhazaleh *et al*. 2011；Abdul Majid 2015；Kabir and Rahman 2016）。

　米国企業は，のれんの非償却減損処理を定めた SFAS 142（Statements of Financial Accounitng Standards No. 142, *Goodwill and Other Intangible Assets*）の適用移行期間において，のれんの減損損失を「会計基準変更の影響」として異常項目と純利益の間に計上することができた。SFAS 142 適用後は，のれんの減損損失は営業費用の区分に計上されることになるから，のれんの減損損失を営業費用の区分に計上したくない経営者は，それを移行期間に計上しようとするはずである。Beatty and Weber（2006）は，将来減損の起こりやすいハイリスク企業が，移行期間に減損損失を早めに計上している実態をあきらかにした。これは，会計期間をまたぐ損益の区分シフトと呼ぶこともできる利益マネジメントである。また，Henning *et al*.（2004）は，米国企業が移行期間までのれんの減損損失の認識を遅らせていることをあきらかにしており，これも会計期間をまたぐ損益の区分シフトがおこなわれていることを示唆するものといえる。

③　減損損失に着目した日本の研究

　日本では「固定資産の減損に係る会計基準」が 2004 年 3 月期決算から早々期適用，2005 年 3 月期決算から早期適用，2006 年 3 月期決算から強制適用されている。日本企業を対象に固定資産の減損損失を利用したビッグ・バスの存在をあきらかにしている研究としては，榎本（2007），木村（2007），大日方・岡田（2008），そして岡﨑（2014）が挙げられる。

　榎本（2007）は，早々期適用と早期適用の期間について，減損損失と減損損

失控除前利益との関係から，減損損失を利用したビッグ・バス（と利益平準化）がおこなわれていることをあきらかにした。木村（2007）は，ほかに大きな特別損失が計上されているときに，それを拡大するという意味で，減損損失を利用したビッグ・バスが存在していることをあきらかにした。大日方・岡田（2008）は，早々期適用から強制適用初年度までの期間について，減損損失計上時のみならず，その前後の利益率に着目した分析をおこない，やはり減損損失を利用したビッグ・バスがおこなわれていることをあきらかにしている。なお，岡﨑（2014）は，継続的な減損損失の計上による利益平準化の存在をあきらかにすることが主題ではあるものの，強制適用期をサンプルとして，減損損失を計上していて純損失となっている企業について，特別利益による益出しの証拠が他のケースにくらべて弱いことをもって，減損損失を利用したビッグ・バスがおこなわれている可能性を指摘している。

④ 特別損失（負の特別項目）に着目した研究

このように，ビッグ・バスの実態については，資産の評価損や減損損失を対象として，数多くの実証結果の蓄積があるが，負の特別項目や特別損失に着目して，ビッグ・バスの実態をあきらかにした研究もいくつか存在する。Kinney and Trezevant（1997）は，米国企業を対象として，操作前利益の増減率でカテゴライズし，それぞれのグループにおける負の特別項目の認識頻度と大きさを比較することで，負の特別項目を利用したビッグ・バス（と利益平準化）がおこなわれていることを示唆する結果を得ている。大日方（2013b）は，日本の法人企業統計の個票データをもちいて，経常損失（および営業損失）と特別損失との関係から，時系列でみて，損失を拡大させるビッグ・バスの傾向が強まっていることをあきらかにした。また，大日方（2013b）では，経常利益と特別損益の大小でポートフォリオを作成して分析した結果，経常利益が小さなポートフォリオと，特別損益が小さなポートフォリオで，損失を拡大させるビッグ・バスがおこなわれていると考えられるような証拠を得ている。

なお，大日方・岡田（2008）のように，ビッグ・バスがおこなわれた翌期の収益性についても検証対象に含めている場合，ビッグ・バスがおこなわれたとされる企業の収益性には改善がみられることが多い。Cready et al.（2012）は，

この収益性の改善が，費用の先取り計上による翌期以降の費用負担の軽減によって会計上生じているだけなのか，それとも真の収益性の改善が生じているのかについて検証をおこなっている。彼らは，負の特別項目と将来の累積増益額の関係から，会計上の費用負担の軽減効果による利益数値の改善のみならず，真の収益性の改善も生じていることをあきらかにしている。また，真の収益性の改善は資産の評価損やのれんの減損損失を計上した場合ではなく，リストラ費用を計上した場合に顕著に生じていることも指摘している。

⑤ 本章の特徴

ここまで見てきたように，業績悪化時に将来の費用を先取り計上するビッグ・バスは，負の特別項目や特別損失，そのなかでもとくに資産の評価損や減損損失を対象として，その実態があきらかにされてきた。ビッグ・バスに利用されることの多い資産の評価損や減損損失は，負の特別項目や特別損失として計上されるものであり，それらを計上した場合，将来の営業費用（経常費用）となる資産の償却費は，それらを計上しなかった場合にくらべて小さくなる。上述したように，ビッグ・バスは将来の経常費用を特別損失として計上した場合，異時点間の損益の区分シフトとみることができる。

本章は，大日方・岡田（2008）のように特別損失の計上前後を含む期間の企業業績の関係を検証することで，異時点間の損益の区分シフトの実態をあきらかにしようとする点に特徴がある。

第3節 サンプル

本章では，前章と同じサンプルをもちいて検証をおこなう[1]。以下では，本章でもちいる変数の定義を確認したうえで，それらの記述統計量と相関マトリックスをみることで確認できる，本章でもちいるサンプルがもっている傾向を示す。

1　第1章第3節を参照。

(1) 特別損益と経常利益の記述統計量

まずは，特別損益と経常利益の記述統計量を確認しよう。これは，**図表2-1**に示してある。OI は経常利益，SI は純額ベースの特別損益，SP は総額ベースの特別利益，SL は総額ベースの特別損失である。添え字の i は企業，t は年度である。前章と同様，ここでは企業規模を調整する目的で，すべての変数を前期末総資産でデフレートしている。そのため，分析期間は2001年から2014年の14年間となり，観測値数は29,485企業・年となった。ここで記述統計量をみる目的は，特別損益が企業にとって経済的に重要なものか否かを確認することにある。

図表2-1をみると，分析期間において，経常利益（OI）は平均値0.052（中央値0.042）である。これにたいし，純額ベースの特別損益（SI）は平均値 −0.009（中央値 −0.003）であるから，日本の上場企業の平均的な傾向として，経済的に無視できない大きさの特別損益を計上していることがわかる。また，サンプル全体のうち，純額ベースで特別利益を計上している割合は約20%の6,370企業・年，特別損失を計上している割合は約75%の21,820企業・年である[2]。このことから，日本の上場企業では，特別損益がまったく計上されないケースのほうが稀であること，大半のケースでは，特別利益ではなく特別損失を計上することがわかる。

なお，Donelson et al.（2011）や Johnson et al.（2011）では，米国企業における特別項目の計上実態があきらかにされている。そこでは特別項目の計上頻度が時系列でみて徐々に高まってきていることが示されている。ただし，その計上頻度は高くなったとはいえ，負の特別項目が45%程度，正の特別項目が15%程度である。日本の特別損益の計上頻度は，米国の会計基準にしたがって作成される損益計算書やその注記情報において開示される特別項目の計上頻度にくらべ，非常に高い。

つぎに，総額ベースの特別損益に着目してみよう。特別利益（SP）は平均

---

[2] サンプル全体のうち，純額ベースで何らかの特別損益を計上している割合は，95%超の28,190企業・年にのぼる。

図表2−1　変数の記述統計量（2001-2014年）

変数	平均値	標準偏差	最小値	第1四分位	中央値	第3四分位	最大値	観測値数
OI_{it}	0.052	0.105	−4.767	0.019	0.042	0.077	3.100	29,485
SI_{it}	−0.009	0.041	−0.858	−0.011	−0.003	0.000	1.939	29,485
$SI_{it}>0$	0.013	0.052	0.000	0.001	0.003	0.010	1.939	6,370
$SI_{it}<0$	−0.016	0.036	−0.858	−0.016	−0.006	−0.002	0.000	21,820
SP_{it}	0.008	0.032	0.000	0.000	0.001	0.006	2.122	29,485
$SP_{it}>0$	0.010	0.036	0.000	0.001	0.003	0.008	2.122	23,748
SL_{it}	−0.017	0.037	−0.858	−0.017	−0.007	−0.002	0.000	29,485
$SL_{it}<0$	−0.018	0.038	−0.858	−0.018	−0.008	−0.003	0.000	27,721

注）各変数の定義はつぎのとおりである。OI＝経常利益，SI＝純額ベースの特別損益，SP＝総額ベースの特別利益，SL＝総額ベースの特別損失。添え字のiは企業，tは年度である。すべての変数について，前期末総資産でデフレートしている。

値0.008（中央値0.001）であるのに対し，特別損失（SL）は平均値−0.017（中央値−0.007）である。特別損失にいたっては，経常利益のおよそ3分の1が失われる規模である。ここから，特別利益と比較して，特別損失の規模がかなり大きく，経済的に無視できない規模であることがわかる。また，サンプル全体のうち，総額ベースで特別利益を計上している割合は約80％の23,748企業・年，特別損失を計上している割合は約95％の27,721企業・年である。総額ベースでみると，日本の上場企業は，特別損失だけでなく，特別利益の計上頻度も非常に高いことがわかる。

（2）　特別損益と経常利益の相関関係

つぎに，特別損益と経常利益，また，特別利益と特別損失の間の相関関係について確認しておこう。これは**図表2−2**に示してある。図表の左下段の数値はピアソンの積率相関係数，右上段の数値はスピアマンの順位相関係数である。なお，ここでの相関係数は，すべての変数について年度ごとに上下1％ずつを異常値として置換処理した後のものである。ここでの目的は，これらの相関関係から特別損益を利用した利益マネジメントの兆候をとらえることである。

図表2−2をみると，分析期間において，経常利益（OI）と特別損益（SI），また経常利益と特別損失（SL）の間に，弱いながらも統計的に有意な正の相

図表2-2 変数間の相関マトリックス（観測値数：29,485）

変数		①	②	③	④
①	OI_{it}		0.036**	−0.168**	0.154**
②	SI_{it}	0.099**		0.213**	0.724**
③	SP_{it}	−0.127**	0.200**		−0.346**
④	SL_{it}	0.166**	0.822**	−0.359**	

**は1％水準で有意，*は5％水準で有意。
注）各変数の定義は図表2-1の注を参照。図表の左下段はピアソンの積率相関係数，右上段はスピアマンの順位相関係数である。ここでの相関係数は，すべての変数について年度ごとに上下1％ずつを異常値として置換処理した後のものである。

関関係が観察される。これは，特別損益（特別損失）のなかに，経常利益の性格をもつものが含まれている可能性があることを示唆するものと考えられる。また，この相関関係は，業績が悪化したさい，経営者が特別損失をより多く計上することを意味しているから，大日方（2013b）などであきらかにされたようなビッグ・バスがおこなわれている兆候ととらえることもできる。なお，経常利益（OI）と特別利益（SP）の間には，弱いながらも統計的に有意な負の相関関係が観察される。これは，経営者が業績悪化のさい，特別利益を計上することでその悪化分を穴埋めする，Kinney and Trezevant（1997）などであきらかにされたような利益捻出型の利益マネジメントをおこなっていることを示唆するものといえよう。

つぎに，総額ベースの特別利益（SP）と特別損失（SL）の間の相関関係に着目してみよう。これらの間には統計的に有意な負の相関関係が観察される。これは，岡﨑（2014）やKolev et al.（2017）などであきらかにされているような，特別利益と特別損失を相殺するような利益マネジメントを経営者がおこなっていることを示唆するものといえる。

本章の目的は，損益の区分シフトの実態を分析することである。ここで，総額ベースの特別損失の頻度や規模に着目して損益の区分シフトの実態分析をおこなった場合，その分析のなかで，総額ベースの特別利益については考慮しないことになる。このとき，たとえば総額ベースで大規模な特別損失を計上している企業のなかには，損益の区分シフトをおこなっている企業のほかにも，特別利益を計上することで業績悪化分を穴埋めする利益捻出型の利益マネジメン

トをおこなっている企業や，特別利益と特別損失を相殺するような利益マネジメントをおこなっている企業が含まれることになる。よって，次節以降では，損益の区分シフトをおこなっている企業グループの識別にさいして，このような他のタイプの利益マネジメントをおこなっている企業を混入させないようにするため，主として純額ベースの特別損失の頻度や規模に着目して分析をおこなうことにした。

第4節 特別損失の頻度に着目した損益の区分シフトの実態分析

特別損失の認識・測定は経営者の裁量の余地が大きいから，経常利益を増大させるための損益の区分シフトは繰り返し実行される可能性がある。上述したように，永田・白土（2013）は，日本企業を対象に，継続的な損益の区分シフトの存在をあきらかにしている。

第1節で述べたように，継続的に損益の区分シフトをおこなっている企業は，それをおこなっていない企業にくらべて，結果として経済的に無視できない大きさの特別損失が継続的に認識されることになる。よって本節では，特別損失の頻度に着目して，経済的に無視できない大きさの特別損失を継続的に計上している企業グループに，経常利益と特別損失の区分の裁量性を利用した，継続的な損益の区分シフトをおこなっているような特徴が観察されるか否かを確認することで，経営者がこのタイプの損益の区分シフトをおこなっているか否かをあきらかにする。

（1）特別損失の計上頻度の分布

分析対象となる日本の上場企業において，どの程度の頻度でどの程度の規模の特別損失を計上すると通常ではない継続的な特別損失と呼べるのだろうか。まずは，この点を確認するため，分析対象となるサンプルの特別損失の頻度の分布を確認してみよう。

図表2-3は，3期間にわたる純額ベースの特別損失の企業別頻度の分布を，その規模別に示したものである。ここでは3期間連続の特別損失（前期末総資

図表 2-3　特別損失の計上頻度

規模		頻度				計
		0 回	1 回	2 回	3 回	
0.0%	観測値数	1,102	3,807	8,270	11,643	24,822
	割合	4.44%	15.34%	33.32%	46.91%	
0.5%	観測値数	6,800	8,292	6,188	3,542	24,822
	割合	27.40%	33.41%	24.93%	14.27%	
1.0%	観測値数	11,264	8,250	3,982	1,326	24,822
	割合	45.38%	33.24%	16.04%	5.34%	
1.5%	観測値数	14,498	7,206	2,459	659	24,822
	割合	58.41%	29.03%	9.91%	2.65%	
2.0%	観測値数	16,679	6,154	1,655	334	24,822
	割合	67.19%	24.79%	6.67%	1.35%	

注）規模の欄は，計上頻度をカウントするさいに要求される前期末総資産にたいする特別損失（純額ベース）の割合の下限である。

産でデフレート）のデータを必要とするため，観測値数は 24,822 企業・年に減少している。なお，損益の規模を調整するさいのデフレーターとしては，永田・白土 (2013) のように売上高をもちいるケースもあるが，ここでは経営者による裁量の大きさを測ることが目的であるから，特別損失の発生原因となるバランスシート項目の大きさを表す前期末総資産をデフレーターとしてもちいる。また，前章と同様の理由[3] で，ここでは特別損失の頻度と規模でグルーピングをおこなうさい，年度効果と産業効果はコントロールしないことにした。

　図表 2-3 をみると，特別損失の規模を考慮せずに，その計上頻度をカウントすると，3 期連続で特別損失を計上する割合は，サンプル全体の 50% 近くになることがわかる。小規模であれば，特別損失を継続的に計上することは珍しいことではない。

　つぎに，特別損失の規模を考慮したうえで，その計上頻度をカウントした結果をみると，前期末総資産にたいする割合が 0.5% 超の特別損失に限定した場合，3 期連続で特別損失を計上する割合は，サンプル全体の約 15% になり，前期末総資産にたいする割合が 1% 超の特別損失に限定した場合，3 期連続で

3　第 1 章第 5 節 (1) を参照。

特別損失を計上する割合は，サンプル全体の約5%となる。ここでは，池田ほか（2013）において，特別損失の頻度をカウントするさい，総資産にたいする特別損失の割合が1%未満であればカウント対象に含めていないことを勘案し，前期末総資産にたいする割合が1%超の特別損失を3期連続で計上した企業グループを，「経済的に無視できない大きさの特別損失の継続的な計上」をおこなっている企業グループと定義したうえで分析をおこなうことにした。

なお，以下では，前期末総資産にたいする割合が1%超の特別損失を3期中1度も計上していない企業グループと，3期中1期のみ計上した企業グループを，継続的な損益の区分シフトをおこなっていない企業グループとして，分析のさい，経済的に無視できない大きさの特別損失を継続的に計上している企業グループの比較対象とする。ここで，経済的に無視できない大きさの特別損失を3期中1度も計上していない企業グループと，それを3期中1期のみ計上した企業グループを分けているのは，後者の企業グループがビッグ・バスという他の利益マネジメントを経験している可能性を考慮してのことである。

また，前期末総資産にたいする割合が1%超の特別損失を3期中2期計上している企業グループは，継続的に損益の区分シフトをおこなっている可能性もあるし，おこなっていない可能性もある，いわゆる「グレーゾーン」に位置するものである。以下の検証では，損益の区分シフトをおこなっていない企業グループと，経済的に無視できない大きさの特別損失を継続的に計上している企業グループの差異に着目するが，それと同時に，経済的に無視できない大きさの特別損失を3期中2期計上している企業グループについても，経済的に無視できない大きさの特別損失を継続的に計上している企業グループと異なる特徴をもつか，つまり，これらを分割する意義があるか否かを確認することになる。

（2） 継続的な損益の区分シフトの実態にかんする分析結果

① 特別損失の計上頻度の持続性

経済的に無視できない大きさの特別損失の継続的な認識は，経営者の意図によらず，偶然発生している可能性もある。特別損失の継続的な認識が偶然によるものである場合，過去の特別損失の計上頻度は，将来の特別損失の計上頻度と関連性をもたないはずである。そこで，ここではまず，経済的に無視できな

図表2-4 経済的に無視できない大きさの特別損失の頻度の持続性

分類		N_SL_{it+3}			多重比較		
		平均値	標準偏差	観測値数			
①	$N\_SL_{it}=0$	0.532	0.725	7,444	①<②	①<③	①<④
②	$N\_SL_{it}=1$	0.703	0.826	6,302	②<③	②<④	③<④
③	$N\_SL_{it}=2$	0.895	0.904	3,222	F値	312.61**	
④	$N\_SL_{it}=3$	1.198	0.992	1,153			

**は1%水準で有意,*は5%水準で有意。
注)N_SL_{it}は,企業iがt期までの3期間のうち,経済的に無視できない大きさ(前期末総資産にたいする純額ベースの特別損失の割合が1%超)の特別損失を計上する頻度である。なお,多重比較は,少なくとも5%水準で統計的に有意になったものを示している。

い大きさの特別損失の継続的な認識について,経営者が意図的におこなったか否かをあきらかにするため,Johnson et al.(2011)と同様,特別損失の計上頻度の持続性を分析する。なお,以下では,特別損失の計上頻度の持続性について,サンプルを過去3期間の特別損失の計上頻度でグルーピングしたうえで,各企業グループの将来3期間の特別損失の計上頻度の平均値の差異を,一元配置分散分析(ANOVA)によって検証する。

検証結果は,**図表2-4**に示してある。なお,N_SL_{it}は,企業iがt期までの3期間のうち,経済的に無視できない大きさの特別損失を計上する頻度である。また,ここでは,t期までの3期間と$t+3$期までの3期間,計6期間の特別損失(前期末総資産でデフレート)のデータが必要となるため,観測値数はその分小さくなり,18,121企業・年となった。

図表2-4をみると,t期までの3期間に経済的に無視できない大きさの特別損失を計上する頻度が多いほど,その後の3期間もそれを計上する頻度は多くなることが確認できる。各企業グループ間の差異を多重比較した結果は,すべて統計的に有意であった。この結果は,Johnson et al.(2011)と整合的なものであり,経済的に無視できない大きさの特別損失の継続的な計上が偶然によるものではなく,意図的におこなわれていることを示唆するものである。

② リサーチ・デザイン

継続的な特別損失の計上が意図的なものであるとして,それは継続的な損益

第 2 章　会計期間をまたぐ損益の区分シフトにかんする実態分析—特別損失の頻度と規模に着目して—　　59

の区分シフトによるものなのだろうか。経営者が経常利益と特別損益の区分の裁量性を利用した継続的な損益の区分シフトによって，継続的に経常利益を増大させた場合，他の条件が等しければ，それをおこなった企業の経常利益の水準やその増益幅は，それをおこなっていない企業のものよりも継続的に大きくなる。ただし，継続的な損益の区分シフトをおこなうということは，収益性の面では平均的に見劣りしているはずであり，目標とする利益に到達することはそれだけ困難であると考えられる。このとき，継続的な損益の区分シフトをおこなった企業は，それをおこなわなかった企業にくらべ，調整前の段階でみた経常利益や経常増益は小さくなる可能性が高い。

　また，経営者は目標利益を達成するために利益マネジメントをおこなうから，継続的な損益の区分シフトによって目標利益を達成することが多くなれば，それをおこなった企業は，結果としてそれをおこなわなかった企業と遜色ない水準の利益または増益を達成する可能性が高くなると考えられる。よって，経営者が経常利益と特別損益の区分の裁量性を利用した継続的な損益の区分シフトをおこなっているか否かは，経済的に無視できない大きさの特別損失を継続的に計上している企業グループについて，損益の区分シフトをおこなっていない企業グループとくらべて，経常利益や経常増益が継続的に大きくなっているか否か（少なくとも，小さくなっていないか）を検証すればよい。

　以下では，企業グループ間の経常利益の水準と変化の平均値の差異を検証するため，一元配置分散分析（ANOVA）をおこなう。なお，前章と同様の理由により，経常利益の水準と変化については，主として年度効果と産業効果をコントロールしたうえで検証をおこなった結果を報告する[4]。

　なお，経営者が継続的な損益の区分シフトをおこなっているのであれば，その効果は継続的に発現することになる。そのため，ここでは，特別損失の頻度を $t-2$ 期から t 期の 3 期間で測定したうえで，その測定期間の途中にあたる $t-1$ 期から，測定期間終了後の $t+1$ 期の 3 期間の経常利益の水準と変化について検証をおこなうことにした。そのため，観測値数はその分小さくなり，

　4　年度効果と産業効果をコントロールする理由については第 1 章第 5 節（2）①を，その方法については第 1 章注 10 を参照。

22,560企業・年となった。

③ 主要な検証結果

まずは，特別損失の頻度と経常利益の水準の関係について，一元配置分散分析（ANOVA）をおこなった結果をみてみよう。これは**図表2-5**に示してある。OI_{it}^mは企業iのt期の経常利益（$t-1$期の総資産でデフレート）の年度別・産業別平均値からの差異である。

図表2-5をみると，t期までの3期間に経済的に無視できない大きさの特別損失を継続的に計上している企業グループ（$N\_SL_{it}=3$）は，損益の区分シフトをおこなっていない企業グループ（$N\_SL_{it}=0$，または$N\_SL_{it}=1$）にくらべ，$t-1$期から$t+1$期のすべてにおいて，経常利益の水準が低い。これらの企業グループ間の平均値の差異を多重比較した結果は，すべて統計的に有意である。これは，経常費用を特別損失として計上することによる損益の区分シフトが，経済的に無視できない大きさの特別損失を継続的に計上する企業グループにおいて継続的におこなわれていることを示唆するものとはいえない。

つぎに，特別損失の頻度と経常利益の変化の関係について，一元配置分散分析（ANOVA）をおこなった結果をみてみよう。これは**図表2-6**に示してある。なお，ΔOI_{it}^mは企業iのt期の経常利益の対前年度変化額（$t-1$期の総資産でデ

図表2-5 特別損失の頻度と経常利益の水準の関係

分類	OI_{it-1}^m		OI_{it}^m		OI_{it+1}^m		観測値数
	平均値	標準偏差	平均値	標準偏差	平均値	標準偏差	
① $N\_SL_{it}=0$	0.006	0.057	0.005	0.055	0.003	0.055	9,785
② $N\_SL_{it}=1$	−0.002	0.063	−0.002	0.062	−0.003	0.061	7,691
③ $N\_SL_{it}=2$	−0.008	0.067	−0.008	0.066	−0.006	0.065	3,795
④ $N\_SL_{it}=3$	−0.012	0.070	−0.009	0.072	−0.008	0.070	1,289
F値	69.67**		53.92**		33.09**		
多重比較	①>②，①>③ ①>④，②>③ ②>④		①>②，①>③ ①>④，②>③ ②>④		①>②，①>③ ①>④，②>③ ②>④		

**は1%水準で有意，*は5%水準で有意。

注）OI_{it}^mは企業iのt期の経常利益（$t-1$期の総資産でデフレート）の年度別・産業別平均値からの差異である。各分類の定義は図表2-4の注を参照。

第2章　会計期間をまたぐ損益の区分シフトにかんする実態分析―特別損失の頻度と規模に着目して―

図表2-6　特別損失の頻度と経常利益の変化の関係

分類	ΔOI_{it-1}^m		ΔOI_{it}^m		ΔOI_{it+1}^m		観測値数
	平均値	標準偏差	平均値	標準偏差	平均値	標準偏差	
① $N\_SL_{it}=0$	−0.001	0.036	−0.002	0.034	−0.002	0.034	9,785
② $N\_SL_{it}=1$	0.000	0.046	0.000	0.043	0.000	0.040	7,691
③ $N\_SL_{it}=2$	0.001	0.051	0.000	0.047	0.001	0.046	3,795
④ $N\_SL_{it}=3$	−0.002	0.053	0.001	0.053	0.001	0.052	1,289
F値	1.38		3.35＊		8.50＊＊		
多重比較	N/A		N/A		①<②, ①<③		

＊＊は1％水準で有意，＊は5％水準で有意。
注）ΔOI_{it}^m は企業 i の t 期の経常利益の対前年度変化額（$t-1$ 期の総資産でデフレート）の年度別・産業別平均値からの差異である。各分類の定義は図表2-4の注を参照。

フレート）の年度別・産業別平均値からの差異である。

　図表2-6をみると，t 期までの3期間に経済的に無視できない大きさの特別損失を継続的に計上している企業グループ（$N\_SL_{it}=3$）は，$t-1$ 期から $t+1$ 期のすべてにおいて，損益の区分シフトをおこなっていない企業グループ（$N\_SL_{it}=0$，または $N\_SL_{it}=1$）と遜色ない経常増益を達成している。これらの企業グループ間の平均値の差異を多重比較した結果は，すべて統計的に有意ではない。ここで，継続的に特別損失を計上している企業グループは，経常利益の水準が低く，業績が悪いことを考慮すれば，当該企業グループが，損益の区分シフトをおこなっていない企業グループと遜色ない経常増益を達成することは通常困難であると考えてよいだろう。よって，ここでの結果は，経常費用を特別損失として計上することによる損益の区分シフトが，経済的に無視できない大きさの特別損失を継続的に計上する企業グループにおいて継続的におこなわれていることを示唆しているといえそうである。

　継続的に特別損失を計上している企業グループ（$N\_SL_{it}=3$）が，損益の区分シフトを継続的におこなうことで，それをおこなっていない企業グループ（$N\_SL_{it}=0$，または $N\_SL_{it}=1$）と遜色ない経常増益を達成しているのであれば，売上高成長率の大きさについては，それをおこなっていない企業グループよりも低いものになっているはずである。なぜなら，損益の区分シフトによる経常利益のかさ上げは，業績改善による経常利益の増大とは異なり，費用の機

図表 2-7 特別損失の頻度と売上高成長率の関係

分類	ΔSAL_{it-1}^m		ΔSAL_{it}^m		ΔSAL_{it+1}^m		観測値数
	平均値	標準偏差	平均値	標準偏差	平均値	標準偏差	
① $N\_SL_{it}=0$	0.005	0.144	0.002	0.136	0.000	0.134	9,785
② $N\_SL_{it}=1$	−0.005	0.163	−0.004	0.156	−0.004	0.146	7,691
③ $N\_SL_{it}=2$	−0.010	0.174	−0.010	0.164	−0.007	0.161	3,795
④ $N\_SL_{it}=3$	−0.019	0.171	−0.027	0.166	−0.030	0.163	1,289
F 値	15.31**		18.58**		17.08**		
多重比較	①>②,①>③ ①>④,②>④		①>③,①>④ ②>④,③>④		①>③,①>④ ②>④,③>④		

**は1%水準で有意，*は5%水準で有意．
注）ΔSAL_{it}^m は企業 i の t 期の売上高成長率の年度別・産業別平均値からの差異である．各分類の定義は図表2-4の注を参照．

械的な減少により達成されるものであり，増収を伴わないからである．

そこで最後に，特別損失の頻度と売上高成長率（年度別・産業別平均値からの差異）の関係について，一元配置分散分析（ANOVA）をおこなった結果をみてみよう．これは**図表2-7**に示してある．なお，ΔSAL_{it}^m は，企業 i の t 期の売上高成長率の年度別・産業別平均値からの差異である．

図表2-7をみると，t 期までの3期間に経済的に無視できない大きさの特別損失を継続的に計上している企業グループ（$N\_SL_{it}=3$）は，損益の区分シフトをおこなっていない企業グループ（$N\_SL_{it}=0$，または $N\_SL_{it}=1$）にくらべ，$t-1$ 期から $t+1$ 期のすべてにおいて，売上高成長率が低い．これら企業グループ間の平均値の差異を多重比較した結果は，すべて統計的に有意である．これは，継続的に特別損失を計上している企業グループにおける，損益の区分シフトをおこなっていない企業グループと遜色ない経常増益は，それら企業グループと遜色ない増収を伴わないものであることを意味している．

このことから，継続的に特別損失を計上している企業グループにおける，損益の区分シフトをおこなっていない企業グループと遜色ない経常増益は，経常費用を特別損失として計上することによる損益の区分シフトが，経済的に無視できない大きさの特別損失を継続的に計上する企業グループにおいて継続的におこなわれた結果であると解釈してよいであろう．

（3） 追加的検証

① 損失回避と減益回避

　前章でも述べたように，目標利益の達成といった場合，経営者にとっての典型的な目標は，損失回避と減益回避である。もし経営者が損失回避や減益回避を目的として損益の区分シフトをおこなっているのであれば，継続的に損益の区分シフトをおこなっている企業は，他の企業よりも経常損失や経常減益となる頻度が少なくなる（少なくとも，経常損失や経常減益となる頻度が多くならない）はずである。実際，永田・白土（2013）では，継続的に損益の区分シフトをおこなっている企業について，経常増益を達成する傾向が他の企業よりも強いことがあきらかにされている。

　そこで，以下ではまず，t期までの3期間に経済的に無視できない大きさの特別損失を継続的に計上している企業グループ（$N\_SL_{it}=3$）が，損益の区分シフトをおこなっていない企業グループ（$N\_SL_{it}=0$，または$N\_SL_{it}=1$）にくらべ，経常損失や経常減益となる頻度が少なくなるか否か（少なくとも，多くならないか）について，一元配置分散分析（ANOVA）をおこなった結果をみてみよう。これは**図表2-8**に示してある。なお，$N\_OI_{it+1}^{pos}$は，企業iが$t+1$期までの3期間のうち，経常損失を回避できた回数の年度別・産業別平均値からの差異，$N\_\Delta OI_{it+1}^{pos}$は，企業iが$t+1$期までの3期間のうち，経常増益を達成した回数の年度別・産業別平均値からの差異である。

　図表2-8をみると，t期までの3期間に経済的に無視できない大きさの特別損失を継続的に計上している企業グループ（$N\_SL_{it}=3$）は，損益の区分シフトをおこなっていない企業グループ（$N\_SL_{it}=0$，または$N\_SL_{it}=1$）にくらべ，経常損失を回避する頻度が少なく，これら企業グループの間の平均値の差異を多重比較した結果は，すべて統計的に有意である。これは，経常費用を特別損失として計上することによる経常損失の回避を目的とした損益の区分シフトが，経済的に無視できない大きさの特別損失を継続的に計上する企業グループにおいて継続的におこなわれていることを示唆するものとはいえない。

　つぎに，経常減益の回避にかんする結果をみてみると，t期までの3期間に経済的に無視できない大きさの特別損失を継続的に計上している企業グループ

図表2-8　特別損失の頻度と目標値達成の頻度の関係

分類	$N\_OI_{it+1}^{pos}$		$N\_\Delta OI_{it+1}^{pos}$		$N\_\Delta SAL_{it+1}^{pos}$		観測値数
	平均値	標準偏差	平均値	標準偏差	平均値	標準偏差	
① $N\_SL_{it}=0$	0.084	0.548	0.017	0.793	0.085	0.800	9,785
② $N\_SL_{it}=1$	−0.021	0.680	−0.025	0.791	−0.043	0.859	7,691
③ $N\_SL_{it}=2$	−0.116	0.777	−0.015	0.781	−0.104	0.901	3,795
④ $N\_SL_{it}=3$	−0.138	0.843	0.030	0.762	−0.154	0.942	1,289
F 値	115.02**		5.24**		73.14**		
多重比較	①>②, ①>③ ①>④, ②>③ ②>④		①>②		①>②, ①>③ ①>④, ②>③ ②>④		

**は1%水準で有意，*は5%水準で有意。

注）$N\_OI_{it+1}^{pos}$ は，企業 i が $t+1$ 期までの3期間のうち，経常損失を回避できた回数の年度別・産業別平均値からの差異，$N\_\Delta OI_{it+1}^{pos}$ は，企業 i が $t+1$ 期までの3期間のうち，経常増益を達成した回数の年度別・産業別平均値からの差異，$N\_\Delta SAL_{it+1}^{pos}$ は，企業 i が $t+1$ 期までの3期間のうち，増収を達成した回数の年度別・産業別平均値からの差異である。各分類の定義は図表2-4の注を参照。

（$N\_SL_{it}=3$）は，損益の区分シフトをおこなっていない企業グループ（$N\_SL_{it}=0$，または $N\_SL_{it}=1$）にくらべ，経常減益を回避する頻度は多い。ただし，これら企業グループの間の平均値の差異を多重比較した結果は，すべて統計的に有意ではない。これは，継続的に特別損失を計上している企業グループの業績が悪いことを考慮すると，経常費用を特別損失として計上することによる経常減益の回避を目的とした損益の区分シフトが，経済的に無視できない大きさの特別損失を継続的に計上する企業グループにおいて継続的におこなわれていることを示唆するものといえそうである。

なお，継続的に特別損失を計上している企業グループ（$N\_SL_{it}=3$）が，損益の区分シフトを継続的におこなうことで，それをおこなっていない企業グループ（$N\_SL_{it}=0$，または $N\_SL_{it}=1$）と遜色ない頻度で経常減益の回避を達成しているのであれば，増収の頻度については，それをおこなっていない企業グループよりも少ないものになっているはずである。そこで最後に，経済的に無視できない大きさの特別損失の頻度と増収の頻度（年度別・産業別平均値からの差異）の関係について，一元配置分散分析（ANOVA）をおこなった結果をみてみよう。これも図表2-8に示してある。なお，$N\_\Delta SAL_{it+1}^{pos}$ は，企業 i

が $t+1$ 期までの3期間のうち,増収を達成した回数の年度別・産業別平均値からの差異である。

図表2-8をみると,t 期までの3期間に経済的に無視できない大きさの特別損失を継続的に計上している企業グループ($N\_SL_{it}=3$)は,損益の区分シフトをおこなっていない企業グループ($N\_SL_{it}=0$,または $N\_SL_{it}=1$)にくらべ,増収の達成頻度が少ない。これら企業グループの間の平均値の差異を多重比較した結果は,すべて統計的に有意である。これは,継続的に特別損失を計上している企業グループにおける,損益の区分シフトをおこなっていない企業グループと遜色ない経常増益の達成頻度は,そのグループと遜色ない増収の達成頻度を伴わないものであることを意味している。

このことから,継続的に特別損失を計上している企業グループにおける,損益の区分シフトをおこなっていない企業グループと遜色ない経常増益の達成頻度は,経常費用を特別損失として計上することによる損益の区分シフトが,経済的に無視できない大きさの特別損失を継続的に計上する企業グループにおいて継続的におこなわれた結果であると解釈してよいであろう。

② 特別損失の継続的な計上の定義

上述の検証によって得られた結果は,経常費用を特別損失として計上することによる継続的な損益の区分シフトが,経済的に無視できない大きさの特別損失を継続的に計上する企業グループでおこなわれていることを示唆するものであった。ただし,「経済的に無視できない大きさの特別損失の継続的な計上」の定義は主観的なものであり,特別損失の頻度によるグルーピングが異なれば,得られる結果も異なる可能性があるから,この定義を変更して検証を繰り返すことで,検証結果の頑健性を高めたほうがよい。

そこで,ここでは追加的検証として,「経済的に無視できない大きさの特別損失の継続的な計上」の定義を,前期末総資産にたいする割合が0.5%超の特別損失(純額ベース)を3期連続で計上とした場合と,その割合が1.5%超の特別損失(純額ベース)を3期連続で計上とした場合それぞれについて,上述と同様の検証をおこなった。これらの結果は,上述の検証によって得られた結果と同様,経常費用を特別損失として計上することによる継続的な損益の区分シ

フトが，経済的に無視できない大きさの特別損失を継続的に計上する企業グループでおこなわれていると解釈できるものであった。

　また，上述の検証は，経済的に無視できない大きさの特別損失の判定を純額ベースでおこなっている。純額ベースの特別損失の規模に着目した分析をおこなう根拠については，第3節で示しているが，その根拠はそれほど強いものではない。そこで，ここでは追加的検証として，「経済的に無視できない大きさの特別損失の継続的な計上」の定義を，前期末総資産にたいする割合が0.5%超，1%超，1.5%超の特別損失（総額ベース）を3期連続で計上とした場合それぞれについて，上述と同様の検証をおこなった。これらの結果もまた，上述の検証によって得られた結果と同様，経常費用を特別損失として計上することによる継続的な損益の区分シフトがおこなわれていると解釈できるものであった。

③　年度効果と産業効果

　上述の検証では，経常利益の水準や変化，売上高成長率のそれぞれについて，年度効果と産業効果をコントロールしたうえで検証をおこなっていた。これは，目標となる経常利益の水準や変化，売上高成長率が，年度別・産業別の平均値に近いことを想定しているといえる。しかし，前章でも指摘したように，これらの目標値については，年度や産業のちがいによらず，絶対的な水準（たとえば，損失や減益の回避）であることも多い。

　損失回避や減益回避に着目した追加的検証は，すでにおこなわれているため，ここでは最後に追加的検証として，経常利益の水準や変化，売上高成長率のそれぞれについて，年度効果と産業効果をコントロールせずに検証をおこなった。これらの結果もまた，上述の検証によって得られた結果と同様，経常費用を特別損失として計上することによる損益の区分シフトが，経済的に無視できない大きさの特別損失を継続的に計上する企業グループにおいて，継続的におこなわれていると解釈できるものであった。

第5節 特別損失の規模に着目した損益の区分シフトの実態分析

ビッグ・バスは将来の経常費用を特別損失として計上した場合，会計期間をまたぐ（異時点間の）損益の区分シフトとみることができる。第2節では，日本企業において，特別損失（とくに，減損損失）を利用したビッグ・バスがおこなわれていることをあきらかにした先行研究について紹介した（榎本 2007；木村 2007；大日方・岡田 2008；大日方 2013b；岡﨑 2014）。

第1節でも述べたように，将来の経常利益をターゲットとした異時点間の損益の区分シフトをおこなっている企業は，それをおこなっていない企業にくらべて，それを実行した期に大規模な特別損失が認識されることになる。よって本節では，特別損失の規模に着目して，大規模な特別損失を計上している企業グループに，将来の経常費用を特別損失として先取り計上する，異時点間の損益の区分シフトをおこなっているような特徴が観察されるか否かを確認することで，経営者がこのタイプの損益の区分シフトをおこなっているか否かをあきらかにする。

（1） 特別損失の規模の分布

分析対象となる日本の上場企業において，どの程度の規模の特別損失を計上すると通常ではない大規模な特別損失と呼べるのだろうか。まずは，この点を確認するため，分析対象となるサンプルについて，特別損失の規模の分布を確認してみよう。**図表2-9**は，純額ベースの特別損失の規模の分布を示したものである。なお，損益の規模を調整するさいのデフレーターとしては，前節と同様，経営者による裁量の大きさを測ることを目的として，特別損失の発生原因となるバランスシート項目の大きさを表す前期末総資産をもちいる。また，ここでも前章と同様の理由[5]により，特別損失の規模でグルーピングするさい，年度や産業のちがいはコントロールしていない。

図表2-9をみると，純額ベースで特別損失を計上していない7,665企業・

---

5 第1章第5節（1）を参照。

図表 2−9 特別損失の規模の分布

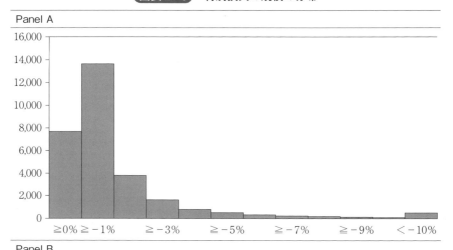

注) 割合1はサンプル全体に占める割合 (累積1はその累積割合), 割合2は $SI_{it}<0$ となるサンプルに占める割合 (累積2はその累積割合) である。

年を含めて，サンプルの70%超にあたる21,320企業・年は，前期末総資産にたいする特別損失（純額ベース）の割合が1%以下となっている。また，純額ベースで特別損失を計上していないサンプルを除いた場合，全体の60%超にあたる13,655企業・年は，前期末総資産にたいする特別損失（純額ベース）の

割合が1%以下となっている。つまり，この程度の特別損失の計上は通常発生し得る水準であるものと考えてよいだろう。よって，本章では，前期末総資産にたいする割合が1%以下となる特別損失（純額ベース）を「小規模な特別損失」と定義することにした。これは，前節で特別損失の頻度をカウントするさい，前期末総資産にたいする特別損失の割合が1%以下であれば対象に含めていないこととも整合する。この小規模な特別損失を計上している企業グループは，特別損失を計上していない企業グループと同様，異時点間の損益の区分シフトをおこなっていない企業グループとして，分析のさい，大規模な特別損失を計上している企業グループの比較対象となるものである。

つぎに，前期末総資産にたいする特別損失（純額ベース）の割合を，規模の大きいほうからカウントしていくと，それが5%超となるのは1,468企業・年，4%超となるのは1,966企業・年，3%超となるのは2,733企業・年であり，それぞれサンプル全体の5%程度から10%程度である。前節の特別損失の計上頻度に着目した分析では，先行研究でもちいられていた判定規準を参考に，通常ではない継続的な特別損失を判定している。そこでは，追加的検証にもちいる規準を含め，サンプル全体に占める割合が3%程度から15%程度を，通常ではない水準と判定した。そこで以下では，サンプル全体に占める割合が10%程度となる，前期末総資産にたいする割合が3%を超える特別損失（純額ベース）を「大規模な特別損失」と定義したうえで分析をおこなった結果を，主として報告することにした。

なお，前期末総資産にたいする割合が1%超かつ3%以下である特別損失は，「中規模」と定義される。この中規模な特別損失を計上している企業グループは，損益の区分シフトをおこなっている可能性もあるし，おこなっていない可能性もある，いわゆる「グレーゾーン」に位置するものである。以下の検証では，損益の区分シフトをおこなっていない企業グループと，大規模な特別損失を計上している企業グループの差異に着目するが，それと同時に，中規模な特別損失を計上している企業グループについても，大規模な特別損失を計上している企業グループと異なる特徴をもつか，つまり，これらを分割する意義があるか否かを確認することになる。

(2) 異時点間の損益の区分シフトの実態にかんする分析結果

① リサーチ・デザイン

　経営者が将来の経常費用を特別損失として先取り計上する損益の区分シフトによって将来の経常利益を増大させた場合，他の条件が等しければ，それをおこなった企業の将来の経常利益や経常増益は，それをおこなっていない企業のものよりも大きくなる。ただし，経営者が異時点間の損益の区分シフトをおこなうということは，将来に目標とする利益に到達しないことを懸念していることの裏返しでもある。このとき，異時点間の損益の区分シフトをおこなった企業は，それをおこなわなかった企業にくらべ，調整前の段階でみた将来の経常利益や経常増益は小さくなる可能性が高い。また，経営者は目標利益を達成するために利益マネジメントをおこなうから，異時点間の損益の区分シフトをおこなった企業は，それだけ目標利益を達成する可能性が高くなり，結果としてそれをおこなわなかった企業と遜色ない水準の利益または増益を達成できる企業が多くなるものと考えられる。

　将来の経常利益を増大させるために損益の区分シフトをおこなっている企業は，それをおこなっていない企業にくらべ，それを実行した期に大規模な特別損失を計上することになる。よって，経営者が将来の経常費用を特別損失として先取り計上する，異時点間の損益の区分シフトをおこなっているか否かは，大規模な特別損失を計上している企業グループについて，損益の区分シフトをおこなっていない企業グループにくらべ，将来の経常利益の水準やその増益幅が大きくなっているか否か（少なくとも，小さくなっていないか）を確認すればよい。なお，本節では，減損損失を利用したビッグ・バスについて検証した大日方・岡田（2008）と同様，単年度ではなく，その前後の期間（ここでは，大規模な特別損失を計上した前後それぞれ1期間ずつを含めた計3期間）の経常利益の水準と変化を含めて検証をおこなう。そのため，観測値数はその分小さくなり，24,822企業・年となった。

　企業グループ間の経常利益の水準と変化の平均値の差異を検証するため，以下では前節と同様，一元配置分散分析（ANOVA）をおこなう。なお，前章（および，前節）と同様の理由により，以下では主として年度効果と産業効果を，

前章(および,前節)と同様の方法でコントロールしたうえで検証をおこなった結果を報告する。

② 主要な検証結果

まずは,特別損失の規模と経常利益の水準の関係について,一元配置分散分析(ANOVA)をおこなった結果をみてみよう。これは**図表2-10**に示してある。なお,企業 i が t 期に純額ベースで特別損失を計上していない場合は NO_{it}^{sl} に,小規模な特別損失(純額ベース)を計上している場合は SML_{it}^{sl} に分類される。これらに分類された場合,損益の区分シフトをおこなっていない企業と判定される。また,中規模な特別損失(純額ベース)を計上している場合は MID_{it}^{sl} に,そして大規模な特別損失(純額ベース)を計上している場合は BIG_{it}^{sl} に,それぞれ分類される。なお,OI_{it}^{m} は企業 i の t 期の経常利益($t-1$ 期の総資産でデフレート)の年度別・産業別平均値からの差異である。

図表2-10をみると,t 期に大規模な特別損失を計上している企業グループ(BIG_{it}^{sl})は,損益の区分シフトをおこなっていない企業グループ(NO_{it}^{sl} と SML_{it}^{sl})にくらべ,$t-1$ 期から $t+1$ 期の3期間すべてにおいて,経常利益の水

図表2-10 特別損失の規模と経常利益の水準の関係

分類	OI_{it-1}^{m}		OI_{it}^{m}		OI_{it+1}^{m}		観測値数
	平均値	標準偏差	平均値	標準偏差	平均値	標準偏差	
① NO_{it}^{sl}	−0.001	0.071	−0.002	0.067	−0.002	0.067	6,359
② SML_{it}^{sl}	0.005	0.055	0.005	0.053	0.003	0.053	11,761
③ MID_{it}^{sl}	0.000	0.061	0.002	0.059	0.001	0.057	4,569
④ BIG_{it}^{sl}	−0.024	0.075	−0.028	0.082	−0.019	0.078	2,133
F 値	125.34**		179.60**		88.22**		
多重比較	①<②, ①<④ ②>③, ②>④ ③>④		①<②, ①<③ ①>④, ②>④ ③>④		①<②, ①<③ ①>④, ②>④ ③>④		

**は1%水準で有意,*は5%水準で有意。

注) OI_{it}^{m} は企業 i の t 期の経常利益($t-1$ 期の総資産でデフレート)の年度別・産業別平均値からの差異である。企業 i が t 期に純額ベースで特別損失を計上していない場合は NO_{it}^{sl} に,小規模な特別損失を計上している場合は SML_{it}^{sl} に,中規模な特別損失を計上している場合は MID_{it}^{sl} に,そして大規模な特別損失を計上している場合は BIG_{it}^{sl} に,それぞれ分類される。なお,多重比較は,少なくとも5%水準で統計的に有意になったものを示している。

準が低く，これらの企業グループの間の平均値の差異を多重比較した結果は，すべて統計的に有意である。これは，大規模な特別損失を計上している企業は，それを計上する以前から業績が悪い傾向があり，特別損失計上後も他の企業と遜色のない水準までは，業績が回復しないことを示唆している。少なくともここでの結果は，将来の経常費用を特別損失として先取り計上することによる異時点間の損益の区分シフトが，大規模な特別損失を計上している企業グループにおいておこなわれていることを示唆するものとはいえない。

つぎに，特別損失の規模と経常利益の変化の関係について，一元配置分散分析（ANOVA）をおこなった結果をみてみよう。これは**図表2-11**に示してある。なお，ΔOI_{it}^{m} は企業 i の t 期の経常利益の対前年度変化額（$t-1$ 期の総資産でデフレート）の年度別・産業別平均値からの差異である。

図表2-11をみると，t 期に大規模な特別損失を計上している企業グループ（BIG_{it}^{sl}）は，損益の区分シフトをおこなっていない企業グループ（NO_{it}^{sl} と SML_{it}^{sl}）にくらべ，$t-1$ 期と t 期の経常増益が小さく，これらの企業グループ間の平均値の差異を多重比較した結果は，すべて統計的に有意である。これらにたいし，$t+1$ 期の経常増益は，前者の企業グループ（BIG_{it}^{sl}）がもっとも大きく，その企業グループと後者の企業グループ（NO_{it}^{sl} と SML_{it}^{sl}）との間の平均値の差異を多重比較した結果は，すべて統計的に有意であった。これは，将来

図表2-11 特別損失の規模と経常利益の変化の関係

分類		ΔOI_{it-1}^{m}		ΔOI_{it}^{m}		ΔOI_{it+1}^{m}		観測値数
		平均値	標準偏差	平均値	標準偏差	平均値	標準偏差	
①	NO_{it}^{sl}	0.002	0.051	0.001	0.047	0.000	0.043	6,359
②	SML_{it}^{sl}	0.000	0.038	−0.001	0.035	−0.003	0.033	11,761
③	MID_{it}^{sl}	0.000	0.043	0.001	0.043	−0.002	0.038	4,569
④	BIG_{it}^{sl}	−0.005	0.057	−0.004	0.062	0.012	0.064	2,133
F 値		16.00**		7.17**		79.55**		
多重比較		①>②，①>③ ①>④，②>④ ③>④		①>④，②>④ ③>④		①>②，①>③ ①<④，②<④ ③<④		

** は1％水準で有意，***** は5％水準で有意。

注）ΔOI_{it}^{m} は企業 i の t 期の経常利益の対前年度変化額（$t-1$ 期の総資産でデフレート）の年度別・産業別平均値からの差異である。各分類の定義は図表2-10の注を参照。

の経常費用を特別損失として先取り計上することによる異時点間の損益の区分シフトが，大規模な特別損失を計上している企業グループにおいておこなわれていることを示唆する結果である。

ここで，t 期に大規模な特別損失を計上する企業グループ（BIG_{it}^{sl}）の $t+1$ 期における大きな経常増益は，企業の構造改革に伴う大規模損失とその後の業績改善を反映している可能性もある（Cready et al. 2012）。業績が改善しているのであれば，売上高についても改善の兆しがみられるはずであるから，最後に，特別損失の規模と売上高成長率（年度別・産業別平均値からの差異）の関係について，一元配置分散分析（ANOVA）をおこなった結果をみてみよう。これは**図表 2－12** に示してある。なお，$\varDelta SAL_{it}^{m}$ は，企業 i の t 期の売上高成長率の年度別・産業別平均値からの差異である。

図表 2－12 をみると，t 期に大規模な特別損失を計上する企業グループ（BIG_{it}^{sl}）は，売上高成長率が $t-1$ 期と t 期のみならず，$t+1$ 期についても損益の区分シフトをおこなっていない企業グループ（NO_{it}^{sl} と SML_{it}^{sl}）にくらべて低くなることが確認できる。これらの企業グループ間の平均値の差異を多重比較した結果は，すべて統計的に有意である。これは，t 期に大規模な特別損失を計上する企業グループの $t+1$ 期における大きな経常増益が，大きな増収を伴わないものであることを意味している。

図表 2－12　特別損失の規模と売上高成長率の関係

分類		$\varDelta SAL_{it-1}^{m}$		$\varDelta SAL_{it}^{m}$		$\varDelta SAL_{it+1}^{m}$		観測値数
		平均値	標準偏差	平均値	標準偏差	平均値	標準偏差	
①	NO_{it}^{sl}	0.005	0.185	0.000	0.172	0.003	0.163	6,359
②	SML_{it}^{sl}	0.000	0.150	0.001	0.135	−0.002	0.132	11,761
③	MID_{it}^{sl}	0.001	0.168	−0.002	0.151	−0.010	0.140	4,569
④	BIG_{it}^{sl}	−0.018	0.205	−0.025	0.206	−0.018	0.201	2,133
F 値		10.28**		17.13**		14.61**		
多重比較		①>④, ②>④, ③>④		①>④, ②>④, ③>④		①>③, ①>④, ②>③, ②>④		

** は 1% 水準で有意．* は 5% 水準で有意．
注）$\varDelta SAL_{it}^{m}$ は企業 i の t 期の売上高成長率の年度別・産業別平均値からの差異である。各分類の定義は図表 2－10 の注を参照。

このことから，t期に大規模な特別損失を計上する企業グループの$t+1$期における大きな経常増益は，業績改善を反映したものではなく，経営者が将来の経常費用を特別損失として先取り計上する，異時点間の損益の区分シフトをおこなったものと解釈してよいであろう。

（3） 追加的検証

① 大規模な特別損失の定義

上述の検証によって得られた結果は，将来の経常費用を特別損失として先取り計上する，異時点間の損益の区分シフトがおこなわれていることを示唆するものであった。ただし，大規模な特別損失の定義は主観的なものであり，特別損失の規模によるグルーピングが異なれば，得られる結果も異なる可能性があるから，「大規模な特別損失」の定義を変更して検証を繰り返すことで，検証結果の頑健性を高めたほうがよい。

そこで，ここでは追加的検証として，「大規模な特別損失」の定義を，前期末総資産にたいする特別損失（純額ベース）の割合が4％超とした場合と，それが5％超とした場合それぞれについて，上述と同様の検証をおこなった。これらの結果は，上述の検証によって得られた結果と同様，将来の経常費用を特別損失として先取り計上することによる異時点間の損益の区分シフトが，大規模な特別損失を計上している企業グループにおいておこなわれていると解釈できるものであった。

また，上述の検証は特別損失の規模によるグルーピングを純額ベースでおこなっている。純額ベースの特別損失の規模に着目した分析をおこなう根拠については，第3節で示しているが，その根拠はそれほど強いものではない。そこで，ここでは追加的検証として，「大規模な特別損失」の定義を，前期末総資産にたいする特別損失（総額ベース）の割合が3％超とした場合，4％超とした場合，5％超とした場合の3つのパターンについて，上述と同様の検証をおこなった。これらの結果もまた，上述の検証によって得られた結果と同様，異時点間の損益の区分シフトが，大規模な特別損失を計上している企業グループにおいておこなわれていると解釈できるものであった。

② 年度効果と産業効果

　上述の検証では，経常利益の水準や変化，売上高成長率のそれぞれについて，年度効果と産業効果をコントロールしたうえで検証をおこなっていた。前節でも触れたとおり，これらの目標値については，年度や産業のちがいによらず，絶対的な水準（たとえば，損失や減益の回避）であることも多い。そこで，前節と同様，ここでも追加的検証として，経常利益の水準や変化，売上高成長率のそれぞれについて，年度効果と産業効果をコントロールせずに検証をおこなった。これらの結果もまた，上述の検証によって得られた結果と同様，将来の経常費用を特別損失として先取り計上することによる異時点間の損益の区分シフトが，大規模な特別損失を計上している企業グループにおいておこなわれていると解釈できるものであった。

第6節　おわりに

　本章の目的は，損益の区分シフトによって投資家が誤導されることがあるか否かを検証するための準備段階として，経営者が経常利益と特別損益の区分の裁量性を利用した会計期間をまたぐ損益の区分シフトをおこなっているか否かをあきらかにすることであった。継続的に損益の区分シフトをおこなっている企業は，それをおこなっていない企業にくらべ，結果として経済的に無視できない大きさの特別損失が継続的に認識されることになる。また，将来の経常利益を増大させるために異時点間の損益の区分シフトをおこなっている企業は，それをおこなっていない企業にくらべ，結果としてそれを実行した期に大規模な特別損失を計上することになるはずである。

　このことから，本章では，特別損失の頻度と規模に着目して，経済的に無視できない大きさの特別損失を継続的に計上している企業グループと，大規模な特別損失を計上している企業グループに，損益の区分シフトをおこなっているような特徴が観察されるか否かについて，一元配置分散分析（ANOVA）によって分析した。検証結果をまとめると，以下のようになる。

　まず，経済的に無視できない大きさの特別損失を継続的に計上している企業

グループは，損益の区分シフトをおこなっていないとされる企業グループにくらべ，売上高成長率が低い（増収の達成率が低い）にもかかわらず，経常増益の大きさ（経常増益の達成率）に差異がないことがあきらかとなった。これは，経済的に無視できない大きさの特別損失を継続的に計上している企業グループが，損益の区分シフトを継続的におこなっていることを示唆するものである。よって，本書の第2部第4章では，経済的に無視できない大きさの特別損失を継続的に計上している企業グループを，継続的な損益の区分シフトをおこなっている企業グループとして識別したうえで，損益の区分シフトにたいする投資家の評価を検証する。

つぎに，大規模な特別損失を計上している企業グループは，損益の区分シフトをおこなっていないとされる企業グループにくらべ，その翌期に売上高成長率が低いにもかかわらず，大きな経常増益を達成する傾向があることがあきらかとなった。これは，大規模な特別損失を計上している企業グループが，将来の経常費用を特別損失として先取り計上する，異時点間の損益の区分シフトをおこなっていることを示唆するものである。よって，本書の第2部第5章では，大規模な特別損失を計上している企業グループを，異時点間の損益の区分シフトをおこなっている企業グループとして識別したうえで，損益の区分シフトにたいする投資家の評価を検証する。

第 2 部

損益の区分シフトにたいする投資家の評価

第 3 章 同一時点の損益の区分シフトにたいする
　　　　投資家の評価—区分選択項目に着目して—
第 4 章 継続的な損益の区分シフトにたいする投資家の
　　　　評価—特別損失の継続的な認識に着目して—
第 5 章 異時点間の損益の区分シフトにたいする
　　　　投資家の評価—大規模な特別損失に着目して—

第3章

同一時点の損益の区分シフトにたいする投資家の評価
―区分選択項目に着目して―

第1節 はじめに

（1） 利益の区分表示と損益の区分シフト

　現在IASBでは基本財務諸表プロジェクトが進められている。そこでは，IASBが一時的な性格をもつ損益項目を識別し，財務諸表情報として提供すべきであると考えていることが示されている（AP 21C, par. 20）。また，日本の財務諸表開示制度では，（連結）損益計算書において，経常利益と特別損益は区分して表示することが要求されている。さらに米国では，企業が自主的に一時的と思われる損益を除外して算定したプロ・フォーマ利益を開示する実務が普及しているほか，損益計算書には開示されないコア利益といった利益が定義され，投資意思決定に活用されている。

　最終利益のほかにサブトータルとしてさまざまな利益を開示する制度や実務が各国で存在し，また提案されているのは，そのような利益を開示することが，企業の利害関係者，とりわけ投資家にとって有用な情報の提供につながると考えられているからである。たとえば，大日方（2006）は，日本企業を対象として，持続性の低い特別損益を含む純利益よりも，それを含まない営業利益や経常利益のほうが，株価との関連性が強いことをあきらかにしている。また，プ

ロ・フォーマ利益の開示が投資家にとって有用であることは，いくつかの先行研究によってあきらかにされている (Bhattacharya et al. 2003 ; Entwistle et al. 2010 ; Huang and Skantz 2016)。このことから，サブトータルの利益が開示されることは，利益情報を利用して株式の価値を推定する投資家にとって望ましいことといえる。

　しかし，利益を区分表示することは，経営者にサブトータルの利益をターゲットとした損益の区分シフトをおこなう機会をあたえることになる。日本の会計基準を採用している上場企業は，個別の損益項目のうち，経常利益の構成要素である営業外損益と，経常利益とは区分される特別損益の双方に区分することができる「区分選択項目」を，どちらの区分にどの程度の割合で計上するかを適当に調整することで，経常利益の金額を調整することができる。第1章の検証結果は，日本企業において，区分選択項目を利用した経常利益をターゲットとした損益の区分シフトがおこなわれていることを示唆するものであった。

　また，プロ・フォーマ利益は，企業ごと，年度ごとにそれに含める損益項目を選択することができる。これは，損益の区分シフトと同様の利益マネジメントである。第1章で紹介したように，プロ・フォーマ利益を裁量的に決定していることを実証的にあきらかにした先行研究は数多く存在する (Bhattacharya et al. 2004 ; Entwistle et al. 2005 ; Black and Christensen 2009 ; Barth et al. 2012 ; Chen et al. 2012 ; Curtis et al. 2014 ; Choi and Young 2015 ; Black et al. 2017)。さらに，コア利益をターゲットとした損益の区分シフトがおこなわれていることを実証的にあきらかにした研究の蓄積も進んでいる (McVay 2006 ; Barua et al. 2010 ; Fan et al. 2010 ; Fan and Liu 2017)。

　このように，利益を区分表示することになれば，経営者によってサブトータルの利益をターゲットとした損益の区分シフトがおこなわれるようになるが，損益の区分シフトを含めた利益マネジメントは，経営者がもつ企業の将来キャッシュフローにかんする情報を追加的に顕示する可能性があるから，損益の区分シフトがおこなわれること自体は，即座に否定されるべきものではない。問題は，損益の区分シフトによって投資家が誤導される場合である。実際，後述するように，プロ・フォーマ利益の裁量的決定により，投資家が誤導されているとする結果を報告する先行研究は少なからず存在する (Doyle et al. 2003 ;

Lougee and Marquardt 2004；Landsman et al. 2007；Brown et al. 2012；Curtis et al. 2014)。また，コア利益をターゲットとした損益の区分シフトによって，投資家が誤導されているとする結果を報告する先行研究もいくつか存在する（Alfonso et al. 2015；Abdalla 2016)。

（2） 本章の目的と構成

　プロ・フォーマ利益やコア利益は，制度上，財務諸表本体で開示が要求されていない利益である。財務諸表の本体で開示されるか否かは利益情報の質に影響をあたえ，ひいては投資家の投資意思決定に影響をあたえる可能性があるから，プロ・フォーマ利益やコア利益を対象とした検証によって得られた結果が，財務諸表の本体で開示されている利益を対象とした検証によって，同様に得られるとは限らない。そのため，日本の損益計算書で開示され，監査の対象とされる経常利益をターゲットとした損益の区分シフトによって投資家が誤導されるか否は，実証すべき課題といえる。

　そこで本章では，第１章の分析によってあきらかにされた，区分選択項目を利用した同一時点の損益の区分シフトをおこなっている企業の利益情報にたいして，投資家が誤導されてしまうことがあるか否かについて実証的に検証をおこなう。検証結果は，投資家は区分選択項目がもつ恒久利益（持続可能な利益）にかんする情報内容のグループ間差異の有無を適切に反映してその項目を株式評価に利用できる場合もあるが，それができない場合もあることを示唆するものであった。ただし，区分選択項目がもつ情報内容のグループ間差異がわからない場合であっても，投資家は，損益の区分シフトによって情報の信頼性が低下したことを反映して，それを割り引いたうえで株式評価に利用することを示唆する結果も得られた。このことから，投資家は，区分選択項目を利用した同一時点の損益の区分シフトに誤導されないといえる。

　本章の構成はつぎのとおりである。まず，第２節で，プロ・フォーマ利益の裁量的決定を含む，損益の区分シフトにたいする投資家の評価と関連する先行研究を概観したのち，第３節で仮説を構築する。その後，第４節で検証対象となるサンプルを確認したのち，第５節で仮説の検証モデルと検証結果を記述する。つづく第６節は，第５節で得られた検証結果の解釈に必要な追加的検証を

おこなう。第7節は本章のまとめである。

第2節 先行研究

(1) 特別損益（特別項目）にたいする投資家の評価

　利益の構成要素にたいする投資家の評価について，はじめて実証的に分析をおこなったのは Lipe (1986) である。彼は米国企業を対象に，利益を6つの構成要素[1]に分解し，その構成要素ごとに株式リターンが異なること，株式リターンのちがいは利益の構成要素の持続性のちがいに起因していることをあきらかにした。

　その後，持続性が低いという特徴をもつ特別項目や特別損益に着目して，それらにたいする投資家の評価を検証した研究は，いくつか存在する。Jones and Smith (2011) は，米国企業をサンプルとして，特別項目とその他の包括利益がもつ株式リターンとの関連性，持続性，将来利益（または，将来キャッシュフロー）の予測能力のちがいを検証している。そこでは，特別項目は持続性がないものの，将来利益や将来キャッシュフローの予測能力をもち，株式リターンと正の関連性をもっていることが実証されている[2]。また，日本では，大日方 (2006) によって，特別損益を含む純利益よりも，それを含まない営業利益や経常利益のほうが，持続性が高く，また株価との関連性も強いことがあきらかにされている。

　Jones and Smith (2011) や大日方 (2006) は，投資家が特別項目や特別損益の評価を誤っているか否かについては問題として取り扱っていない。これらにたいし，Burgstahler et al. (2002) と Dechow and Ge (2006) は，米国企業を

1　ここで検証対象とされた利益の6つの構成要素とは，売上総利益，一般管理費，減価償却費，利息費用，税金費用，その他の項目である。

2　なお，その他の包括利益については，負の持続性をもち，将来利益や将来キャッシュフローの予測能力は特別項目より低いものの，株式リターンとは正の関連性をもっていることが示されている。

対象に，特別項目がもつ持続性や将来利益にたいする予測能力の含意を投資家は完全には把握できず，特別項目にたいして誤った評価をおこなうことをあきらかにした。また，中国企業を対象として検証した Chen et al.（2011）においても，非コア利益はコア利益よりも株式リターンとの関連性は低いものの，非コア利益は過大評価され，コア利益は過小評価されているとする結果が報告されている。

このように，特別項目や非コア利益にたいする評価を投資家が誤ってしまうのは，これらの項目が利益マネジメントの手段に利用されていることが関係している可能性がある。そのひとつが，本書で検証の対象とされている損益の区分シフトである。以下では，損益の区分シフトにたいする投資家の評価について検証をおこなった先行研究を概観する。

（2） 損益の区分シフトにたいする投資家の評価

① 特別項目に着目した研究

損益の区分シフトにたいする投資家の評価については，McVay（2006）のなかで少しだけ触れられているが，これを主題として検証をおこなったのは，おそらく Athanasakou et al.（2011）が最初であろう。Athanasakou et al.（2011）は，英国企業を対象として検証をおこない，アナリスト予想利益を達成するために損益の区分シフトが利用されていること，損益の区分シフトをおこなってアナリスト予想利益を達成した企業は，それをおこなわずに達成した企業よりも株式リターンが低くなること，その評価は企業の将来の収益性を適切に反映したものであることをあきらかにした。これは，投資家が損益の区分シフトによって誤導されないことを示唆する結果である。

その後，Alfonso et al.（2015）は，米国企業を対象として，損益の区分シフトにたいする投資家の評価について検証をおこなっている。そこでの結果は，損益の区分シフトがおこなわれたコア利益にたいして，投資家はそれがもつ持続性よりも高い評価をおこない，将来株式リターンは，損益の区分シフトをおこなっていない企業よりも低くなるというものであった。これは，投資家が損益の区分シフトによって誤導されていることを示唆する結果である。また，Abdalla（2016）は，投資家が損益の区分シフトによって特別項目にコア利益

が混入したことを適切に見抜けず，特別項目の間で将来利益の予測能力に差異がないにもかかわらず，それに差異があるとして評価したり，将来利益の予測能力に差異があるにもかかわらず，それを反映した評価をおこなわなかったりすることをあきらかにしている。

これらにたいし，Abdalla and Clubb（2016）は，投資家が損益の区分シフトをおこなっている企業を識別することはできるものの，それによって特別項目にどの程度のコア利益が混入しているかまではわからないため，損益の区分シフトが疑われる企業の特別項目にたいして，すべてコア利益と同等の評価をおこなうことをあきらかにしている。特別項目はたいてい負であることが示されているから，この結果は，投資家が損益の区分シフトがおこなわれていると識別した企業の特別項目を割り引いたうえで，それを株式評価に利用していることを示唆するものである。

② **区分選択項目に着目した研究**

上述した研究は，区分選択項目の存在についてはとくに考慮せず，「リストラ費用」のような包括的な損益項目のなかにコア利益として計上しなければならない損益項目を紛れ込ませるといった手段を暗黙のうちに想定したうえで，損益の区分シフトにたいする投資家の評価について検証をおこなっていた。これらにたいし，木村（2013）は，日本企業を対象に，「退職給付に係る会計基準」の適用初年度に実行可能な，会計基準変更時差異を利用した損益の区分シフトを題材として，それにたいする投資家の評価について検証をおこなっている。そこでは，企業が開示している実際の経常利益は，仮に経営者が会計基準変更時差異を実際とは異なる区分に計上した場合の仮定の経常利益よりも，株価との関連性が強いことがあきらかにされているものの，投資家が誤導されるか否かについては関心がなく，検証がおこなわれていない。

これと似たケースとして，以下では，会計基準の変更によって損益項目の表示区分が強制的に変更されたことにより，その損益項目にたいする投資家の評価にどのような変化が生じたかについて実証した研究についてみておこう。Bartov and Mohanram（2014）は，SFAS 145（Statement of Financial Accounting Standards No. 145, *Rescission of FASB Statements Nos. 4, 44 and 62, Amendment of FASB Statement No. 13, and Technical Corrections*）により，異常項目からその他の収益費用に表示区分が変更になった，社債の繰上償還による利得・損失（Gains/Losses from Early Debt Extinguishments）にたいする投資家の評価の変化について検証をおこなっている。結果は，異常項目として計上されていた時期において，投資家は当該項目に反応を示さなかったものの，区分が変更された後の期間において，当該項目に反応を示すようになったというものであった。また，Luo *et al.*（2016）は，中国企業を対象に，2007年の新会計基準導入によって営業利益の区分に表示されるようになった投資利益（Investment Income）について検証をおこない，区分変更前の期間においては同時期リターンと正の関連性をもち，将来リターンとは無関連であったのにたいし，区分変更後の期間においては，将来リターンと負の関連性をもつようになったことをあきらかにしている。

これらの研究は，同一の損益項目であっても，表示される区分が異なれば，投資家の評価も異なる可能性があることを示している。そのため，区分選択項目にたいする投資家の評価についても，表示される区分によって異なる可能性があることを念頭において，仮説を構築する必要があるだろう。

（3） プロ・フォーマ利益にたいする投資家の評価

プロ・フォーマ利益は，企業ごと，年度ごとにそれに含める損益項目を選択することができる。これは，損益の区分シフトと同様の利益マネジメントととらえることができる。第1章で示したように，プロ・フォーマ利益の裁量的決定にかんする研究は，損益の区分シフトの研究とは独自に展開されてきた。プロ・フォーマ利益にたいする投資家の評価についても同じことがいえる。以下では，プロ・フォーマ利益（の裁量的決定）にたいする投資家の評価について検証した先行研究を概観する。

① プロ・フォーマ利益の有用性

プロ・フォーマ利益の開示が投資家にとって有用であることは，いくつかの先行研究によってあきらかにされている。Bhattacharya *et al.*（2003）は，プロ・フォーマ利益が営業利益よりも異常リターンとの関連が強いことから，プ

ロ・フォーマ利益の開示が投資家にとって有用であるとしている。また，Entwistle et al. (2010) は，プロ・フォーマ利益が制度上開示されている利益よりも株価（株式リターン）との関連性が強いことをあきらかにしている。さらに，Huang and Skantz (2016) は，制度上開示されている利益とプロ・フォーマ利益の差異が大きいときにプロ・フォーマ利益を開示することで，情報の非対称性が緩和されることをあきらかにした。なお，これらの研究は，投資家がプロ・フォーマ利益の開示によって誤導されるか否かについては問題としていない。

② プロ・フォーマ利益によって投資家は誤導されるか

Johnson and Schwartz (2005) は，プロ・フォーマ利益を開示する企業の株価は高く評価される傾向があるものの，株式リターンにプレミアムが存在するという証拠が得られなかったことから，投資家がプロ・フォーマ利益に誤導されているのではないかという主張にたいして，疑問を呈している。また，英国企業を対象としたものであるが，Choi et al. (2007) は，制度上開示を要求されていない利益にたいする投資家の評価について検証をおこなっている。そこでは，制度上開示を要求されていない利益の調整の多くは利益の持続性を適切に表現するようになされたものであり，その場合に投資家はそれを信頼して評価をおこなうこと，Thomson Datastream では除外されている利益項目を含めることで利益を増額調整している場合，それは利益の持続性を適切に表現するようなものではなく，投資家もそれを見抜いて評価していることがあきらかにされている。

これらにたいし，Doyle et al. (2003) は，プロ・フォーマ利益から除外された費用項目を利用した投資戦略によって，超過リターンを獲得できることから，投資家がプロ・フォーマ利益に誤導されていることをあきらかにしている。また，Landsman et al. (2007) は，プロ・フォーマ利益から除外された損益項目について，その持続性を反映しない評価を投資家がおこなっていることをあきらかにした。

このほか，投資家がプロ・フォーマ利益に誤導されるか否かは，条件しだいで異なることをあきらかにした研究もある。Lougee and Marquardt (2004) は，

制度上開示されている利益の質が低いときや，その利益サプライズが正のとき，プロ・フォーマ利益には将来の収益性にかんする追加的な情報が含まれており，投資家はそれにたいして高い評価をおこなうものの，制度上開示されている利益の質が高いときや，その利益サプライズが負のとき，投資家は当該情報の公表時には反応を示さないが，その後の株式リターンと負の関連性があることをあきらかにしている。この結果は，前者の状況においては市場が効率的であること，後者の状況においては投資家が誤導されていることを示唆するものである。また，Brown et al. (2012) は，経常的項目（Recurring Items）を除外したプロ・フォーマ利益を透明性の低い形式で開示した場合，投資家は誤導されることをあきらかにしている。さらに，Curtis et al. (2014) は，プロ・フォーマ利益から除外されている一時的な利益について，投資家はそれがもつ将来利益の予測能力を適切に反映した評価をおこなうが，プロ・フォーマ利益に含まれている一時的な利益については，将来利益と負の関連性があるにもかかわらず，利益情報公表時に正の反応を示し，その後に負の反応を示すことから，投資家が誤導されていることをあきらかにしている。

　プロ・フォーマ利益にたいする投資家の評価については，投資家のタイプ（たとえば，プロの投資家と個人投資家）によって，それにたいする評価が異なることを実証的にあきらかにした研究も存在する（Allee et al. 2007 ; Bhattacharya et al. 2007 ; Christensen et al. 2014）。これらは，プロ・フォーマ利益に誤導されている投資家が存在することを示唆するものととらえることができる。なお，投資家のタイプによって，プロ・フォーマ利益にたいする評価が異なることについては，実験研究によってもあきらかにされている（Frederickson and Miller 2004 ; Elliott 2006 ; Dilla et al. 2013 ; Reimsbach 2014）。

　第1章では，2002年のSOX法とその翌年のSECによるプロ・フォーマ利益開示の規制強化によって，プロ・フォーマ利益の開示の質が改善したことをあきらかにした先行研究を紹介した（Entwistle et al. 2006a, 2006b ; Kolev et al. 2008）。この変化により，プロ・フォーマ利益にたいする投資家の評価にも変化が生じているはずである。Zhang and Zheng (2011) と Jennings and Marques (2011) は，SECによる規制強化前のプロ・フォーマ利益にたいして，投資家は誤導されることがあったものの，規制強化後は誤導されることがなく

なったことをあきらかにしている。また，Black *et al.* (2012) は，SEC による規制強化後，投資家はプロ・フォーマ利益をより信頼して評価するようになり，疑わしいプロ・フォーマ利益にたいしては，それを割り引いたうえで株式評価をおこなっていることをあきらかにしている。

（4） 本章の特徴

本章では，区分選択項目を利用した同一時点の損益の区分シフトにたいする投資家の評価を検証する。ここまで見てきたように，SEC の規制強化は，プロ・フォーマ利益にたいする投資家の評価に変化をもたらしたことがわかっている（Zhang and Zheng 2011 ; Jennings and Marques 2011 ; Black *et al.* 2012）。これは，利益マネジメントのターゲットとなる利益情報にたいする規制の強さが，それにたいする投資家の評価に影響をあたえていることを意味している。

本章では，制度上開示が要求されていないプロ・フォーマ利益（または，プロ・フォーマ利益から除外された損益項目）とは異なり，制度上，財務諸表本体での開示が要求されており，監査の対象となる経常利益をターゲットとした損益の区分シフトを検証対象としている。本章の特徴は，財務諸表の本体で開示されているため，プロ・フォーマ利益とは投資家の投資意思決定にあたえる影響が異なると考えられる，経常利益をターゲットとした損益の区分シフトにたいする投資家の評価ついて，木村（2013）とは異なり，会計基準の変更という特殊な状況下になくとも実行可能な区分選択項目を利用したものにたいして検証をおこなう点にある。

第3節　仮説構築

（1） 利益の持続性と価値関連性

企業が発行している株式の価値は，その株式を発行している企業が獲得し，株主に帰属することになる将来キャッシュフローの現在価値合計で決まる。将来キャッシュフローの総額を一定額の無限流列に変換すると，株式の価値は以

下の式（1）のように表現することができる。

$$V_{it}^E = \frac{\overline{CF_i}}{\rho_i^e} \qquad (1)$$

V_{it}^E は企業 i の t 時点における株式の価値，$\overline{CF_i}$ は企業 i が獲得し，株主に帰属する将来キャッシュフローの総額を一定額の無限流列に変換したもの，ρ_i^e は企業 i の株主資本コストである。

ここで，利益はキャッシュフローを期間配分したものであるから，$\overline{CF_i}$ は企業 i が獲得する将来利益を一定額の無限流列に変換したもの，つまり恒久利益（持続可能な利益）$\overline{E_i}$ と同値である。よって，式（1）は恒久利益 $\overline{E_i}$ をもちいて，以下の式（2）のように表現することもできる[3]。

$$V_{it}^E = \frac{\overline{E_i}}{\rho_i^e} \qquad (2)$$

日本の財務諸表開示制度に準拠して作成される（連結）損益計算書では，経常利益と特別損益が区分して表示される。経常利益と特別損益が持続性の高低によって区分されるような制度設計がなされており，かつ，経営者が持続性の高い利益を経常利益に，持続性の低い利益を特別損益に適切に区分して表示していれば，前者には多くの恒久利益が含まれ，後者には恒久利益がほとんど含まれないはずである。このとき，企業が開示した利益情報から恒久利益を推定して株式の価値評価をおこなう投資家は，特別損益情報よりも経常利益情報を重視することになるから，結果として，株価と経常利益の関連性は高くなり，株価と特別損益の関連性は低くなるはずである。実際，大日方（2006）では，特別損益を含む純利益にくらべ，それを含まない経常利益のほうが利益の持続性が高く，また，株価との関連性も強いことが実証的にあきらかにされているから，経常利益と特別損益は，持続性の高低によって相当程度適切に区分されているといえよう。

---

[3] 企業が発行する株式の価値が恒久利益と株主資本コストで表現できることについて，詳しくは大日方（2013a）を参照。

（2） 損益の区分シフトが利益の持続性にあたえる影響

　日本の（連結）損益計算書では，個別の損益項目のうち，経常利益の構成要素である営業外損益と，経常利益とは区分される特別損益の双方に区分することが可能な区分選択項目が存在する。第1章第4節で示したとおり，日本において，区分選択項目は経常利益が大きくなるように区分される傾向がある。これは，米国企業において，プロ・フォーマ利益が大きくなるように，そこに含める損益項目を決定する傾向があるのと同様である（Entwistle et al. 2005；Chen et al. 2012）。また，第6章第2節で示すことになる記述統計量からもあきらかなとおり，たとえば，区分選択項目のひとつである「固定資産処分損益」は，その計上頻度は非常に高いにもかかわらず，多くの企業はそれを特別損益として計上している。このことからもわかるとおり，区分選択項目の表示区分の決定は，それがもつ利益の持続性によらない可能性が高い。

　投資家は，区分選択項目に含まれている恒久利益にかんする情報を読み解いたうえで，その企業が発行している株式の価値を評価するはずである。ただし，区分選択項目の表示区分の決定は，上述したように利益の持続性によらない可能性が高いから，営業外損益に計上されている区分選択項目には多くの恒久利益が含まれ，特別損益に計上されている区分選択項目には恒久利益がほとんど含まれていないと単純に想定することはできない。また，Bartov and Mohanram（2014）やLuo et al.（2016）があきらかにしたように，たとえ同一の損益項目であっても，表示される区分が異なれば，投資家の評価は異なる可能性がある。このことから，区分選択項目が営業外損益に計上されている場合と特別損益に計上されている場合で，株価との関連性が異なるか否か，また，どのように異なるかについては，仮説を構築する段階ではわからない。

　経営者が区分選択項目を利用した損益の区分シフトをおこなった場合もこれと同じことが言える。このとき，特別損益の区分にシフトされた区分選択項目には，営業外損益に区分されていた場合に含まれているはずの情報内容が含まれ，営業外損益の区分にシフトされた区分選択項目には，特別損益に区分されていた場合に含まれるはずの情報内容が含まれることになる。しかし，上述したように，そもそも区分選択項目の表示区分の決定は，利益の持続性によらな

い可能性が高いうえ，同一の損益項目であっても，表示される区分が異なれば，投資家の評価も異なる可能性がある。このことから，損益の区分シフトによって，特別損益に計上されている区分選択項目に多くの恒久利益が含まれるようになるとか，営業外損益に計上されている区分選択項目に恒久利益が含まれなくなるといった仮説を単純に設定することはできない。

（3） 投資家による損益の区分シフトへの対応

前節でみたように，Abdalla and Clubb（2016）は，投資家が損益の区分シフトをおこなっている企業を識別することはできるものの，それによって特別項目にどの程度のコア利益が混入しているかまではわからないため，損益の区分シフトが疑われる企業の特別項目にたいして，すべてコア利益と同等の評価をおこなうことをあきらかにしている。この結果は，投資家が損益の区分シフトがおこなわれていると識別した企業の特別項目を割り引いたうえで，それを株式評価に利用することを示唆するものである。

区分選択項目と恒久利益の関連性は，その表示区分によって異なるか否か，また，どのように異なるかについても自明ではない。また，第1章では，区分選択項目を利用した損益の区分シフトをおこなっている企業を，内部情報をもちいずに識別したから，経営者が利益マネジメントをおこなう動機をもち，また実際に利益マネジメントをおこなうことを知っている投資家は，何らかの方法をもちいて区分選択項目を利用した損益の区分シフトをおこなっている企業を識別できるはずである。これは，Abdalla and Clubb（2016）が損益の区分シフトにたいする投資家の評価について検証したときの，投資家が置かれている状況と類似している。このことから，投資家は，区分選択項目を利用した損益の区分シフトをおこなっている企業の区分選択項目を，株価が低くなるように割引評価するものと考えられる。よって，本章の仮説は以下のようになる。

〈仮説〉
　投資家は，区分選択項目を利用した同一時点の損益の区分シフトをおこなっている企業の区分選択項目を，それをおこなっていない企業の区分選択項目にくらべ，株価が低くなるように割引評価する。

なお，ここで検証対象としている区分選択項目を利用した同一時点の損益の区分シフトは，それをおこなった企業の他の損益項目には何ら影響をあたえない。このことから，他の損益項目にたいする投資家の評価は，他の条件が等しければ，このような損益の区分シフトをおこなっている企業とおこなっていない企業の間で異ならないことが期待される。ただし，第1章において，区分選択項目を利用した損益の区分シフトをおこなっている企業グループは，それをおこなっていない企業グループにくらべ，それをおこなう前の段階における経常利益の水準が低い（つまり，業績が悪い）ことがあきらかにされている。業績が悪い企業は，利益の持続性が低いかもしれないし，リスクが高いかもしれない。そこで，検証をおこなうにあたっては，業績水準の差異が，区分選択項目以外の損益にたいする投資家の評価のグループ間差異をもたらす可能性がある点を考慮して，検証モデルを構築する必要があるだろう。

第4節 サンプル

本章は第1章の分析をもとにして進められるため，本章では第1章と同じサンプル[4]をもちいて検証をおこなう。ただし，本章の検証には新たに株価データが必要となる。これについては株式会社金融データソリューションズの『日本上場株式月次リターンデータ』からデータを収集している。第1章と同様，分析期間は2001年から2014年の14年間となるものの，株価データを入手できない観測値が存在することにより，検証対象となるサンプルの観測値数は，最終的に26,480企業・年となった。

仮説を検証するためには，区分選択項目を利用した同一時点の損益の区分シフトをおこなっている企業と，それをおこなっていない企業にサンプルを分割する必要がある。第1章の検証結果は，経営者が区分選択項目を利用してどの程度経常利益を増大させているかを示す指標である，シフト率[5]の大規模な増

---

4 第1章第3節を参照。
5 シフト率の定義については，第1章第4節を参照。

加を経験している企業グループが,区分選択項目を利用した損益の区分シフトをおこなっていることを示唆するものであった。本章では,第1章と同様の規準でサンプルを分割したうえで,仮説を検証する。

以下では,シフト率の対前年度変化が50%超となっている企業グループを,区分選択項目を利用した同一時点の損益の区分シフトをおこなっている企業グループとして検証をおこなう。また,シフト率の対前年度変化が0%以下となっている企業グループを,同一時点の損益の区分シフトをおこなっていない企業グループとして,分析のさい,それをおこなっている企業グループの比較対象とする。なお,シフト率の対前年度変化が0%超50%以下となっている企業グループは,区分選択項目を利用した損益の区分シフトをおこなっている可能性もある,いわゆる「グレーゾーン」に位置するものであることから,これら企業グループとは分けて把握することにした。

(1) 記述統計量

図表3−1は,仮説の検証に必要な変数の記述統計量を示したものである。本章では,サンプルを3つのグループに分割したうえで検証することになるから,図表3−1では,サンプル全体の記述統計量のほか,グループごとの記述統計量も併せて示している。ここで,Pは決算日から3か月経過後(6月末日)の株価,OI^{adj}は1株当たり修正経常利益,SHI^{ot}は営業外損益の区分に計上されている1株当たり区分選択項目,SI^{adj}は1株当たり修正特別損益,SHI^{spe}は特別損益の区分に計上されている1株当たり区分選択項目である。添え字のiは企業,tは年度を意味している。

修正経常利益は,営業外損益に区分される区分選択項目を除く経常利益であり,$OI^{adj}_{it}=OI_{it}-SHI^{ot}_{it}$で計算される。修正特別損益は,特別損益に区分される区分選択項目を除く特別損益であり,$SI^{adj}_{it}=SI_{it}-SHI^{spe}_{it}$で計算される。なお,$OI$は1株当たり経常利益であり,$SI$は1株当たり特別損益である。また,図表3−1に示されているこれらの変数は,前期末から3か月経過後の株価(P_{it-1})でデフレート済みのものであり,年度ごとに上下1%ずつを異常値として置換処理した後のものである。

サンプルを3つのグループに分割するための変数として,ここでは3つのダ

図表 3-1 変数の記述統計量 (2001-2014 年)

分類	変数	平均値	標準偏差	最小値	第1四分位	中央値	第3四分位	最大値	観測値数
$CS\_NO_{it}^{up}$ =1	P_{it}	1.061	0.409	0.008	0.830	1.010	1.215	4.055	14,328
	OI_{it}^{adj}	0.112	0.125	−0.586	0.055	0.107	0.169	0.611	14,328
	SHI_{it}^{ot}	−0.002	0.012	−0.073	−0.003	0.000	0.000	0.107	14,328
	SI_{it}^{adj}	−0.022	0.066	−0.850	−0.019	−0.003	0.000	0.207	14,328
	SHI_{it}^{spe}	0.000	0.045	−0.592	−0.006	−0.001	0.003	0.200	14,328
$CS\_SML_{it}^{up}$ =1	P_{it}	1.023	0.369	0.008	0.809	0.983	1.172	4.055	9,306
	OI_{it}^{adj}	0.108	0.118	−0.586	0.055	0.102	0.162	0.611	9,306
	SHI_{it}^{ot}	0.000	0.012	−0.073	−0.001	0.000	0.001	0.107	9,306
	SI_{it}^{adj}	−0.025	0.078	−0.850	−0.020	−0.004	0.000	0.207	9,306
	SHI_{it}^{spe}	−0.019	0.058	−0.592	−0.018	−0.005	−0.001	0.179	9,306
$CS\_BIG_{it}^{up}$ =1	P_{it}	1.010	0.391	0.008	0.794	0.966	1.161	4.055	2,846
	OI_{it}^{adj}	0.099	0.125	−0.586	0.041	0.098	0.165	0.611	2,846
	SHI_{it}^{ot}	0.004	0.014	−0.062	0.000	0.000	0.004	0.107	2,846
	SI_{it}^{adj}	−0.024	0.077	−0.850	−0.019	−0.002	0.000	0.207	2,846
	SHI_{it}^{spe}	−0.024	0.057	−0.592	−0.021	−0.006	−0.002	0.076	2,846
計	P_{it}	1.042	0.394	0.008	0.818	0.996	1.195	4.055	26,480
	OI_{it}^{adj}	0.109	0.123	−0.586	0.054	0.105	0.166	0.611	26,480
	SHI_{it}^{ot}	−0.001	0.012	−0.073	−0.002	0.000	0.001	0.107	26,480
	SI_{it}^{adj}	−0.023	0.072	−0.850	−0.020	−0.003	0.000	0.207	26,480
	SHI_{it}^{spe}	−0.009	0.052	−0.592	−0.011	−0.002	0.000	0.200	26,480

注)各変数の定義はつぎのとおりである。P=決算日から3か月経過後(6月末日)の株価,OI^{adj}=1株当たり修正経常利益,SHI^{ot}=営業外損益の区分に計上されている1株当たり区分選択項目,SI^{adj}=1株当たり修正特別損益,SHI^{spe}=特別損益の区分に計上されている1株当たり区分選択項目,CS_NO^{up}=シフト率の対前年度変化が0%以下となっている企業グループに該当するとき1,その他を0とするダミー変数,CS_SML^{up}=シフト率の対前年度変化が0%超50%以下となっている企業グループに該当するとき1,その他を0とするダミー変数,CS_BIG^{up}=シフト率の対前年度変化が50%超となっている企業グループに該当するとき1,その他を0とするダミー変数。添え字のiは企業,tは年度である。すべての変数について,P_{it-1}でデフレートしたのち,年度ごとに上下1%ずつを異常値として置換処理している。

ミー変数を定義している。CS_NO^{up} はシフト率の変化が0%以下となっている企業グループに該当するとき1,その他を0とするダミー変数である。CS_NO^{up}=1となる場合,その企業は同一時点の損益の区分シフトをおこなっていないと判定される。また,CS_SML^{up} はシフト率の変化が0%超50%以下となっている企業グループに該当するとき1,その他を0とするダミー変数であり,CS_BIG^{up} はシフト率の変化が50%超となっている企業グループ

に該当するとき1，その他を0とするダミー変数である。$CS\_BIG^{up}=1$ となる場合，その企業は区分選択項目を利用した同一時点の損益の区分シフトをおこなっていると判定される。

図表3−1をみると，同一時点の損益の区分シフトをおこなっていない企業グループ（$CS\_NO^{up}=1$）から，それをおこなっている企業グループ（$CS\_BIG^{up}=1$）にかけて，修正経常利益（OI^{adj}）の数値が小さくなっていくことが確認できる。ここでの修正経常利益は，第1章でもちいたシフト前経常利益（OI_BCS^m）とは異なるものの，ともに経営者による損益の区分シフトの影響を受けていない経常利益という点では共通している。これは，第1章でみられた，損益の区分シフトをおこなっている企業グループの業績が，それをおこなっていない企業グループよりもあきらかに悪いという傾向が，株価が入手できなかったことによるサンプルの欠落がある本章においても維持されていることを示唆するものといえよう。

また，同一時点の損益の区分シフトをおこなっていない企業グループ（$CS\_NO^{up}=1$）から，それをおこなっている企業グループ（$CS\_BIG^{up}=1$）にかけて，営業外損益に区分される区分選択項目（SHI^{ot}）の数値は徐々に大きく，特別損益に区分される区分選択項目（SHI^{spe}）の数値は徐々に小さくなっている。これは，後者のグループが経常利益を増大させるように区分選択項目の表示区分をシフトしていることと整合的である。

（2） 相関マトリックス

つぎに，検証にもちいる変数間の相関関係をみてみよう。これは**図表3−2**に示してある。図表の左下段の数値はピアソンの積率相関係数，右上段の数値はスピアマンの順位相関係数である。

図表3−2をみると，株価（P）と修正経常利益（OI^{adj}）の間に統計的に有意な正の相関関係があることがわかる。これは，経常利益が高い企業は恒久利益も高くなり，恒久利益が高い企業の株式を投資家が高く評価した結果であるととらえることができる。また，株価（P）と営業外損益の区分に計上されている区分選択項目（SHI^{ot}），そして株価（P）と特別損益の区分に計上されている区分選択項目（SHI^{spe}）との間には，同様に弱いながらも統計的に有意な正

図表 3-2　変数間の相関マトリックス

変数		①	②	③	④	⑤
①	P_{it}		0.400**	0.067**	−0.004	0.063**
②	OI_{it}^{adj}	0.331**		−0.016**	0.005	−0.067**
③	SHI_{it}^{ot}	0.039**	−0.031**		−0.005	0.023**
④	SI_{it}^{adj}	0.005	0.102**	−0.006		0.034**
⑤	SHI_{it}^{spe}	0.017*	−0.022**	0.027**	0.081**	

**は1%水準で有意，*は5%水準で有意。
注）各変数の定義は図表3-1の注を参照。図表の左下段はピアソンの積率相関係数，右上段はスピアマンの順位相関係数である。

の相関関係がある。これは，区分選択項目がどちらに区分されていても，株価との関連性に大きな差異がないことを示唆するものといえる。

なお，以下の検証では，株価（P）以外の変数をすべて説明変数に含めて回帰分析をおこなうことになるが，少なくとも，説明変数間に多重共線性の問題が生じるほどの相関関係は存在しないといえよう。

第5節　検証モデルと検証結果

（1）　検証モデル

①　基本モデル

本章をはじめとする，損益の区分シフトにたいする投資家の評価を検証する各章では，仮説を検証するため，利益と株価の関連性を検証する OLS（Ordinary Least Squares）回帰モデルである利益資本化モデルをもちいる。利益資本化モデルは，第3節の式（2）で表現される企業価値評価モデルが理論的基盤となっており，本章の仮説を検証するうえで適している[6]。

利益と株価の関連性のグループ間差異を検証する利益資本化モデルの基本式

---

[6]　利益の価値関連性を検証するさいに利益資本化モデルをもちいるメリットとデメリットについて，詳しくは大日方（2013a）を参照。

は，以下の式（3）で表現できる。

$$P_{it} = \beta_0 + \beta_1 D_{it} + \beta_2 E_{it} + \beta_3 E_{it} \times D_{it} + \varepsilon_{it} \qquad (3)$$

E は1株当たり利益，D はグループダミーである。利益にかかる偏回帰係数は利益反応係数（Earnings Response Coefficient；ERC）と呼ばれ，利益と株価の関連性を表すものである。ERC のグループ間差異は，1株当たり利益（E）とグループダミー（D）の交差項にかかる式（3）の偏回帰係数である β_3 をみればよい。

② **具体的な回帰モデル**

本章の仮説を検証するための具体的な回帰モデルは，以下のモデル1で表現される。なお，モデル1の変数の定義は，第4節で示したとおりである。

〈モデル1〉

$$\begin{aligned}
P_{it} =& \beta_0 + \beta_1 CS\_SML_{it}^{up} + \beta_2 CS\_BIG_{it}^{up} + \beta_3 OI^{adj}\_POS_{it} + \beta_4 OI^{adj}\_POS_{it} \times CS\_SML_{it}^{up} \\
&+ \beta_5 OI^{adj}\_POS_{it} \times CS\_BIG_{it}^{up} + \beta_6 OI^{adj}\_NEG_{it} + \beta_7 OI^{adj}\_NEG_{it} \times CS\_SML_{it}^{up} \\
&+ \beta_8 OI^{adj}\_NEG_{it} \times CS\_BIG_{it}^{up} + \beta_9 SHI^{ot}\_POS_{it} + \beta_{10} SHI^{ot}\_POS_{it} \times CS\_SML_{it}^{up} \\
&+ \beta_{11} SHI^{ot}\_POS_{it} \times CS\_BIG_{it}^{up} + \beta_{12} SHI^{ot}\_NEG_{it} + \beta_{13} SHI^{ot}\_NEG_{it} \\
&\times CS\_SML_{it}^{up} + \beta_{14} SHI^{ot}\_NEG_{it} \times CS\_BIG_{it}^{up} + \beta_{15} SI^{adj}\_POS_{it} \\
&+ \beta_{16} SI^{adj}\_POS_{it} \times CS\_SML_{it}^{up} + \beta_{17} SI^{adj}\_POS_{it} \times CS\_BIG_{it}^{up} \\
&+ \beta_{18} SI^{adj}\_NEG_{it} + \beta_{19} SI^{adj}\_NEG_{it} \times CS\_SML_{it}^{up} + \beta_{20} SI^{adj}\_NEG_{it} \\
&\times CS\_BIG_{it}^{up} + \beta_{21} SHI^{spe}\_POS_{it} + \beta_{22} SHI^{spe}\_POS_{it} \times CS\_SML_{it}^{up} \\
&+ \beta_{23} SHI^{spe}\_POS_{it} \times CS\_BIG_{it}^{up} + \beta_{24} SHI^{spe}\_NEG_{it} + \beta_{25} SHI^{spe}\_NEG_{it} \\
&\times CS\_SML_{it}^{up} + \beta_{26} SHI^{spe}\_NEG_{it} \times CS\_BIG_{it}^{up} + YearDummies \\
&+ FirmDummies + \varepsilon_{it}
\end{aligned}$$

利益が正値のとき，ある企業グループの ERC が比較対象となる企業グループよりも小さければ，株価が低くなるような割引評価が，ある企業グループの利益にたいしておこなわれていることになる。これにたいし，利益が負値（損

失）のときは，ある企業グループの ERC が比較対象となる企業グループよりも大きければ，株価が低くなるような割引評価が，ある企業グループの損失にたいしておこなわれていることになる。そこで，モデル 1 では，営業外損益の区分に計上されている 1 株当たり区分選択項目（SHI^{ot}）と特別損益の区分に計上されている 1 株当たり区分選択項目（SHI^{spe}）を，それぞれ正値（利益）_POS と負値（損失）_NEG に分解している。そのうえで，仮説を検証するために，これらの変数とグループダミーの交差項を含めて回帰分析をおこなっている。

また，第 3 節で指摘したように，1 株当たり修正経常利益（OI^{adj}）と 1 株当たり修正特別損益（SI^{adj}）についても，グループ間で株価との関係が異なる可能性もある。そのため，仮説を検証するためには必ずしも必要ないが，1 株当たり修正経常利益（OI^{adj}）と 1 株当たり修正特別損益（SI^{adj}）についても，それぞれ正値（利益）_POS と負値（損失）_NEG に分解したうえで，これらの変数とグループダミーの交差項を含めている。さらに，年度効果と企業効果を固定するため，モデル 1 には，年度ダミー（*YearDummies*）と企業ダミー（*FirmDummies*）を含めている。

なお，ここではダミー変数を除くすべての変数を前期末から 3 か月経過後の株価（P_{it-1}）でデフレートしたうえで，年度ごとに上下 1% ずつを異常値として置換処理している。これは，統計処理上の問題（不均一分散と異常値による検証結果の歪み）に対処するためである。また，偏回帰係数の t 値の計算にあたっては，不均一分散に対処するため，企業ごとにクラスター補正を加えたロバスト推定をおこなう。

第 3 節で示した仮説が支持されるためには，区分選択項目を利用した損益の区分シフトをおこなっていない企業グループ（CS_NO^{up}=1）と比較して，それをおこなっている企業グループ（CS_BIG^{up}=1）の営業外収益の区分に計上されている区分選択項目（SHI^{ot}_POS）と特別利益の区分に計上されている区分選択項目（SHI^{spe}_POS）の ERC が小さければよい。また，前者の企業グループと比較して，後者の企業グループの営業外費用の区分に計上されている区分選択項目（SHI^{ot}_NEG）と特別損失の区分に計上されている区分選択項目（SHI^{spe}_NEG）の ERC が大きければよい。つまり，仮説が支持されるために

は，モデル１の β_{11} と β_{23} が統計的に有意なマイナスになり，β_{14} と β_{26} が統計的に有意なプラスになればよい。これは，後者のグループの区分選択項目が，前者のグループのそれよりも，株価が低くなるように投資家に割引評価されていることを意味する。

(2) 検証結果

モデル１の検証結果は**図表３−３**に示してある。図表３−３をみると，区分選択項目を利用した同一時点の損益の区分シフトをおこなっていない企業グループ（$CS\_NO^{up}=1$）と，それをおこなっている企業グループ（$CS\_BIG^{up}=1$）の営業外収益の区分に計上されている区分選択項目（SHI^{ot}_POS）の ERC の差異である β_{11} は統計的に有意にマイナスである。これは区分選択項目を利用した，同一時点の損益の区分シフトをおこなっている企業グループの営業外収益の区分に計上されている区分選択項目を，株価が低くなるように投資家が割引評価していることになるから，仮説を支持する結果である。

これにたいし，同一時点の損益の区分シフトをおこなっていない企業グループ（$CS\_NO^{up}=1$）と，それをおこなっている企業グループ（$CS\_BIG^{up}=1$）の，営業外費用の区分に計上されている区分選択項目（SHI^{ot}_NEG）の ERC の差異である β_{14}，特別利益の区分に計上されている区分選択項目（SHI^{spe}_POS）の ERC の差異である β_{23}，そして特別損失の区分に計上されている区分選択項目（SHI^{spe}_NEG）の ERC の差異である β_{26} は，いずれも統計的に有意ではない。これは仮説を支持する結果とはいえない[7]。投資家が区分選択項目を利用した損益の区分シフトをおこなっている企業のこれらの項目に誤導されている

---

[7] 区分選択項目を利用した損益の区分シフトをおこなっている企業グループ（$CS\_BIG^{up}=1$）の営業外収益以外の区分選択項目である SHI^{ot}_NEG の ERC を意味する $\beta_{12}+\beta_{14}$ と，SHI^{spe}_POS の ERC を意味する $\beta_{21}+\beta_{23}$ と，SHI^{spe}_NEG の ERC を意味する $\beta_{24}+\beta_{26}$ のそれぞれについて，線形制約の F 検定の結果は，すべて統計的に有意ではない。損益の区分シフトをおこなっていない企業グループ（$CS\_NO^{up}=1$）のこれら区分選択項目の ERC（β_{12}, β_{21}, β_{24}）が統計的に有意であることを鑑みると，これら企業グループ間において，これら区分選択項目と株価の関連性は異なる可能性もある。しかし，これら企業グループ間の区分選択項目の ERC の差異（β_{14}, β_{23}, β_{26}）が統計的に有意ではない以上，F 検定の結果が統計的に有意ではないことをもって，仮説を支持する結果が得られているとはいえないだろう。

図表3-3 モデル1の検証結果

	変数	係数	t値	線形制約	係数	F値
β_0	Cons.	0.847	64.77**			
β_1	$CS\_SML_{it}^{up}$	0.020	2.09*			
β_2	$CS\_BIG_{it}^{up}$	0.037	2.35*			
β_3	$OI^{adj}\_POS_{it}$	1.988	33.01**			
β_4	$OI^{adj}\_POS_{it} \times CS\_SML_{it}^{up}$	−0.128	−1.94	$\beta_3+\beta_4=0$	1.860	794.80**
β_5	$OI^{adj}\_POS_{it} \times CS\_BIG_{it}^{up}$	−0.129	−1.28	$\beta_3+\beta_5=0$	1.860	330.47**
β_6	$OI^{adj}\_NEG_{it}$	−0.444	−5.57**			
β_7	$OI^{adj}\_NEG_{it} \times CS\_SML_{it}^{up}$	0.097	0.68	$\beta_6+\beta_7=0$	−0.348	8.38**
β_8	$OI^{adj}\_NEG_{it} \times CS\_BIG_{it}^{up}$	−0.030	−0.16	$\beta_6+\beta_8=0$	−0.474	8.16**
β_9	$SHI^{ot}\_POS_{it}$	4.979	6.50**			
β_{10}	$SHI^{ot}\_POS_{it} \times CS\_SML_{it}^{up}$	−1.050	−1.08	$\beta_9+\beta_{10}=0$	3.928	24.24**
β_{11}	$SHI^{ot}\_POS_{it} \times CS\_BIG_{it}^{up}$	−2.656	−2.87**	$\beta_9+\beta_{11}=0$	2.323	17.34**
β_{12}	$SHI^{ot}\_NEG_{it}$	−2.433	−4.86**			
β_{13}	$SHI^{ot}\_NEG_{it} \times CS\_SML_{it}^{up}$	−0.325	−0.40	$\beta_{12}+\beta_{13}=0$	−2.758	14.58**
β_{14}	$SHI^{ot}\_NEG_{it} \times CS\_BIG_{it}^{up}$	2.632	1.56	$\beta_{12}+\beta_{14}=0$	0.198	0.01
β_{15}	$SI^{adj}\_POS_{it}$	1.387	4.27**			
β_{16}	$SI^{adj}\_POS_{it} \times CS\_SML_{it}^{up}$	−0.064	−0.14	$\beta_{15}+\beta_{16}=0$	1.323	14.33**
β_{17}	$SI^{adj}\_POS_{it} \times CS\_BIG_{it}^{up}$	−0.028	−0.04	$\beta_{15}+\beta_{17}=0$	1.359	4.78*
β_{18}	$SI^{adj}\_NEG_{it}$	−0.105	−1.58			
β_{19}	$SI^{adj}\_NEG_{it} \times CS\_SML_{it}^{up}$	0.027	0.32	$\beta_{18}+\beta_{19}=0$	−0.078	2.11
β_{20}	$SI^{adj}\_NEG_{it} \times CS\_BIG_{it}^{up}$	0.013	0.11	$\beta_{18}+\beta_{20}=0$	−0.092	0.91
β_{21}	$SHI^{spe}\_POS_{it}$	1.121	7.27**			
β_{22}	$SHI^{spe}\_POS_{it} \times CS\_SML_{it}^{up}$	0.054	0.14	$\beta_{21}+\beta_{22}=0$	1.176	10.82**
β_{23}	$SHI^{spe}\_POS_{it} \times CS\_BIG_{it}^{up}$	4.105	1.08	$\beta_{21}+\beta_{23}=0$	5.227	1.89
β_{24}	$SHI^{spe}\_NEG_{it}$	−0.409	−2.83**			
β_{25}	$SHI^{spe}\_NEG_{it} \times CS\_SML_{it}^{up}$	0.331	2.10*	$\beta_{24}+\beta_{25}=0$	−0.078	0.74
β_{26}	$SHI^{spe}\_NEG_{it} \times CS\_BIG_{it}^{up}$	0.254	1.42	$\beta_{24}+\beta_{26}=0$	−0.155	1.58

年度ダミー:含む			自由度調整済決定係数:	0.359
企業ダミー:含む			観測値数:	26,480

**は1%水準で有意,*は5%水準で有意。

注) 各変数の定義は図表3-1の注を参照。_POSは損益が正値であること,_NEGは損益が負値であることを意味する。ここでのt値は,企業ごとにクラスター補正を加えたロバスト推定の結果である。

か否かについては,次節の追加的検証の結果をみてから判断することになる。

 なお,修正経常利益(OI^{adj})と修正特別損益(SI^{adj})については,同一時点の損益の区分シフトをおこなっていない企業グループ($CS\_NO^{up}=1$)と,それをおこなっている企業グループ($CS\_BIG^{up}=1$)の間で,ERCに統計的に有

意な差異は観察されなかった。これは，区分選択項目を利用した損益の区分シフトが，それをおこなった企業の他の損益項目には何ら影響をあたえておらず，投資家もそれを見越して評価をおこなっていることを示唆する結果といえよう。

第6節 追加的検証

（1） 将来利益の予測能力

① 検証モデル

　モデル1をもちいた検証結果は，区分選択項目を利用した同一時点の損益の区分シフトをおこなっている企業の営業外収益に区分されている区分選択項目を，株価が低くなるように投資家が割引評価することを示唆するものであった。しかし，この検証結果だけでは，この項目がもつ恒久利益にかんする情報内容のグループ間差異を反映して投資家が株式を評価したのか，それとも利益情報の信頼性を低く評価した結果，それを割り引いて株式評価に利用しているのかはあきらかではない。

　本章では，Abdalla and Clubb（2016）が損益の区分シフトにたいする投資家の評価について検証したときに投資家が置かれていた状況と類似していることから，区分選択項目を利用した損益の区分シフトをおこなっている企業の区分選択項目を，株価が低くなるように投資家が割引評価すると想定した。これは，投資家が利益情報の信頼性の低下を反映して，それを割り引いて株式の評価に利用するというシナリオである。これにたいし，Athanasakou et al.（2011）は，損益の区分シフトをおこなってアナリスト予想利益を達成した企業は，それをおこなわずに達成した企業よりも株式リターンが低くなること，その評価は企業の将来の収益性を適切に反映したものであることをあきらかにしている。これは，損益の区分シフトによる利益の情報内容のグループ間差異を反映して，投資家が株式を評価した結果といえる。このことから，区分選択項目を利用した損益の区分シフトが実行された場合であっても，投資家は区分選択項目がもつ恒久利益にかんする情報内容のグループ間差異を反映して株式を評価できる

かもしれない。

　また，前節における検証の結果，営業外収益の区分以外に計上されている区分選択項目については，同一時点の損益の区分シフトをおこなっている企業グループ（$CS\_BIG^{up}=1$）と，それをおこなっていない企業グループ（$CS\_NO^{up}=1$）の間で，評価に差異がみられなかった。投資家が区分選択項目を利用した損益の区分シフトをおこなっている企業のこれらの項目に誤導されているか否かをあきらかにするためには，追加的な検証をおこなう必要がある。

　そこで以下では，区分選択項目がもつ将来利益の予測能力を，以下のモデル2をもちいて確認する。

〈モデル2〉

$$\begin{aligned}
OI_{it+1} = & \beta_0 + \beta_1 CS\_SML^{up}_{it} + \beta_2 CS\_BIG^{up}_{it} + \beta_3 OI^{adj}\_POS_{it} + \beta_4 OI^{adj}\_POS_{it} \\
& \times CS\_SML^{up}_{it} + \beta_5 OI^{adj}\_POS_{it} \times CS\_BIG^{up}_{it} + \beta_6 OI^{adj}\_NEG_{it} \\
& + \beta_7 OI^{adj}\_NEG_{it} \times CS\_SML^{up}_{it} + \beta_8 OI^{adj}\_NEG_{it} \times CS\_BIG^{up}_{it} \\
& + \beta_9 SHI^{ot}\_POS_{it} + \beta_{10} SHI^{ot}\_POS_{it} \times CS\_SML^{up}_{it} \\
& + \beta_{11} SHI^{ot}\_POS_{it} \times CS\_BIG^{up}_{it} + \beta_{12} SHI^{ot}\_NEG_{it} + \beta_{13} SHI^{ot}\_NEG_{it} \\
& \times CS\_SML^{up}_{it} + \beta_{14} SHI^{ot}\_NEG_{it} \times CS\_BIG^{up}_{it} + \beta_{15} SI^{adj}\_POS_{it} \\
& + \beta_{16} SI^{adj}\_POS_{it} \times CS\_SML^{up}_{it} + \beta_{17} SI^{adj}\_POS_{it} \times CS\_BIG^{up}_{it} \\
& + \beta_{18} SI^{adj}\_NEG_{it} + \beta_{19} SI^{adj}\_NEG_{it} \times CS\_SML^{up}_{it} + \beta_{20} SI^{adj}\_NEG_{it} \\
& \times CS\_BIG^{up}_{it} + \beta_{21} SHI^{spe}\_POS_{it} + \beta_{22} SHI^{spe}\_POS_{it} \times CS\_SML^{up}_{it} \\
& + \beta_{23} SHI^{spe}\_POS_{it} \times CS\_BIG^{up}_{it} + \beta_{24} SHI^{spe}\_NEG_{it} + \beta_{25} SHI^{spe}\_NEG_{it} \\
& \times CS\_SML^{up}_{it} + \beta_{26} SHI^{spe}\_NEG_{it} \times CS\_BIG^{up}_{it} + YearDummies \\
& + FirmDummies + \varepsilon_{it}
\end{aligned}$$

　大日方（2006）では，特別損益を含む純利益にくらべ，それを含まない経常利益のほうが利益の持続性が高く，また，株価との関連性も強いことが実証的にあきらかにされている。これは，区分選択項目がもつ恒久利益にかんする情報内容のグループ間差異を検証するためには，将来の純利益ではなく，将来の経常利益との関連性を検証すべきことを意味している。そこで，ここでは特別損益を含む将来の純利益ではなく，それを含まない将来の経常利益の予測能力

について検証する。

モデル2は，被説明変数が次期の1株当たり経常利益（OI_{it+1}）に変更されている以外は，モデル1と同じものである。なお，$t+1$期の経常利益データをもちいることから，検証期間は2001年から2013年の13年間となり，観測値数は24,400企業・年に減少している。また，ダミー変数を除くすべての変数を前期末から3か月経過後の株価（P_{it-1}）でデフレートしたうえで，年度ごとに上下1％ずつを異常値として置換処理している点，偏回帰係数のt値の計算にあたって，企業ごとにクラスター補正を加えたロバスト推定をおこなう点は，モデル1と同様である。

区分選択項目がもつ恒久利益にかんする情報内容のグループ間差異を反映して投資家が株式を評価したといえるためには，モデル2において，同一時点の損益の区分シフトをおこなっていない企業グループ（$CS\_NO^{up}=1$）と，それをおこなっている企業グループ（$CS\_BIG^{up}=1$）の区分選択項目の偏回帰係数の差異が，モデル1における検証結果と同様の傾向を示せばよい。なお，本章においては，モデル2における検証結果が，モデル1における検証結果と同様の傾向を示さない場合，区分選択項目にかんする情報の信頼性が低下したことにより，それを割り引いて株式の評価に利用していると解釈できるパターンと，損益の区分シフトに投資家が誤導されていると解釈できるパターンが存在する点には注意が必要である。

② **検証結果**

モデル2の検証結果は**図表3－4**に示してある。図表3－4をみると，区分選択項目を利用した同一時点の損益の区分シフトをおこなっていない企業グループ（$CS\_NO^{up}=1$）と，それをおこなっている企業グループ（$CS\_BIG^{up}=1$）の営業外収益の区分に計上されている区分選択項目（SHI^{ot}_POS）の偏回帰係数の差異であるβ_{11}は統計的に有意ではない。このことから，営業外収益の区分に計上されている区分選択項目については，損益の区分シフトの有無によって，恒久利益にかんする情報内容に差異があるとはいえない。モデル1の結果との関係から，この結果は，損益の区分シフトによって区分選択項目にかんする情報の信頼性が低下したことにより，投資家がその損益項目を割引評価している

図表 3−4 モデル 2 の検証結果

	変数	係数	t 値	線形制約	係数	F 値
β_0	Cons.	0.061	16.68**			
β_1	$CS\_SML_{it}^{up}$	0.003	0.82			
β_2	$CS\_BIG_{it}^{up}$	0.004	0.99			
β_3	$OI^{adj}\_POS_{it}$	0.727	42.57**			
β_4	$OI^{adj}\_POS_{it} \times CS\_SML_{it}^{up}$	−0.020	−0.80	$\beta_3+\beta_4=0$	0.708	939.95**
β_5	$OI^{adj}\_POS_{it} \times CS\_BIG_{it}^{up}$	−0.025	−0.77	$\beta_3+\beta_5=0$	0.703	507.98**
β_6	$OI^{adj}\_NEG_{it}$	0.038	1.06			
β_7	$OI^{adj}\_NEG_{it} \times CS\_SML_{it}^{up}$	0.047	0.88	$\beta_6+\beta_7=0$	0.086	3.95*
β_8	$OI^{adj}\_NEG_{it} \times CS\_BIG_{it}^{up}$	−0.004	−0.05	$\beta_6+\beta_8=0$	0.035	0.30
β_9	$SHI^{ot}\_POS_{it}$	0.654	2.09*			
β_{10}	$SHI^{ot}\_POS_{it} \times CS\_SML_{it}^{up}$	0.272	0.74	$\beta_9+\beta_{10}=0$	0.926	17.30**
β_{11}	$SHI^{ot}\_POS_{it} \times CS\_BIG_{it}^{up}$	0.502	1.22	$\beta_9+\beta_{11}=0$	1.156	15.40**
β_{12}	$SHI^{ot}\_NEG_{it}$	0.069	0.42			
β_{13}	$SHI^{ot}\_NEG_{it} \times CS\_SML_{it}^{up}$	−0.407	−1.45	$\beta_{12}+\beta_{13}=0$	−0.338	1.74
β_{14}	$SHI^{ot}\_NEG_{it} \times CS\_BIG_{it}^{up}$	−0.157	−0.28	$\beta_{12}+\beta_{14}=0$	−0.088	0.03
β_{15}	$SI^{adj}\_POS_{it}$	0.386	3.69**			
β_{16}	$SI^{adj}\_POS_{it} \times CS\_SML_{it}^{up}$	−0.327	−2.32*	$\beta_{15}+\beta_{16}=0$	0.059	0.41
β_{17}	$SI^{adj}\_POS_{it} \times CS\_BIG_{it}^{up}$	−0.077	−0.41	$\beta_{15}+\beta_{17}=0$	0.308	3.67
β_{18}	$SI^{adj}\_NEG_{it}$	−0.074	−3.04**			
β_{19}	$SI^{adj}\_NEG_{it} \times CS\_SML_{it}^{up}$	0.029	0.93	$\beta_{18}+\beta_{19}=0$	−0.045	4.65*
β_{20}	$SI^{adj}\_NEG_{it} \times CS\_BIG_{it}^{up}$	−0.007	−0.13	$\beta_{18}+\beta_{20}=0$	−0.081	3.24
β_{21}	$SHI^{spe}\_POS_{it}$	0.087	1.67			
β_{22}	$SHI^{spe}\_POS_{it} \times CS\_SML_{it}^{up}$	−0.209	−1.64	$\beta_{21}+\beta_{22}=0$	−0.122	1.03
β_{23}	$SHI^{spe}\_POS_{it} \times CS\_BIG_{it}^{up}$	5.564	5.31**	$\beta_{21}+\beta_{23}=0$	5.651	29.07**
β_{24}	$SHI^{spe}\_NEG_{it}$	−0.122	−3.10**			
β_{25}	$SHI^{spe}\_NEG_{it} \times CS\_SML_{it}^{up}$	0.016	0.33	$\beta_{24}+\beta_{25}=0$	−0.106	10.16**
β_{26}	$SHI^{spe}\_NEG_{it} \times CS\_BIG_{it}^{up}$	0.066	1.06	$\beta_{24}+\beta_{26}=0$	−0.056	1.28

年度ダミー:含む
企業ダミー:含む
自由度調整済決定係数: 0.535
観測値数: 24,400

** は 1% 水準で有意,* は 5% 水準で有意。
注)各変数の定義は図表 3-1 の注を参照。_POS は損益が正値であること,_NEG は損益が負値であることを意味する。ここでの t 値は,企業ごとにクラスター補正を加えたロバスト推定の結果である。

と解釈できるものである。

また,同一時点の損益の区分シフトをおこなっていない企業グループ($CS\_NO^{up}=1$)と,それをおこなっている企業グループ($CS\_BIG^{up}=1$)の特別利益の区分に計上されている区分選択項目(SHI^{spe}_POS)の偏回帰係数の差

異である β_{23} は,統計的に有意なプラスである。これは,前者の企業グループと比較して,後者の企業グループの特別利益の区分に計上されている区分選択項目のほうが,多くの恒久利益を含んでいることを示唆するものである。モデル1の検証結果との関係から,この結果についても,損益の区分シフトによって区分選択項目にかんする情報の信頼性が低下したことにより,投資家がこの項目を割り引いて株式評価に利用していると解釈できるものである。

これらにたいし,同一時点の損益の区分シフトをおこなっていない企業グループ($CS\_NO^{up}=1$)と,それをおこなっている企業グループ($CS\_BIG^{up}=1$)の,営業外費用の区分に計上されている区分選択項目(SHI^{ot}_NEG)の偏回帰係数の差異である β_{14} と,特別損失の区分に計上されている区分選択項目(SHI^{spe}_NEG)の偏回帰係数の差異である β_{26} は,統計的に有意ではない。これらは,モデル1の検証結果と整合的なものである。ここでの結果は,損益の区分シフトをおこなった場合であっても,これら区分選択項目がもつ将来利益の予測能力が,損益の区分シフトをおこなっていない場合と変わらないことを見抜いて,投資家はこれらの項目を株式評価に利用していると解釈することができるものである。

以上より,投資家は,区分選択項目がもつ恒久利益にかんする情報内容のグループ間差異の有無を適切に反映してその項目を株式評価に利用できる場合もあるが,それができない場合もあることがあきらかとなった。ただし,区分選択項目がもつ情報内容のグループ間差異がわからない場合であっても,投資家は,損益の区分シフトによって区分選択項目にかんする情報の信頼性が低下したことを反映して,それを割り引いて株式評価に利用していることがあきらかとなった。いずれにせよ,これらの検証結果から,投資家は,区分選択項目を利用した損益の区分シフトに誤導されないといえよう。

(2) 識別規準の変更

上述の検証結果は,区分選択項目を利用した同一時点の損益の区分シフトをおこなっている企業グループの識別規準に依存して決まる。そこで,上述の検証結果の頑健性を高めるため,以下では異なる識別規準をもちいた場合であっても,同様の結果が得られるか否かについて検証をおこなう。なお,ここでは,

第1章で損益の区分シフトをおこなっているか否かの検証にもちいられ，かつ，それをおこなっていることを示唆するような結果が得られた，以下の代替的な識別規準をもちいて追加検証をおこなった。

まず，「大規模なシフト率の増加」の定義を，シフト率の変化が60%超とした場合と，それが70%超とした場合のそれぞれについて，上述と同様の検証をおこなった。これらの結果は，上述の検証によって得られた結果と同様，投資家が区分選択項目を利用した同一時点の損益の区分シフトに誤導されないと解釈できるものであった。

つぎに，区分選択項目を利用した損益の区分シフトによって，経常損失や経常減益を回避した企業を，第1章と同様の規準をもちいて識別したうえで，上述と同様の検証をおこなった。なお，検証のさい，企業グループは，経常損失や経常減益を回避した企業グループと，それ以外の企業グループの2つに分割している。これらの結果も，上述の検証によって得られた結果と同様，投資家がこのタイプの損益の区分シフトに誤導されないと解釈できるものであった。

第7節　おわりに

本章の目的は，第1章の結果を受けて，区分選択項目を利用した同一時点の損益の区分シフトによって，投資家が誤導されてしまうことがあるか否かについて実証的に検証をおこなうことであった。区分選択項目を利用した損益の区分シフトがおこなわれている場合，特別損益の区分にシフトされている区分選択項目には，営業外損益に区分されている場合に含まれているはずの情報内容が含まれ，営業外損益の区分にシフトされている区分選択項目には，特別損益に区分されている場合に含まれるはずの情報内容が含まれることになる。よって，投資家は，そのような企業の区分選択項目にたいして，区分選択項目がもつ恒久利益にかんする情報内容の差異を反映した評価をおこなうはずである。また，区分選択項目がもつ恒久利益にかんする情報内容について推定することが困難な場合であっても，投資家はそのような企業の区分選択項目を割り引いて，それを株式評価に利用するはずである。

検証結果は，投資家は区分選択項目がもつ恒久利益にかんする情報内容のグループ間差異の有無を適切に反映してその項目を株式評価に利用できる場合もあるが，それができない場合もあることを示唆するものであった。ただし，区分選択項目がもつ情報内容のグループ間差異がわからない場合であっても，投資家は，損益の区分シフトによって区分選択項目にかんする情報の信頼性が低下したことを反映して，それを割り引いて株式評価に利用していることを示唆する結果も得られた。よって，本章の検証結果をみる限り，投資家は，区分選択項目を利用した損益の区分シフトに誤導されないといえるだろう。

第4章

継続的な損益の区分シフトにたいする投資家の評価
—特別損失の継続的な認識に着目して—

第1節 はじめに

　経営者がおこなう経常利益をターゲットとした損益の区分シフトには，前章で検証した区分選択項目を利用した同一時点の損益の区分シフトのほかにもいくつかのタイプが存在する。第2章では，特別損失を利用した異時点間の損益の区分シフトをおこなう企業のほか，経済的に無視できない大きさの特別損失を継続的に計上することにより，損益の区分シフトを継続的におこなっている企業の存在もあきらかにした。なお，日本企業における継続的な損益の区分シフトの存在は，永田・白土（2013）においてもあきらかにされている。投資家が経常利益をターゲットとした損益の区分シフトに誤導されないことをあきらかにするためには，さまざまなタイプの損益の区分シフトにたいする投資家の評価について，網羅的に検証をおこなう必要がある。

　そこで本章では，第2章の分析によってあきらかにされた，継続的に損益の区分シフトをおこなっている企業の利益情報にたいして，投資家が誤導されてしまうことがあるか否かについて実証的に検証をおこなう。検証結果は，損益の区分シフトによって生じた，特別損失がもつ恒久利益にかんする情報内容の差異を反映して，投資家が継続的な損益の区分シフトをおこなっている企業の特別損失を株式評価に利用していることを示唆するものであった。このことか

ら，投資家は，特別損失を利用した継続的な損益の区分シフトに誤導されないといえる。

本章の構成はつぎのとおりである。まず，第2節では，継続的な特別項目や特別損失の計上にたいする投資家の評価にかんする先行研究を概観する。その後，第3節で仮説を構築し，第4節で検証対象となるサンプルを確認する。第5節で仮説の検証モデルを紹介し，検証結果を記述する。第6節は追加的検証とその結果の紹介であり，第7節は本章のまとめである。

第2節　先行研究

第2章では，特別損失が継続的に計上されている点に着目し，経営者が損益の区分シフトを継続的におこなっている実態をあきらかにした。継続的な損益の区分シフトにたいする投資家の評価を直接的に扱った先行研究は存在しないが，一時的な性格をもつ特別項目や特別損失の継続的な計上にたいする投資家の評価を検証したものは，以下で示すようにいくつか存在する。

一時的な性格をもつ損益項目の継続的な計上にたいする投資家の評価について，はじめて実証的に検証をおこなったのは，おそらく Strong and Meyer (1987) であろう。そこでは，連続する資産の評価損にたいして投資家がマイナスの評価をおこなうことがあきらかにされている。

その後，継続的な特別項目の計上にたいする投資家の評価については，Elliott and Hanna (1996) と Cready et al. (2010) が検証をおこなっている。Elliott and Hanna (1996) は，資産の評価損の継続性に着目しており，資産の評価損の計上頻度が高まるにつれ，投資家は特別項目控除前利益と特別項目を割り引いて株式評価をおこなうことをあきらかにしている。これにたいし，Cready et al. (2010) は，負の特別項目の継続性に着目した分析をおこなっている。そこでは，負の特別項目の計上頻度が高まるにつれ，投資家は特別項目控除前利益を割り引いて株式を評価するとともに，負の特別項目にたいして，その持続性の差異を反映して株式評価に利用することをあきらかにしている。

日本では，池田ほか (2013) が継続的な特別損失の計上にたいする投資家の

評価を検証しているが，そこでの主題は，特別損失の計上頻度そのものが株式リターンにあたえる影響であり，特別損失の計上頻度の差異が，利益と株価の関連性にあたえる影響を検証したものではない。本章の特徴は，日本企業を対象として，特別損失の計上を利用した継続的な損益の区分シフトにたいして，投資家がどのような評価をおこなうかについて，Elliott and Hanna (1996) や Cready *et al.* (2010) でもちいられた分析モデルを援用して，検証をおこなうことにある。

第3節　仮説構築

　第3章で示したように，株式価値の決定要因は，その株式を発行している企業の恒久利益と株主資本コストである。また，日本の会計基準に準拠して作成・開示される損益計算書では，経常利益と特別損失が，持続性の高低によって相当程度適切に区分されているといえる（大日方 2006）。

　ここで，経営者が継続的な損益の区分シフトによって，経常費用として計上すべき項目を特別損失として計上したとしよう。このとき，損益の区分シフトをおこなった企業の特別損失には，ほんらい経常費用として計上すべき項目が含まれることになるから，損益の区分シフトをおこなっていない企業の特別損失よりも多くの負の恒久利益が含まれることになる。

　第2章では，継続的に損益の区分シフトをおこなっている企業を，内部情報をもちいずに識別した。経営者が利益マネジメントをおこなう動機をもち，また実際に利益マネジメントをおこなうことを知っている投資家は，何らかの方法をもちいて継続的な損益の区分シフトをおこなっている企業を識別し，そのような企業の特別損失に負の恒久利益が多く含まれる可能性があることを念頭において，株式の価値評価をおこなうはずである。損益の区分シフトをおこなった企業の特別損失に，他の企業のそれよりも多くの負の恒久利益が含まれている場合，投資家はそのような企業の特別損失を株価が低くなるように割り引いたうえで株式評価に利用するはずであるから，仮説は以下のようになる。

〈仮説 1〉
投資家は，継続的な損益の区分シフトをおこなっている企業の特別損失を，それをおこなっていない企業の特別損失にくらべ，株価が低くなるように割引評価する。

なお，ここでの損益の区分シフトは，経常利益に恒久利益が含まれない特別利益が混入しているとみることもできる。この場合，投資家はそのような企業の経常利益に恒久利益が多く含まれない可能性があることを念頭において，株式の価値評価をおこなうはずである。損益の区分シフトをおこなった企業の経常利益に，他の企業のそれよりも恒久利益が含まれない場合，投資家はそのような企業の経常利益を株価が低くなるように割り引いたうえで株式評価に利用するはずであるから，仮説は以下のようになる。

〈仮説 2〉
投資家は，継続的な損益の区分シフトをおこなっている企業の経常利益を，それをおこなっていない企業の経常利益にくらべ，株価が低くなるように割引評価する。

このように，投資家は，損益の区分シフトをおこなっている企業の価値を評価するさい，特別損失を割り引いて対処することもできるし，経常利益を割り引いて対処することもできる。どちらの損益を割り引いて対処するかは，個々の投資家によって異なる可能性があるから，どちらのシナリオも成立する可能性があり，シナリオが同時に成立する可能性もある。実際，Elliott and Hanna (1996) や Cready et al. (2010) では，特別項目控除前利益と特別項目の双方にたいして，株価が低くなるように投資家が割引評価をおこなうことを示唆する結果を得ている。投資家が損益の区分シフトに誤導されていないといえるためには，仮説1と仮説2のうち，少なくともいずれかが支持される必要がある。

第4節 | サンプル

　本章は第2章第4節の分析をもとに進められるため,本章では第2章と同じサンプル[1]をもちいて検証をおこなう。ここでは3期間の特別損失(前期末総資産でデフレート)情報が必要となるため,分析期間は2003年から2014年の12年間となる。なお,株価データ[2]を入手できない観測値が存在することにより,検証対象となるサンプルの観測値数は減少し,最終的に23,933企業・年となった。

　仮説を検証するためには,継続的な損益の区分シフトをおこなっている企業と,それをおこなっていない企業にサンプルを分割する必要がある。第2章の検証結果は,経済的に無視できない大きさの特別損失を継続的に計上している企業グループが,継続的に損益の区分シフトをおこなっていることを示唆するものであった。そのため,本章では,第2章第4節と同様の規準でサンプルを分割したうえで,仮説を検証することにした。

　以下では,前期末総資産にたいする割合が1%を超える特別損失(純額ベース)を3期間連続で計上している企業グループを,継続的な損益の区分シフトをおこなっている企業グループとして検証をおこなう。また,それを3期中1度も計上していない企業グループを,継続的な損益の区分シフトをおこなっていない企業グループとして,分析のさい,継続的な損益の区分シフトをおこなっている企業グループの比較対象とする。なお,それを3期中1期のみ計上している企業グループは,ビッグ・バスという他の利益マネジメントを経験している可能性を考慮して,それを3期中2期計上している企業グループは,継続的に損益の区分シフトをおこなっている可能性を考慮して,これら企業グループとは分けて把握することにした。

1　なお,第2章のサンプルは第1章と同じである。サンプルの詳細は第1章第3節を参照。
2　そのデータベースについては,第3章第4節を参照。

（1） 記述統計量

図表 4-1 は，仮説の検証に必要な変数の記述統計量を示したものである。本章では，サンプルを4つのグループに分割したうえで検証することになるから，図表4-1では，サンプル全体の記述統計量のほか，グループごとの記述統計量も併せて示している。ここで，P は決算日から3か月経過後（6月末日）の株価，OI は1株当たり経常利益，SI は1株当たり特別損益である。添え字の i は企業，t は年度を意味している。なお，図表4-1に示されているこれらの変数は，前期末から3か月経過後の株価（P_{it-1}）でデフレート済みのものであり，年度ごとに上下1%ずつを異常値として置換処理した後のものである。

図表 4-1 変数の記述統計量（2003-2014 年）

分類	変数	平均値	標準偏差	最小値	第1四分位	中央値	第3四分位	最大値	観測値数
$SL^{n0}=1$	P_{it}	1.057	0.395	0.008	0.843	1.016	1.201	4.055	10,968
	OI_{it}	0.119	0.112	−0.586	0.066	0.110	0.169	0.611	10,968
	SI_{it}	−0.001	0.026	−0.267	−0.009	−0.002	0.001	0.230	10,968
$SL^{n1}=1$	P_{it}	1.058	0.412	0.008	0.825	1.008	1.216	4.055	7,927
	OI_{it}	0.105	0.128	−0.586	0.049	0.101	0.164	0.611	7,927
	SI_{it}	−0.027	0.082	−0.993	−0.031	−0.009	0.000	0.230	7,927
$SL^{n2}=1$	P_{it}	1.078	0.447	0.008	0.819	1.016	1.261	4.055	3,775
	OI_{it}	0.095	0.141	−0.586	0.035	0.099	0.167	0.611	3,775
	SI_{it}	−0.062	0.117	−0.993	−0.072	−0.028	−0.007	0.230	3,775
$SL^{n3}=1$	P_{it}	1.095	0.475	0.010	0.814	1.010	1.282	4.045	1,263
	OI_{it}	0.103	0.158	−0.586	0.037	0.109	0.185	0.611	1,263
	SI_{it}	−0.112	0.142	−0.993	−0.127	−0.061	−0.032	0.000	1,263
計	P_{it}	1.062	0.414	0.008	0.833	1.014	1.218	4.055	23,933
	OI_{it}	0.110	0.125	−0.586	0.055	0.106	0.168	0.611	23,933
	SI_{it}	−0.025	0.081	−0.993	−0.026	−0.006	0.000	0.230	23,933

注）各変数の定義はつぎのとおりである。P＝決算日から3か月経過後（6月末日）の株価，OI＝1株当たり経常利益，SI＝1株当たり特別損益，SL^{n0}＝前期末総資産にたいする割合が1%を超える特別損失（純額ベース）を3期中1度も計上していない企業グループに該当する場合1，その他を0とするダミー変数，SL^{n1}＝それを3期中1期のみ計上している企業グループに該当する場合1，その他を0とするダミー変数，SL^{n2}＝それを3期中2期計上している企業グループに該当する場合1，その他を0とするダミー変数，SL^{n3}＝それを3期連続で計上している企業グループに該当する場合1，その他を0とするダミー変数。添え字の i は企業，t は年度である。すべての変数について，P_{it-1} でデフレートしたのち，年度ごとに上下1%ずつを異常値として置換処理している。

また，サンプルを4つのグループに分割するための変数として，ここでは4つのダミー変数を定義している。SL^{n0} は前期末総資産にたいする割合が1％を超える特別損失（純額ベース）を3期中1度も計上していない企業グループに該当する場合1，その他を0とするダミー変数である。$SL^{n0}=1$ となる場合，その企業は継続的な損益の区分シフトをおこなっていないものと判定される。SL^{n1} はそれを3期中1期のみ計上している企業グループに該当する場合1，その他を0とするダミー変数，SL^{n2} はそれを3期中2期計上している企業グループに該当する場合1，その他を0とするダミー変数である。また，SL^{n3} はそれを3期連続で計上している企業グループに該当する場合1，その他を0とするダミー変数である。$SL^{n3}=1$ となる場合，その企業は継続的な損益の区分シフトをおこなっているものと判定される。

　図表4-1をみると，特別損失を利用した継続的な損益の区分シフトをおこなっている企業グループ（$SL^{n3}=1$）の経常利益（OI）は，それをおこなっていない企業グループ（$SL^{n0}=1$）とくらべ，あきらかに小さくなっていることが確認できる。これは，第2章で観察された，前者の企業グループ（$SL^{n3}=1$）の業績が，後者の企業グループよりもあきらかに悪いという傾向が，株価データが入手できなかったことによるサンプルの欠落がある本章においても維持されていることを示唆するものといえよう。

（2）　相関マトリックス

　つぎに，検証にもちいる変数間の相関関係をみてみよう。これは**図表4-2**に示してある。図表の左下段の数値はピアソンの積率相関係数，右上段の数値

図表4-2　変数間の相関マトリックス

変数		①	②	③
①	P_{tt}		0.397 **	0.010
②	OI_{tt}	0.318 **		−0.069 **
③	SI_{tt}	−0.004	0.074 **	

**は1％水準で有意，*は5％水準で有意。
注）各変数の定義は図表4-1の注を参照。図表の左下段はピアソンの積率相関係数，右上段はスピアマンの順位相関係数である。

はスピアマンの順位相関係数である。

　図表4-2をみると，株価（P）と経常利益（OI）の間に正の相関関係があることがわかる。これは，経常利益が高い企業は恒久利益も高くなり，恒久利益が高い企業の株式を投資家が高く評価した結果であるととらえることができる。これにたいし，株価（P）と特別損益（SI）の間には，統計的に有意な相関関係はない。これは，特別損益が恒久利益と関連していないことを示唆するものである。なお，経常利益（OI）と特別損益（SI）の間には，明確な関係は観察されなかった[3]。

　以下では，経常利益（OI）と特別損益（SI）をともに説明変数に含めて回帰分析をおこなうことになるが，少なくとも，説明変数間に多重共線性の問題が生じるほどの相関関係は存在しないといえよう。

第5節　検証モデルと検証結果

（1）　検証モデル

　本章では，仮説を検証するため，前章と同様，利益と株価の関連性を検証するOLS回帰モデルである利益資本化モデルをもちいる。具体的な回帰モデルは，以下のモデル1で表現される。なお，モデル1の変数の定義は，第4節で示したとおりである。

〈モデル1〉

$$P_{it} = \beta_0 + \beta_1 SL_{it}^{n1} + \beta_2 SL_{it}^{n2} + \beta_3 SL_{it}^{n3} + \beta_4 OI\_POS_{it} + \beta_5 OI\_POS_{it} \times SL_{it}^{n1}$$
$$+ \beta_6 OI\_POS_{it} \times SL_{it}^{n2} + \beta_7 OI\_POS_{it} \times SL_{it}^{n3} + \beta_8 OI\_NEG_{it} + \beta_9 OI\_NEG_{it} \times SL_{it}^{n1}$$
$$+ \beta_{10} OI\_NEG_{it} \times SL_{it}^{n2} + \beta_{11} OI\_NEG_{it} \times SL_{it}^{n3} + \beta_{12} SI\_POS_{it} + \beta_{13} SI\_NEG_{it}$$

　3　これらの関係については，スピアマンの順位相関係数をみると，統計的に有意な弱い負の相関関係が観察されるものの，ピアソンの積率相関係数をみると，統計的に有意な弱い正の相関関係が観察され，符号が逆転している。

$+ \beta_{14} SI\_NEG_{it} \times SL_{it}^{n1} + \beta_{15} SI\_NEG_{it} \times SL_{it}^{n2} + \beta_{16} SI\_NEG_{it} \times SL_{it}^{n3}$
$+ YearDummies + FirmDummies + \varepsilon_{it}$

　利益が正値のとき，ある企業グループのERCが比較対象となる企業グループよりも小さければ，株価が低くなるような割引評価が，ある企業グループの利益にたいしておこなわれていることになる。これにたいし，利益が負値（損失）のとき，ある企業グループのERCが比較対象となる企業グループよりも大きければ，株価が低くなるような割引評価が，ある企業グループの損失にたいしておこなわれていることになる。そこで，モデル1では，1株当たり経常利益（OI）と1株当たり特別損益（SI）を，それぞれ正値（利益）_POSと負値（損失）_NEGに分解している。そのうえで，仮説を検証するために，特別利益（SI_POS）を除き，これらの変数とグループダミーの交差項を含めて回帰分析をおこなっている[4]。

　また，年度効果と企業効果を固定するため，モデル1には，年度ダミー（$YearDummies$）と企業ダミー（$FirmDummies$）を含めている。なお，前章と同様の理由[5]で，ここではダミー変数を除くすべての変数を前期末から3か月経過後の株価（P_{it-1}）でデフレートしたうえで，年度ごとに上下1％ずつを異常値として置換処理している。また，偏回帰係数のt値の計算にあたっては，企業ごとにクラスター補正を加えたロバスト推定をおこなう。

　第3節で示した仮説1が支持されるためには，継続的な損益の区分シフトをおこなっていない企業グループ（$SL^{n0}=1$）と比較して，それをおこなっている企業グループ（$SL^{n3}=1$）の特別損失（SI_NEG）のERCが大きければよい。つまり，仮説1が支持されるためには，モデル1のβ_{16}が統計的に有意なプラスになればよい。これは，後者のグループの特別損失が，前者のグループのそれよりも，株価が低くなるように投資家に割引評価されていることを意味する。

　また，第3節で示した仮説2が支持されるためには，継続的な損益の区分シ

4　なお，1株当たり特別利益（SI_POS）とグループダミーの交差項を含めないのは，継続的な損益の区分シフトをおこなっている企業グループ（$SL^{n3}=1$）が存在しないからである。
5　第3章第5節（1）②を参照。

フトをおこなっていない企業グループ（$SL^{n0}=1$）と比較して，継続的な損益の区分シフトをおこなっている企業グループ（$SL^{n3}=1$）の経常利益（OI_POS）のERCが小さければよく，経常損失（OI_NEG）のERCが大きければよい。つまり，仮説2が支持されるためには，モデル1のβ_7が統計的に有意なマイナスになればよく，β_{11}が統計的に有意なプラスになればよい。これらは，後者のグループの経常利益（または，経常損失）が，前者のグループのそれよりも，株価が低くなるように投資家に割り引かれて，株式評価に利用されていることを意味する。

（2） 検証結果

モデル1の検証結果は**図表4-3**に示してある。仮説1にかんする結果をみると，継続的な損益の区分シフトをおこなっていない企業グループ（$SL^{n0}=1$）

図表4-3 モデル1の検証結果

	変数	係数	t値	線形制約	係数	F値
β_0	$Cons$	0.850	58.94**			
β_1	SL_{it}^{n1}	-0.010	-0.89			
β_2	SL_{it}^{n2}	-0.020	-1.24			
β_3	SL_{it}^{n3}	-0.023	-0.84			
β_4	OI_POS_{it}	2.010	26.97**			
β_5	$OI\_POS_{it} \times SL_{it}^{n1}$	0.096	1.12	$\beta_4+\beta_5=0$	2.106	829.12**
β_6	$OI\_POS_{it} \times SL_{it}^{n2}$	0.150	1.30	$\beta_4+\beta_6=0$	2.161	399.76**
β_7	$OI\_POS_{it} \times SL_{it}^{n3}$	0.100	0.56	$\beta_4+\beta_7=0$	2.111	153.33**
β_8	OI_NEG_{it}	-0.527	-3.98**			
β_9	$OI\_NEG_{it} \times SL_{it}^{n1}$	-0.078	-0.49	$\beta_8+\beta_9=0$	-0.605	36.10**
β_{10}	$OI\_NEG_{it} \times SL_{it}^{n2}$	0.053	0.30	$\beta_8+\beta_{10}=0$	-0.475	14.85**
β_{11}	$OI\_NEG_{it} \times SL_{it}^{n3}$	0.157	0.55	$\beta_8+\beta_{11}=0$	-0.370	2.19
β_{12}	SI_POS_{it}	1.592	8.90**			
β_{13}	SI_NEG_{it}	-1.403	-2.91**			
β_{14}	$SI\_NEG_{it} \times SL_{it}^{n1}$	1.254	2.63**	$\beta_{13}+\beta_{14}=0$	-0.149	5.68*
β_{15}	$SI\_NEG_{it} \times SL_{it}^{n2}$	1.229	2.53*	$\beta_{13}+\beta_{15}=0$	-0.174	4.53*
β_{16}	$SI\_NEG_{it} \times SL_{it}^{n3}$	1.087	2.17*	$\beta_{13}+\beta_{16}=0$	-0.316	6.93**
	年度ダミー：含む			自由度調整済決定係数：		0.337
	企業ダミー：含む			観測値数：		23,933

**は1％水準で有意，*は5％水準で有意。

注）各変数の定義は図表4-1の注を参照。_POSは損益が正値であること，_NEGは損益が負値であることを意味する。ここでのt値は，企業ごとにクラスター補正を加えたロバスト推定の結果である。

と，それをおこなっている企業グループ（$SL^{n3}=1$）の特別損失（SI_NEG）の ERC の差異である β_{16} は，統計的に有意なプラスである。これは継続的な損益の区分シフトをおこなっている企業グループの特別損失を，株価が低くなるように投資家が割引評価していることになるから，仮説1を支持する結果である。この結果から，少なくとも投資家は継続的な損益の区分シフトに誤導されないといえる。

つぎに，仮説2にかんする結果をみると，継続的な損益の区分シフトをおこなっていない企業グループ（$SL^{n0}=1$）と，それをおこなっている企業グループ（$SL^{n3}=1$）の経常利益（OI_POS）の ERC の差異である β_7 と，経常損失（OI_NEG）の ERC の差異である β_{11} はともに，統計的に有意ではない。これは仮説2を支持する結果とはいえない[6]。継続的な損益の区分シフトは，特別損失に特徴的なパターンをみてとれるから，投資家は経常利益ではなく，特別損失を割引評価することで，損益の区分シフトに対処するのであろう。

なお，特別損失 SI_NEG の ERC は，すべての企業グループにおいて，統計的に有意なマイナスとなっている。特別損失の構成要素は，リストラ費用や資産の処分損といった，投資の清算にかんするものが多い。この結果は，特別損失の計上が，非効率的な投資の清算を意味しており，収益性が改善することを投資家が好感しているものととらえることができる。

---

[6] 継続的な損益の区分シフトをおこなっている企業グループ（$SL^{n3}=1$）の経常損失 OI_NEG の ERC を意味する $\beta_8+\beta_{11}$ について，線形制約の F 検定の結果は，統計的に有意ではない。継続的な損益の区分シフトをおこなっていない企業グループ（$SL^{n0}=1$）の経常損失 OI_NEG の ERC である β_8 が統計的に有意なマイナスであることを鑑みると，これら企業グループ間において，経常損失と株価の関連性は異なる可能性もある。しかし，これら企業グループ間の経常損失 OI_NEG の ERC の差異である β_{11} が統計的に有意ではない以上，F 検定の結果が統計的に有意ではないことをもって，仮説2を支持する結果が得られているとはいえないだろう。

第6節 追加的検証

(1) 将来利益の予測能力

① 検証モデル

モデル1をもちいた検証結果は，継続的な損益の区分シフトに投資家が誤導されないことを示唆するものであった。しかし，この検証結果だけでは，特別損失がもつ恒久利益にかんする情報内容のグループ間差異を反映して投資家が株式を評価したのか，それとも利益情報の信頼性を低く評価した結果，それを割り引いて株式評価に利用しているのかはあきらかではない。

そこで以下では，特別損失がもつ将来利益の予測能力を，以下のモデル2をもちいて確認する。なお，前章と同様の理由[7]で，以下では特別損益を含む将来の純利益ではなく，それを含まない将来の経常利益の予測能力について検証をおこなう。

〈モデル2〉

$$\begin{aligned}OI_{it+1} =& \beta_0 + \beta_1 SL_{it}^{n1} + \beta_2 SL_{it}^{n2} + \beta_3 SL_{it}^{n3} + \beta_4 OI\_POS_{it} + \beta_5 OI\_POS_{it} \times SL_{it}^{n1} \\ &+ \beta_6 OI\_POS_{it} \times SL_{it}^{n2} + \beta_7 OI\_POS_{it} \times SL_{it}^{n3} + \beta_8 OI\_NEG_{it} \\ &+ \beta_9 OI\_NEG_{it} \times SL_{it}^{n1} + \beta_{10} OI\_NEG_{it} \times SL_{it}^{n2} + \beta_{11} OI\_NEG_{it} \times SL_{it}^{n3} \\ &+ \beta_{12} SI\_POS_{it} + \beta_{13} SI\_NEG_{it} + \beta_{14} SI\_NEG_{it} \times SL_{it}^{n1} + \beta_{15} SI\_NEG_{it} \times SL_{it}^{n2} \\ &+ \beta_{16} SI\_NEG_{it} \times SL_{it}^{n3} + YearDummies + FirmDummies + \varepsilon_{it}\end{aligned}$$

モデル2は，被説明変数が次期の1株当たり経常利益（OI_{it+1}）に変更されている以外は，モデル1と同じものである。なお，$t+1$期の経常利益データをもちいることから，検証期間は2003年から2013年の11年間となり，観測値数は21,702企業・年に減少している。ダミー変数を除くすべての変数を前期末から3か月経過後の株価（P_{it-1}）でデフレートしたうえで，年度ごとに上

---

7 第3章第6節 (1) ①を参照。

下1％ずつを異常値として置換処理している点，偏回帰係数のt値の計算にあたって，企業ごとにクラスター補正を加えたロバスト推定をおこなう点は，モデル1と同様である。

特別損失がもつ恒久利益にかんする情報内容のグループ間差異を反映して投資家が株式を評価したといえるためには，モデル2において，継続的な損益の区分シフトをおこなっていない企業グループ（$SL^{n0}=1$）と比較して，それをおこなっている企業グループ（$SL^{n3}=1$）の特別損失（SI_NEG）の偏回帰係数が，モデル1における検証結果と同様，大きければよい。つまり，モデル2のβ_{16}が，統計的に有意なプラスになればよい。なお，継続的に損益の区分シフトをおこなっている企業については，損益の区分シフトが将来も継続的におこなわれる可能性が高い。この場合，継続的に損益の区分シフトをおこなっている企業の将来の経常利益は機械的にかさ上げされることになるから，モデル2の当該企業グループ（$SL^{n3}=1$）の特別損失（SI_NEG）の偏回帰係数は，それだけマイナス方向にバイアスがかかることになる[8]。このバイアスについては，結果を解釈するさい，注意する必要がある。

② 検証結果

モデル2の検証結果は**図表4-4**に示してある。図表4-4をみると，継続的な損益の区分シフトをおこなっていない企業グループ（$SL^{n0}=1$）と，それをおこなっている企業グループ（$SL^{n3}=1$）の特別損失（SI_NEG）の偏回帰係数の差異であるβ_{16}は，マイナス方向にバイアスがかかっているにもかかわらず，モデル1の検証結果と同様，統計的に有意なプラスである。これは，継続的な損益の区分シフトをおこなっていない企業と，それをおこなっている企業との間で，特別損失がもつ恒久利益にかんする情報内容に差異があることを示唆している。モデル1とモデル2の検証結果を併せて解釈すると，投資家は，損益の区分シフトによって生じた，特別損失がもつ恒久利益にかんする情報内容の差異を反映して，継続的な損益の区分シフトをおこなっている企業の特別損失

---

8 これにたいし，経常利益については，当期も次期も継続的な損益の区分シフトの影響を同様に受けているため，その偏回帰係数にバイアスはかからない。

図表 4-4 モデル 2 の検証結果

変数		係数	t 値	線形制約	係数	F 値
β_0	Cons	0.058	14.48**			
β_1	SL_{it}^{n1}	0.008	2.11*			
β_2	SL_{it}^{n2}	0.005	1.04			
β_3	SL_{it}^{n3}	−0.001	−0.09			
β_4	OI_POS_{it}	0.724	32.37**			
β_5	$OI\_POS_{it} \times SL_{it}^{n1}$	−0.006	−0.21	$\beta_4+\beta_5=0$	0.718	728.35**
β_6	$OI\_POS_{it} \times SL_{it}^{n2}$	−0.022	−0.58	$\beta_4+\beta_6=0$	0.703	491.34**
β_7	$OI\_POS_{it} \times SL_{it}^{n3}$	−0.010	−0.19	$\beta_4+\beta_7=0$	0.714	198.86**
β_8	OI_NEG_{it}	0.080	1.71			
β_9	$OI\_NEG_{it} \times SL_{it}^{n1}$	−0.019	−0.32	$\beta_8+\beta_9=0$	0.062	2.10
β_{10}	$OI\_NEG_{it} \times SL_{it}^{n2}$	0.008	0.11	$\beta_8+\beta_{10}=0$	0.088	2.47
β_{11}	$OI\_NEG_{it} \times SL_{it}^{n3}$	−0.022	−0.23	$\beta_8+\beta_{11}=0$	0.059	0.55
β_{12}	SI_POS_{it}	0.220	3.67**			
β_{13}	SI_NEG_{it}	−0.622	−4.02**			
β_{14}	$SI\_NEG_{it} \times SL_{it}^{n1}$	0.554	3.52**	$\beta_{13}+\beta_{14}=0$	−0.069	6.34*
β_{15}	$SI\_NEG_{it} \times SL_{it}^{n2}$	0.512	3.31**	$\beta_{13}+\beta_{15}=0$	−0.110	16.65**
β_{16}	$SI\_NEG_{it} \times SL_{it}^{n3}$	0.477	2.98**	$\beta_{13}+\beta_{16}=0$	−0.145	11.02**
	年度ダミー:含む			自由度調整済決定係数:	0.534	
	企業ダミー:含む			観測値数:	21,702	

**は1%水準で有意, *は5%水準で有意.
注)各変数の定義は図表4-1の注を参照. _POSは損益が正値であること, _NEGは損益が負値であることを意味する. ここでのt値は, 企業ごとにクラスター補正を加えたロバスト推定の結果である.

を株式評価に利用しているといえよう.

また,モデル1の検証結果と同様,モデル2においても,特別損失(SI_NEG)の偏回帰係数は,すべての企業グループにおいて,統計的に有意なマイナスとなっている.この結果は,特別損失の計上企業が,非効率的な投資を清算したことにより,収益性を改善していることを示唆するものである.

なお,継続的な損益の区分シフトをおこなっていない企業グループ($SL^{n0}=1$)と,それをおこなっている企業グループ($SL^{n3}=1$)の経常利益(OI_POS)の偏回帰係数の差異であるβ_7と,経常損失(OI_NEG)の偏回帰係数の差異であるβ_{11}はともに,モデル1の検証結果と同様,統計的に有意ではない.これは,継続的な損益の区分シフトによって,経常利益がもつ恒久利益にかんする情報内容は影響を受けないことを反映して,投資家が継続的な損益の区分シフトをおこなっている企業の経常利益を株式評価に利用していると解釈するこ

とができる。

（２） 識別規準の変更

上述の検証結果は，継続的な損益の区分シフトをおこなっている企業グループの識別規準に依存して決まる。そこで，上述の検証結果の頑健性を高めるため，ここでは異なる識別規準をもちいた場合であっても，同様の結果が得られるか否かについて検証をおこなう。なお，ここでは，第2章で継続的な損益の区分シフトをおこなっているか否かの検証にもちいられ，かつ，それをおこなっていることを示唆するような結果が得られた，以下の代替的な識別規準をもちいて検証をおこなった。

まず，「経済的に無視できない大きさの特別損失の継続的な計上」の定義を，前期末総資産にたいする割合が0.5%超の特別損失（純額ベース）を3期連続で計上とした場合と，その割合が1.5%超の特別損失（純額ベース）を3期連続で計上とした場合について，上述と同様の検証をおこなった。これらの結果は，上述の検証によって得られた結果と同様，継続的な損益の区分シフトに投資家は誤導されないと解釈できるものであった。

つぎに，総額ベースの特別損失に着目し，「経済的に無視できない大きさの特別損失の継続的な計上」の定義を，前期末総資産にたいする割合が0.5%超，1%超，1.5%超の特別損失（総額ベース）を3期連続で計上とした場合それぞれについて，上述と同様の検証をおこなった。これらの結果もまた，上述の検証によって得られた結果と同様，このタイプの損益の区分シフトに投資家は誤導されないと解釈できるものであった。

第7節　おわりに

本章の目的は，第2章第4節の結果を受けて，継続的な損益の区分シフトをおこなっている企業の利益情報にたいして，投資家が誤導されてしまうことがあるか否かについて実証的に検証をおこなうことであった。継続的な損益の区分シフトがおこなわれている場合，それがおこなわれている企業の計上した特

別損失のなかに，ほんらい経常費用として計上すべき項目が含まれることになる。また，これは継続的な損益の区分シフトがおこなわれている企業の計上した経常利益のなかに，ほんらい特別利益に計上すべき項目が含まれているとみることもできる。よって，投資家は，そのような企業の特別損失（または，経常利益）にたいして，それがもつ恒久利益にかんする情報内容の差異を反映した評価をおこなうはずである。また，特別損失（または，経常利益）がもつ恒久利益にかんする情報内容について推定することが困難な場合であっても，投資家はそのような企業の特別損失（または，経常利益）にたいして，利益情報の信頼性が低下したとして，少なくともそれらを割り引いて株式評価に利用するはずである。

　検証結果は，特別損失がもつ恒久利益にかんする情報内容の差異を反映して，投資家が継続的な損益の区分シフトをおこなっている企業の株式を評価していることを示唆するものであった。このことから，本章の検証結果をみる限り，投資家は，特別損失を利用した継続的な損益の区分シフトに誤導されないといえるだろう。

第5章

異時点間の損益の区分シフトにたいする投資家の評価
―大規模な特別損失に着目して―

第1節 はじめに

　第2章では，経済的に無視できない大きさの特別損失を継続的に計上することにより，損益の区分シフトを継続的におこなっている企業の存在のほか，将来の経常利益をターゲットとした，特別損失を利用した異時点間の損益の区分シフトをおこなう企業の存在もあきらかにしていた。これは，ビッグ・バスと呼ばれる利益マネジメントの一形態であるが，日本企業におけるビッグ・バスの存在は，とくに固定資産の減損損失を題材として，いくつかの先行研究においてもあきらかにされている（榎本 2007；木村 2007；大日方・岡田 2008；大日方 2013b；岡﨑 2014）。前章でも指摘したとおり，投資家が経常利益をターゲットとした損益の区分シフトに誤導されないことをあきらかにするためには，さまざまなタイプの損益の区分シフトにたいする投資家の評価について，網羅的に検証をおこなう必要がある。

　そこで本章では，第2章の分析によってあきらかにされた，異時点間の損益の区分シフトによって，投資家が誤導されることがあるか否かについて実証的に検証をおこなう。検証結果は，投資家が損益の区分シフトによって生じた特別損失がもつ恒久利益にかんする情報内容の差異を反映して，異時点間の損益の区分シフトをおこなっている企業の特別損失を株式評価に利用していること

を示唆するものであった。このことから，投資家は将来の経常費用を特別損失として先取り計上する，異時点間の損益の区分シフトに誤導されないといえる。

本章の構成はつぎのとおりである。まず，第2節では，ビッグ・バスやそれに利用される損益項目にたいする投資家の評価にかんする先行研究を概観する。その後，第3節で仮説を構築し，第4節で検証対象となるサンプルを確認する。第5節で仮説の検証モデルを紹介し，検証結果を記述する。第6節は追加的検証とその結果の紹介であり，第7節は本章のまとめである。

第2節 先行研究

（1） 一時的な損失にたいする投資家の評価

① 資産の評価損

利益の構成要素のうち，資産の評価損は，持続性が低く，かつ経営者による裁量の余地が大きいという特徴をもつ。これにたいする投資家の評価について，はじめて実証的に分析をおこなったのはStrong and Meyer（1987）である。そこでは，米国企業を対象に検証がおこなわれ，資産の評価損公表時に株価は急落するものの，公表時の株式リターンと評価損の大きさ（プラスで定義）の間には正の相関関係が観察された。これは，ビッグ・バスが市場に好感されることを示唆する結果である。なお，公表時の株式リターンと過去の評価損との間には負の相関関係があることから，評価損を連続して計上することは投資家からマイナスの評価を受けることがわかる。

その後，資産の評価損にたいする投資家の評価にかんする研究は，Ragothaman and Bublitz（1996）が資産の評価損にたいして投資家がプラスの評価をおこなうという結果を報告しているのにたいし，Elliott and Shaw（1988）とBartov et al.（1998）は，投資家が資産の評価損公表前から公表後の長期にわたってマイナスの評価をおこなうという結果を報告しており，結果が混在している[1]。このように結果が混在しているのは，資産の評価損が発生した企業ごとに，その情報がもつ将来キャッシュフローにたいする含意が異なるからであ

ろう。Francis et al. (1996) は，投資家が資産の評価損にたいして平均的にはマイナスの評価をおこなうものの，それは評価損のタイプによって異なり，リストラ関連の評価損の場合は，将来のパフォーマンス向上のシグナルとして，投資家がプラスの評価をおこなうことをあきらかにしている。これにたいし，Jaggi et al. (2009) は，リストラ関連費用にたいする投資家の評価について検証をおこなっており，当該費用にたいする投資家の評価はその内容によって異なり，それが資産の評価損である場合，投資家はそれにたいして反応しないとしている。

② 諸外国におけるのれんの減損損失

近年は，のれんの減損損失にたいする投資家の評価について検証する研究が盛んにおこなわれている。これについてはじめて実証的な検証をおこなったのはHirschey and Richardson (2002) であろう。彼らは，SFAS 142 (Statements of Financial Accouinting Standards No. 142, *Goodwill and Other Intangible Assets*) 適用前の米国企業を対象に，のれんの減損損失の公表前から公表後の長期にわたって，投資家がそれにたいしてマイナスの評価をおこなうことをあきらかにした。その後，Chen et al. (2008) は，SFAS 142 適用初年度を対象に，やはり投資家がのれんの減損損失を予測して公表前にマイナスの評価をおこなっていることをあきらかにしている。

のれんの減損損失にたいする投資家の評価については，IFRS 3 (International Financial Reporting Standards No. 3, *Business Combinations*) の適用企業にかんするものも多い。AbuGhazaleh et al. (2012) は，英国企業を対象に，のれんの減損損失にたいして投資家がマイナスの評価をおこなうことをあきらかにしている。これにたいし，Laghi et al. (2013) は，EU企業を対象に，のれんの減損損失にたいする投資家の評価の国際間比較をおこない，EU各国でそれにたいする投資家の評価が異なることをあきらかにした。

---

1 このほか，Alciatore et al. (2000) は，米国の石油・ガス産業の資産の評価損に着目して分析をおこない，投資家が評価損公表前と公表時にマイナスの評価をおこなうことをあきらかにしている。

IFRS 3 は，SFAS 142 と同様，のれんの規則的償却を認めていない。Van Hulzen et al. (2011) は，IFRS 3 適用前後のドイツ，フランス，スペイン，オランダの 4 か国を対象として，のれんの償却費と減損損失にたいする投資家の評価について比較している。そこでは，のれんの減損損失（IFRS 3 適用後）はのれん償却費（IFRS 3 適用前）よりも株価との関連性が低いものの，よりタイムリーな情報を提供していることがあきらかとなった。また，Hamberg and Beisland (2014) は，IFRS 3 適用前後のスウェーデン企業を対象として，IFRS 3 適用前（自国の会計基準を適用）ののれんの規則的償却が存在している時期は，のれんの減損損失にたいして投資家はマイナスの評価をおこなっていたものの，IFRS 3 適用後については，のれんの減損損失は株式リターンと統計的に有意な関係をもたなくなったことを示している。のれんの非償却減損処理による減損損失は，経営者の裁量の余地が大きく，それだけ投資家にとって信頼されない情報になっている可能性がある。

③ 日本における固定資産の減損損失

日本企業を対象として，固定資産の減損損失にたいする投資家の評価について検証をおこなった先行研究はいくつかあるが，のれんの減損損失にたいして投資家がマイナスの評価をおこなうことをあきらかにした島田 (2010) と，減損損失が生じた固定資産のタイプによって投資家の評価が異なることをあきらかにした木村 (2017) 以外の研究は，のれんの減損損失と他の固定資産の減損損失を分けずに，それにたいする投資家の評価について検証している。

勝田ほか (2008) は，「固定資産に係る会計基準」の早々期適用期と早期適用期における減損損失を対象として検証をおこない，投資家は早々期適用期の減損損失にたいしてはプラスの評価をおこなうのにたいし，早期適用期の減損損失にたいしてはマイナスの評価をおこなうことをあきらかにしている。また，向 (2008) は，基準の早々期適用期から強制適用期までの 4 期間において，投資家は減損損失の計上時期や大きさによって，異なる反応を示すことをあきらかにしている。さらに，浅野ほか (2016) は，基準の早々期適用期から強制適用期までの 10 期間において，減損損失を含む利益は，それを含まない営業利益にくらべ，それを利用したさいの企業価値の推定精度が低くなるが，大規模

な減損損失を計上している企業については，営業利益に減損損失を加味したほうが，企業価値の推定精度が高くなることをあきらかにした。減損損失の規模やタイミングによって，それにたいする投資家の評価が異なるのは，減損損失に含まれている経営者による裁量分が，規模やタイミングによって異なるからであろう。

（2） 裁量的に決定された一時的な損失にたいする投資家の評価

ここまで見てきた研究は，資産の評価損や減損損失が経営者によって裁量的に決定されていることを念頭におきつつも，それらが裁量的に決定されることで，投資家の評価がどのように変わるかについては検証していない。これらの研究にたいし，Lapointe-Antunes et al.（2009）は，カナダ企業を対象に，会計基準変更時ののれんの減損損失について，それを計上することが期待される企業とそうではない企業をダミー変数で分割したうえで検証をおこなっている。結果は，のれんの減損損失にたいする投資家の評価は，その計上が期待されるか否かで異なり，その計上が期待される企業ののれんの減損損失のほうが，株価との関連性が強いというものであった。また，Bens et al.（2011）と Li et al.（2011）は，米国企業を対象に，のれんの減損損失を期待部分と期待外部分に分割し，投資家は期待外部分にたいしてマイナスの評価をおこなうことをあきらかにした[2]。さらに，Guler（2016）は，SFAS 142 適用後にのれんの減損損失と株式リターンの関連性が強くなったことをあきらかにすると同時に，のれんの減損損失を過大計上している（つまり，ビッグ・バスをおこなっている）と判定された企業グループののれんの減損損失にたいして，投資家がよりマイナスの評価をおこなうことをあきらかにしている。

資産の評価損や減損損失に限定したものではないが，大日方（2008）は，経常利益と特別損益の符号や大きさによって特別損失を利用したビッグ・バスをおこなっている企業を識別し，それをおこなっている企業グループとそれをおこなっていない企業グループにサンプルを分割したうえで，これらの企業グ

2　なお，それらの研究では，期待外の減損損失にたいする投資家のマイナス評価が SFAS 142 適用後に弱くなることも示されている。

ループの間で純利益と株価の関連性に差異があるか否かを検証している。そこでの結果は，ビッグ・バスをおこなっていない企業の純損失は株価との関連性がないのにたいし，ビッグ・バスをおこなっていると推定される企業の純損失は株価と正の相関関係が認められるというものであった。これは，投資家がビッグ・バスにたいして，株価が低くなるようなマイナス評価をおこなっていることを示唆する結果である。

（3） 本章の特徴

本章は，大日方（2008）と同様，特別損失を利用したビッグ・バスをおこなっている企業の利益にたいする投資家の評価を検証する。ただし，本章では，異時点間の損益の区分シフトとしてビッグ・バスをとらえている。そのため，大日方（2008）とは異なり，純利益の構成要素のうち，とくに特別損失にたいする投資家の評価に着目して検証をおこなうことになる。これが本章の特徴である。

第3節 仮説構築

第3章で示したように，株式価値の決定要因は，その株式を発行している企業の恒久利益と株主資本コストである。また，日本の会計基準に準拠して作成・開示される損益計算書では，経常利益と特別損益が，持続性の高低によって相当程度適切に区分されているといえる（大日方2006）。

ここで，経営者が異時点間の損益の区分シフトによって，将来の経常費用を特別損失として先取り計上したとしよう。このとき，損益の区分シフトをおこなった企業の特別損失には，将来の経常費用が含まれることになるから，損益の区分シフトをおこなっていない企業の特別損失よりも多くの負の恒久利益が含まれることになる。

第2章では，異時点間の損益の区分シフトをおこなっている企業を，内部情報をもちいずに識別した。経営者が利益マネジメントをおこなう動機をもち，また実際に利益マネジメントをおこなうことを知っている投資家は，何らかの

方法をもちいて異時点間の損益の区分シフトをおこなっている企業を識別し，そのような企業の特別損失に負の恒久利益が多く含まれる可能性があることを念頭において，株式の価値評価をおこなうはずである。損益の区分シフトをおこなった企業の特別損失に，それをおこなっていない企業の特別損失よりも多くの負の恒久利益が含まれている場合，投資家はそのような企業の特別損失を株価が低くなるように割引評価するはずであるから，仮説は以下のようになる。

〈仮説〉
　投資家は，将来の経常費用を先取りする異時点間の損益の区分シフトをおこなっている企業の特別損失を，それをおこなっていない企業の特別損失にくらべ，株価が低くなるように割引評価する。

　なお，ここで検証対象としている異時点間の損益の区分シフトは，それを実行した期の経常利益には何ら影響をあたえない。このことから，経常利益にたいする投資家の評価は，他の条件が等しければ，このような損益の区分シフトをおこなっている企業とおこなっていない企業の間で異ならないことが期待される。ただし，第2章において，異時点間の損益の区分シフトをおこなっている企業グループは，それをおこなっていない企業グループにくらべ，経常利益の水準が低い（つまり，業績が悪い）ことがあきらかにされている。業績が悪い企業は，利益の持続性が低いかもしれないし，リスクが高いかもしれない。そこで，検証をおこなうにあたっては，業績水準の差異が，経常利益にたいする投資家の評価のグループ間差異をもたらす可能性がある点を考慮して，検証モデルを構築する必要があるだろう。

第4節　サンプル

　本章は第2章第5節の分析をもとに進められるため，本章では第2章と同じサンプル[3]をもちいて検証をおこなう。分析期間は2001年から2014年の14年間となるが，株価データ[4]を入手できない観測値が存在することにより，検

証対象となるサンプルの観測値数は減少し，最終的に 27,669 企業・年となった。

　仮説を検証するためには，将来の経常費用を先取りする異時点間の損益の区分シフトをおこなっている企業と，それをおこなっていない企業にサンプルを分割する必要がある。第2章の検証結果は，大規模な特別損失を計上している企業グループが，将来の経常費用を特別損失として先取り計上する，異時点間の損益の区分シフトをおこなっていることを示唆するものであった。本章では，第2章と同様の規準でサンプルを分割したうえで，仮説を検証する。

　以下では，前期末総資産にたいする特別損失（純額ベース）の割合が3%を超える大規模な特別損失を計上している企業グループを，将来の経常費用を先取りする異時点間の損益の区分シフトをおこなっている企業グループとして検証をおこなう。また，その割合が1%以下となる小規模な特別損失を計上している企業グループと，純額ベースで特別損失を計上していない企業グループを，異時点間の損益の区分シフトをおこなっていない企業グループとして，損益の区分シフトをおこなっている企業グループと比較することになる。なお，前期末総資産にたいする特別損失（純額ベース）の割合が1%超かつ3%以下の中規模な特別損失を計上している企業グループについては，異時点間の損益の区分シフトをおこなっている可能性もある，いわゆる「グレーゾーン」に位置するものであることから，これら企業グループとは分けて把握することにした。

（1）　記述統計量

　図表5-1は，仮説の検証に必要な変数の記述統計量を示したものである。本章では，サンプルを4つのグループに分割したうえで検証することになるから，図表5-1では，サンプル全体の記述統計量のほか，グループごとの記述統計量も併せて示している。ここで，P は決算日から3か月経過後（6月末日）の株価，OI は1株当たり経常利益，SI は1株当たり特別損益である。添え字

3　なお，第2章のサンプルは第1章と同じである。サンプルの詳細は第1章第3節を参照。

4　そのデータベースについては，第3章第4節を参照。

第5章 異時点間の損益の区分シフトにたいする投資家の評価—大規模な特別損失に着目して—

図表5−1 変数の記述統計量（2001-2014年）

分類	変数	平均値	標準偏差	最小値	第1四分位	中央値	第3四分位	最大値	観測値数
$NO^{sl}_{it}=1$	P_{it}	1.068	0.438	0.008	0.835	1.018	1.218	4.055	7,075
	OI_{it}	0.098	0.119	−0.586	0.043	0.094	0.154	0.611	7,075
	SI_{it}	0.022	0.038	0.000	0.001	0.006	0.023	0.230	7,075
$SML^{sl}_{it}=1$	P_{it}	1.056	0.380	0.008	0.840	1.011	1.204	4.055	12,993
	OI_{it}	0.124	0.112	−0.586	0.068	0.113	0.173	0.611	12,993
	SI_{it}	−0.013	0.017	−0.479	−0.017	−0.008	−0.003	0.000	12,993
$MID^{sl}_{it}=1$	P_{it}	1.015	0.388	0.008	0.789	0.963	1.171	4.055	5,102
	OI_{it}	0.111	0.130	−0.586	0.051	0.106	0.177	0.611	5,102
	SI_{it}	−0.060	0.061	−0.966	−0.074	−0.043	−0.024	0.000	5,102
$BIG^{sl}_{it}=1$	P_{it}	0.942	0.430	0.008	0.690	0.894	1.107	4.045	2,499
	OI_{it}	0.042	0.162	−0.586	−0.030	0.053	0.129	0.611	2,499
	SI_{it}	−0.223	0.207	−1.120	−0.302	−0.159	−0.079	0.000	2,499
計	P_{it}	1.041	0.403	0.008	0.815	0.996	1.195	4.055	27,669
	OI_{it}	0.108	0.125	−0.586	0.052	0.104	0.166	0.611	27,669
	SI_{it}	−0.032	0.097	−1.120	−0.031	−0.008	0.000	0.230	27,669

注）各変数の定義はつぎのとおりである。$P=$決算日から3か月経過後（6月末日）の株価，$OI=1$株当たり経常利益，$SI=1$株当たり特別損益，$NO^{sl}=$純額ベースで特別損失を計上していない企業グループに該当する場合1，その他を0とするダミー変数，$SML^{sl}=$小規模な特別損失を計上している企業グループに該当する場合1，その他を0とするダミー変数，$MID^{sl}=$中規模な特別損失を計上している企業グループに該当する場合1，その他を0とするダミー変数，$BIG^{sl}=$大規模な特別損失を計上している企業グループに該当する場合1，その他を0とするダミー変数。添え字のiは企業，tは年度である。すべての変数について，P_{it-1}でデフレートしたのち，年度ごとに上下1％ずつを異常値として置換処理している。

のiは企業，tは年度を意味している。なお，図表5−1に示されているこれらの変数は，前期末から3か月経過後の株価（P_{it-1}）でデフレート済みのものであり，年度ごとに上下1％ずつを異常値として置換処理した後のものである。

また，サンプルを4つのグループに分割するための変数として，ここでは4つのダミー変数を定義している。NO^{sl}は純額ベースの特別損失を計上していない企業グループに該当する場合1，その他を0とするダミー変数，SML^{sl}は小規模な特別損失を計上している企業グループに該当する場合1，その他を0とするダミー変数である。$NO^{sl}=1$となるか，$SML^{sl}=1$となる場合，その企業は異時点間の損益の区分シフトをおこなっていないものと判定される。MID^{sl}は中規模な特別損失を計上している企業グループに該当する場合1，そ

の他を 0 とするダミー変数であり，BIG^{sl} は大規模な特別損失を計上している企業グループに該当する場合 1，その他を 0 とするダミー変数である。BIG^{sl} ＝1 となる場合，その企業は異時点間の損益の区分シフトをおこなっているものと判定される。

図表 5-1 をみると，大規模な特別損失を計上している企業グループ（BIG^{sl} ＝1）は，特別損益（SI）はもちろんのこと，株価（P）や経常利益（OI）の数値についても，他の企業グループにくらべ，あきらかに小さくなっていることが確認できる。これは，第 2 章で観察された，大規模な特別損失を計上している企業グループ（BIG^{sl}＝1）の業績が他の企業グループよりもあきらかに悪いという傾向が，株価データが入手できなかったことによるサンプルの欠落がある本章においても維持されていることを示唆するものといえよう。

（2） 相関マトリックス

つぎに，検証にもちいる変数間の相関関係をみてみよう。これは**図表 5-2** に示してある。図表の左下段の数値はピアソンの積率相関係数，右上段の数値はスピアマンの順位相関係数である。

図表 5-2 をみると，株価（P）と経常利益（OI）の間に正の相関関係があることがわかる。これは，経常利益が高い企業は恒久利益も高くなり，恒久利益が高い企業の株式を投資家が高く評価した結果であるととらえることができる。これにたいし，株価（P）と特別損益（SI）の間には，スピアマンの順位相関係数をみると，統計的に有意な弱い正の相関関係が観察されるが，ピアソンの積率相関係数をみると，統計的に有意な相関関係はない。これは，特別損益が

図表 5-2　変数間の相関マトリックス

変数		①	②	③
①	P_{it}		0.406 **	0.030 **
②	OI_{it}	0.325 **		−0.060 **
③	SI_{it}	0.012	0.063 **	

** は 1％ 水準で有意，* は 5％ 水準で有意。
注）各変数の定義は図表 5-1 の注を参照。図表の左下段はピアソンの積率相関係数，右上段はスピアマンの順位相関係数である。

恒久利益と関連していないことを示唆するものである。なお，経常利益（OI）と特別損益（SI）の間には，明確な傾向は観察されなかった[5]。

以下では，経常利益（OI）と特別損益（SI）をともに説明変数に含めて回帰分析をおこなうことになるが，少なくとも，説明変数間に多重共線性の問題が生じるほどの相関関係は存在しないといえよう。

第5節　検証モデルと検証結果

（1）　検証モデル

本章では，仮説を検証するため，第3章（および，第4章）と同様，利益と株価の関連性を検証する OLS 回帰モデルである利益資本化モデルをもちいる。具体的な回帰モデルは，以下のモデル1で表現される。なお，モデル1の変数の定義は，第4節で示したとおりである。

〈モデル1〉

$$P_{it} = \beta_0 + \beta_1 SML_{it}^{sl} + \beta_2 MID_{it}^{sl} + \beta_3 BIG_{it}^{sl} + \beta_4 OI\_POS_{it} + \beta_5 OI\_POS_{it} \times SML_{it}^{sl}$$
$$+ \beta_6 OI\_POS_{it} \times MID_{it}^{sl} + \beta_7 OI\_POS_{it} \times BIG_{it}^{sl} + \beta_8 OI\_NEG_{it}$$
$$+ \beta_9 OI\_NEG_{it} \times SML_{it}^{sl} + \beta_{10} OI\_NEG_{it} \times MID_{it}^{sl} + \beta_{11} OI\_NEG_{it} \times BIG_{it}^{sl}$$
$$+ \beta_{12} SI\_POS_{it} + \beta_{13} SI\_NEG_{it} + \beta_{14} SI\_NEG_{it} \times MID_{it}^{sl} + \beta_{15} SI\_NEG_{it} \times BIG_{it}^{sl}$$
$$+ YearDummies + FirmDummies + \varepsilon_{it}$$

利益が正値のとき，ある企業グループの ERC が比較対象となる企業グループよりも小さければ，株価が低くなるような割引評価が，ある企業グループの利益にたいしておこなわれていることになる。これにたいし，利益が負値（損

5　これらの関係については，スピアマンの順位相関係数をみると，統計的に有意な弱い負の相関関係が観察されるものの，ピアソンの積率相関係数をみると，統計的に有意な弱い正の相関関係が観察され，符号が逆転している。

失）のとき，ある企業グループの ERC が比較対象となる企業グループよりも大きければ，株価が低くなるような割引評価が，ある企業グループの損失にたいしておこなわれていることになる。そこで，モデル1では，1株当たり特別損益（SI）を，それぞれ正値（利益）_POS と負値（損失）_NEG に分解している。そのうえで，仮説を検証するために，特別損失（SI_NEG）とグループダミーの交差項を含めて回帰分析をおこなっている[6]。

また，第3節で指摘したように，1株当たり経常利益（OI）についても，グループ間で株価との関係が異なる可能性もある。そのため，仮説を検証するためには必ずしも必要ないが，1株当たり経常利益（OI）についても，それぞれ正値（利益）_POS と負値（損失）_NEG に分解したうえで，これらの変数とグループダミーの交差項を含めて検証をおこなう。さらに，年度効果と企業効果を固定するため，モデル1には，年度ダミー（$YearDummies$）と企業ダミー（$FirmDummies$）を含めている。

なお，第3章（および，第4章）と同様の理由[7]で，ここではダミー変数を除くすべての変数を前期末から3か月経過後の株価（P_{it-1}）でデフレートしたうえで，年度ごとに上下1％ずつを異常値として置換処理している。また，偏回帰係数のt値の計算にあたっては，企業ごとにクラスター補正を加えたロバスト推定をおこなう。

第3節で示した仮説が支持されるためには，異時点間の損益の区分シフトをおこなっていない企業グループ（$SML^{si}=1$）と比較して，それをおこなっている企業グループ（$BIG^{si}=1$）の特別損失（SI_NEG）の ERC が大きければよい。つまり，仮説が支持されるためには，モデル1の β_{15} が，統計的に有意なプラスになればよい。これは，後者のグループの特別損失が，前者のグループのそれよりも，株価が低くなるように投資家に割引評価されていることを意味する。

---

[6] なお，1株当たり特別利益（SI_POS）とグループダミーの交差項を含めないのは，会計期間をまたぐ損益の区分シフトをおこなっている企業グループ（$BIG^{si}=1$）が存在しないからである。また，1株当たり特別損失（SI_NEG）と SML^{si} の交差項を含めないのは，$NO^{si}=1$ となる企業グループが存在せず，3つのグループにしか分割できないからである。

[7] 第3章第5節（1）②を参照。

（2） 検証結果

モデル1の検証結果は**図表5-3**に示してある。図表5-3をみると，異時点間の損益の区分シフトをおこなっていない企業グループ（$SML^{sl}=1$）と，それをおこなっている企業グループ（$BIG^{sl}=1$）の特別損失（SI_NEG）のERCの差異であるβ_{15}は，統計的に有意なプラスである。これは後者の企業グループの特別損失を，株価が低くなるように割り引いて株式評価に利用していることになるから，仮説を支持する結果である。この結果から，少なくとも投資家は異時点間の損益の区分シフトに誤導されないといえる。

なお，特別損失（SI_NEG）のERCは，前章と同様，すべての企業グループにおいて，統計的に有意なマイナスとなっている。特別損失の構成要素は，

図表5-3 モデル1の検証結果

	変数	係数	t値	線形制約	係数	F値
β_0	$Cons.$	0.837	57.18**			
β_1	SML^{sl}_{it}	0.021	1.82			
β_2	MID^{sl}_{it}	0.010	0.69			
β_3	BIG^{sl}_{it}	−0.028	−1.48			
β_4	OI_POS_{it}	2.203	26.73**			
β_5	$OI\_POS_{it} \times SML^{sl}_{it}$	−0.288	−3.50**	$\beta_4+\beta_5=0$	1.916	1014.24**
β_6	$OI\_POS_{it} \times MID^{sl}_{it}$	−0.522	−5.29**	$\beta_4+\beta_6=0$	1.681	478.06**
β_7	$OI\_POS_{it} \times BIG^{sl}_{it}$	−0.403	−2.69**	$\beta_4+\beta_7=0$	1.800	183.11**
β_8	OI_NEG_{it}	−0.710	−5.06**			
β_9	$OI\_NEG_{it} \times SML^{sl}_{it}$	0.277	1.69	$\beta_8+\beta_9=0$	−0.433	18.58**
β_{10}	$OI\_NEG_{it} \times MID^{sl}_{it}$	0.302	1.70	$\beta_8+\beta_{10}=0$	−0.407	11.95**
β_{11}	$OI\_NEG_{it} \times BIG^{sl}_{it}$	0.477	2.57**	$\beta_8+\beta_{11}=0$	−0.233	4.34*
β_{12}	SI_POS_{it}	1.471	8.45**			
β_{13}	SI_NEG_{it}	−1.912	−6.03**			
β_{14}	$SI\_NEG_{it} \times MID^{sl}_{it}$	1.016	3.37**	$\beta_{13}+\beta_{14}=0$	−0.896	36.17**
β_{15}	$SI\_NEG_{it} \times BIG^{sl}_{it}$	1.611	5.12**	$\beta_{13}+\beta_{15}=0$	−0.301	40.09**

年度ダミー：含む			自由度調整済決定係数：	0.345
企業ダミー：含む			観測値数：	27,669

**は1％水準で有意，*は5％水準で有意．
注）各変数の定義は図表5-1の注を参照．$\_POS$は損益が正値であること，$\_NEG$は損益が負値であることを意味する。ここでのt値は，企業ごとにクラスター補正を加えたロバスト推定の結果である。なお，線形制約$\beta_5=\beta_7$のF値は0.74，$\beta_9=\beta_{11}$のF値は1.81であり，どちらも統計的に有意ではない。

リストラ費用や資産の処分損といった，投資の清算にかんするものが多い。この結果は，特別損失の計上が，非効率的な投資の清算を意味しており，収益性が改善することを投資家が好感しているものととらえることができる。

また，異時点間の損益の区分シフトをおこなっている企業グループ（$BIG^{sl}=1$）と，それをおこなっていない企業グループのひとつである，純額ベースで特別損失を計上していない企業グループ（$NO^{sl}=1$）を比較すると，経常利益（OI_POS）の ERC の差異である $β_7$ は，統計的に有意なマイナスであり，経常損失（OI_NEG）の ERC の差異である $β_{11}$ は，統計的に有意なプラスであった。ただし，同じく異時点間の損益の区分シフトをおこなっていない企業グループのひとつである，小規模な特別損失を計上している企業グループ（$SML^{sl}=1$）と，それをおこなっている企業グループ（$BIG^{sl}=1$）を比較すると，経常利益（OI_POS）の ERC の差異と経常損失（OI_NEG）の ERC の差異は，ともに統計的に有意ではない[8]。これらの結果は，異時点間の損益の区分シフトをおこなっている企業グループの経常利益が割り引かれて株式評価に利用されるケースもあることを示唆するものといえる。

第6節 追加的検証

（1） 将来利益の予測能力

① 検証モデル

モデル1をもちいた検証結果は，異時点間の損益の区分シフトに投資家が誤導されないことを示唆するものであった。しかし，この検証結果だけでは，特別損失がもつ恒久利益にかんする情報内容のグループ間差異を反映して投資家が特別損失を株式評価に利用したのか，それとも利益情報の信頼性を低く評価

---

[8] これら企業グループ間の ERC の差異は，経常利益 OI_POS については線形制約 $β_5=β_7$ の F 検定によって，経常損失 OI_NEG については線形制約 $β_9=β_{11}$ の F 検定によって，それぞれ示されている。結果は図表5-3の注を参照。

した結果，それを割り引いたうえで株式評価に利用しているのかはあきらかではない。

そこで以下では，特別損失がもつ将来利益の予測能力を，以下のモデル2をもちいて確認する。なお，第3章および第4章と同様の理由[9]で，以下では特別損益を含む将来の純利益ではなく，それを含まない将来の経常利益の予測能力について検証をおこなう。

〈モデル2〉

$OI_{it+1} = \beta_0 + \beta_1 SML_{it}^{sl} + \beta_2 MID_{it}^{sl} + \beta_3 BIG_{it}^{sl} + \beta_4 OI\_POS_{it} + \beta_5 OI\_POS_{it} \times SML_{it}^{sl}$
$+ \beta_6 OI\_POS_{it} \times MID_{it}^{sl} + \beta_7 OI\_POS_{it} \times BIG_{it}^{sl} + \beta_8 OI\_NEG_{it} + \beta_9 OI\_NEG_{it}$
$\times SML_{it}^{sl} + \beta_{10} OI\_NEG_{it} \times MID_{it}^{sl} + \beta_{11} OI\_NEG_{it} \times BIG_{it}^{sl} + \beta_{12} SI\_POS_{it}$
$+ \beta_{13} SI\_NEG_{it} + \beta_{14} SI\_NEG_{it} \times MID_{it}^{sl} + \beta_{15} SI\_NEG_{it} \times BIG_{it}^{sl}$
$+ YearDummies + FirmDummies + \varepsilon_{it}$

モデル2は，被説明変数が次期の1株当たり経常利益（OI_{it+1}）に変更されている以外は，モデル1と同じものである。なお，$t+1$期の経常利益データをもちいることから，検証期間は2001年から2013年の13年間となり，観測値数は25,380企業・年に減少している。ダミー変数を除くすべての変数を前期末から3か月経過後の株価（P_{it-1}）でデフレートしたうえで，年度ごとに上下1％ずつを異常値として置換処理している点，偏回帰係数のt値の計算にあたって，企業ごとにクラスター補正を加えたロバスト推定をおこなう点は，モデル1と同様である。

特別損失がもつ恒久利益にかんする情報内容のグループ間差異を反映して投資家が特別損失を評価したといえるためには，モデル2において，異時点間の損益の区分シフトをおこなっていない企業グループ（$SML^{sl}=1$）と比較して，それをおこなっている企業グループ（$BIG^{sl}=1$）の特別損失（SI_NEG）の偏回帰係数が，モデル1における検証結果と同様，大きければよい。つまり，モデル2のβ_{15}が，統計的に有意なプラスになればよい。なお，異時点間の損益の

9　第3章第6節（1）①を参照。

区分シフトをおこなっている企業については，将来の経常利益が機械的にかさ上げされることになるから，モデル2の当該企業グループ（$BIG^{st}=1$）の特別損失（SI_NEG）の偏回帰係数は，それだけマイナス方向にバイアスがかかることになる。結果を解釈するさい，このバイアスについては，注意する必要があるだろう。

② **検証結果**

モデル2の検証結果は**図表5-4**に示してある。図表5-4をみると，異時点間の損益の区分シフトをおこなっていない企業グループ（$SML^{st}=1$）と，それをおこなっている企業グループ（$BIG^{st}=1$）の特別損失（SI_NEG）の偏回帰係数の差異であるβ_{15}は，マイナス方向にバイアスがかかっているにもかかわらず，モデル1の検証結果と同様，統計的に有意なプラスである。これは，前者の企業グループと，後者の企業グループとの間で，特別損失がもつ恒久利益にかんする情報内容に差異があることを示唆している。モデル1とモデル2の検証結果を併せて解釈すると，投資家は，異時点間の損益の区分シフトによって生じた，特別損失がもつ恒久利益にかんする情報内容の差異を反映して，異時点間の損益の区分シフトをおこなっている企業の特別損失を株式評価に利用しているといえよう。

なお，モデル1の検証結果と同様，モデル2においても，特別損失（SI_NEG）の偏回帰係数は，すべての企業グループにおいて，統計的に有意なマイナスとなっている。この結果は，特別損失の計上企業が，非効率的な投資を清算したことにより，収益性を改善していることを示唆するものである。

ここで，モデル1の検証結果は，異時点間の損益の区分シフトをおこなっている企業グループの経常利益が割り引かれて株式評価に利用されるケースもあることを示唆するものであった。最後に，この経常利益が割引評価されるケースについて，それが経常利益のもつ恒久利益にかんする情報内容の差異を反映したものであるか否かを確認しよう。異時点間の損益の区分シフトをおこなっている企業グループ（$BIG^{st}=1$）と，それをおこなっていない企業グループのひとつである，純額ベースで特別損失を計上していない企業グループ（$NO^{st}=1$）を比較すると，経常利益（OI_POS）の偏回帰係数の差異であるβ_7

第5章　異時点間の損益の区分シフトにたいする投資家の評価—大規模な特別損失に着目して—

図表5-4　モデル2の検証結果

	変数	係数	t値	線形制約	係数	F値
β_0	Cons.	0.059	13.27**			
β_1	SML_{it}^{si}	−0.004	−0.99			
β_2	MID_{it}^{si}	0.007	1.66			
β_3	BIG_{it}^{si}	0.007	1.44			
β_4	OI_POS_{it}	0.750	26.45**			
β_5	$OI\_POS_{it} \times SML_{it}^{si}$	0.005	0.16	$\beta_4+\beta_5=0$	0.755	1659.47**
β_6	$OI\_POS_{it} \times MID_{it}^{si}$	−0.125	−3.60**	$\beta_4+\beta_6=0$	0.624	595.82**
β_7	$OI\_POS_{it} \times BIG_{it}^{si}$	−0.117	−2.57**	$\beta_4+\beta_7=0$	0.633	231.81**
β_8	OI_NEG_{it}	0.125	2.31*			
β_9	$OI\_NEG_{it} \times SML_{it}^{si}$	−0.137	−1.91	$\beta_8+\beta_9=0$	−0.012	0.07
β_{10}	$OI\_NEG_{it} \times MID_{it}^{si}$	−0.037	−0.49	$\beta_8+\beta_{10}=0$	0.088	2.49
β_{11}	$OI\_NEG_{it} \times BIG_{it}^{si}$	0.010	0.14	$\beta_8+\beta_{11}=0$	0.135	8.78**
β_{12}	SI_POS_{it}	0.237	4.01**			
β_{13}	SI_NEG_{it}	−0.449	−4.27**			
β_{14}	$SI\_NEG_{it} \times MID_{it}^{si}$	0.257	2.41*	$\beta_{13}+\beta_{14}=0$	−0.192	24.21**
β_{15}	$SI\_NEG_{it} \times BIG_{it}^{si}$	0.353	3.33**	$\beta_{13}+\beta_{15}=0$	−0.096	40.37**
	年度ダミー：含む			自由度調整済決定係数：		0.535
	企業ダミー：含む			観測値数：		25,380

**は1％水準で有意，*は5％水準で有意．

注）各変数の定義は図表5-1の注を参照．_POSは損益が正値であること，_NEGは損益が負値であることを意味する．ここでのt値は，企業ごとにクラスター補正を加えたロバスト推定の結果である．なお，線形制約 $\beta_5=\beta_7$ のF値は7.53，$\beta_9=\beta_{11}$ のF値は5.59であり，どちらも統計的に有意である．

は，モデル1と同様，統計的に有意なマイナスである。これにたいし，経常損失（OI_NEG）の偏回帰係数の差異である β_{11} は，モデル1と同様，プラスであるものの，統計的に有意ではない。経常損失については，異時点間の損益の区分シフトによってマイナス方向にバイアスがかかっていることから，ここでは統計的に有意な結果が得られなかった可能性がある。異時点間の損益の区分シフトをおこなっている企業グループにおける経常利益の割引評価は，それがもつ恒久利益にかんする情報内容の差異を反映していると解釈できるケースがあるいっぽう，そうとは言い切れないケース，つまり，情報の信頼性の低下によって，会計数値が割り引かれたうえで，株式評価に利用されている可能性があるケースもあることがわかる。

(2) 識別規準の変更

上述の検証結果は，異時点間の損益の区分シフトをおこなっている企業グループの識別規準に依存して決まる。そこで，上述の検証結果の頑健性を高めるため，ここでは異なる識別規準をもちいた場合であっても，同様の結果が得られるか否かについて検証をおこなう。なお，ここでは，第2章で異時点間の損益の区分シフトをおこなっているか否かの検証にもちいられ，かつ，それをおこなっていることを示唆するような結果が得られた，以下の代替的な識別規準をもちいて検証をおこなった。

まず，「大規模な特別損失」の定義を，前期末総資産にたいする特別損失（純額ベース）の割合が4％超とした場合と，それが5％超とした場合について，上述と同様の検証をおこなった。これらの結果は，上述の検証によって得られた結果と同様，このタイプの損益の区分シフトによって投資家は誤導されないと解釈できるものであった。

つぎに，「大規模な特別損失」の定義を，前期末総資産にたいする特別損失（総額ベース）の割合が3％超とした場合，4％超とした場合，5％超とした場合の3つのパターンそれぞれについて，上述と同様の検証をおこなった。これらの結果もまた，上述の検証によって得られた結果と同様，異時点間の損益の区分シフトによって投資家は誤導されないと解釈できるものであった。

第7節 おわりに

本章の目的は，第2章第5節の結果を受けて，異時点間の損益の区分シフトをおこなっている企業の利益情報にたいして，投資家が誤導されてしまうことがあるか否かについて実証的に検証をおこなうことであった。異時点間の損益の区分シフトがおこなわれている場合，それがおこなわれている企業の計上した大規模な特別損失のなかに，将来の経常費用が含まれることになる。このとき，投資家は，そのような企業の特別損失にたいして，特別損失がもつ恒久利益にかんする情報内容の差異を反映して株式評価に利用するはずである。また，

特別損失がもつ恒久利益にかんする情報内容について推定することが困難な場合であっても，投資家はそのような企業の特別損失を割り引いたうえで，それを株式評価に利用することで対処するはずである。

　検証結果は，投資家が損益の区分シフトによって生じた特別損失がもつ恒久利益にかんする情報内容の差異を反映して，異時点間の損益の区分シフトをおこなっている企業の特別損失を株式評価に利用していることを示唆するものであった。このことから，本章の検証結果をみる限り，投資家は，将来の経常費用を特別損失として先取り計上する，異時点間の損益の区分シフトに誤導されないといえるだろう。

第3部

損益の区分シフト
―固定資産の費用配分に着目して―

第6章 損益の区分シフトにかんする実態分析
　　　―固定資産の費用配分に着目して―
第7章 同一時点の損益の区分シフトにたいする投資家の評価―固定資産処分損益の区分変更に着目して―
第8章 継続的な損益の区分シフトにたいする投資家の評価―固定資産の償却不足に着目して―
第9章 異時点間の損益の区分シフトにたいする投資家の評価―大規模な減損損失に着目して―

第6章

損益の区分シフトにかんする実態分析
―固定資産の費用配分に着目して―

第1節 はじめに

(1) 固定資産の費用配分にかんする損益項目に着目する理由

　本書の第1部と第2部では，損益の区分シフトの実態と，それにたいする投資家の評価について，区分選択項目と特別損失に着目して検証をおこなった。これらは，いくつかの損益項目をひとくくりにしたものである。第1部の検証結果は，区分選択項目や特別損失を利用した損益の区分シフトが存在することを示唆するものであった。この結果を受けて，第2部では，これらの損益の区分シフトにたいする投資家の評価について検証をおこない，少なくとも投資家がこれらの損益の区分シフトに誤導されないことをあきらかにした。

　損益の区分シフトの実態をあきらかにすることを目的とした研究において，いくつかの損益項目をひとくくりにして検証をおこなうことのメリットは，経営者が個別の損益項目を組み合わせて，全体として損益の区分シフトをおこなっている実態をとらえられる可能性が高くなる点にある。そのいっぽうで，損益の区分シフトに利用できない項目が含まれることにより，実際は損益の区分シフトをおこなっていないにもかかわらず，それがおこなわれているものとして識別してしまう可能性も高くなる。個別の損益項目を対象として検証をお

こなえば，前者の可能性は低くなるものの，後者の可能性を低くすることもできる。

このような観点から，第3部では，個別の損益項目に着目し，本書の第1部と第2部でおこなった検証と同様の検証をおこなう。第1部の第1章では，区分選択項目を利用した同一時点の損益の区分シフトの実態をあきらかにした。また，第2章では，特別損失を利用した継続的な損益の区分シフトと，将来の経常費用を特別損失として先取り計上する，異時点間の損益の区分シフトの実態をあきらかにした。このことから，第3部では，これらのタイプの損益の区分シフトが実行可能な個別の損益項目に着目する必要がある。

第3部で着目する個別の損益項目は，固定資産の費用配分にかんする損益項目である，固定資産処分損益と減損損失である。第1章で指摘したように，固定資産処分損益は，区分選択項目の代表的な項目である。また，Penman (2013) でも指摘されているように，特別損失として固定資産処分損や減損損失を継続的に計上する企業は，経常費用となる減価償却費を過小計上している可能性が高い。これは，継続的な損益の区分シフトの一形態である。さらに，資産の評価損や固定資産の減損損失は，ビッグ・バスの手段として代表的なものであり，それを利用してビッグ・バスがおこなわれているとする数多くの先行研究の蓄積がある[1]。

（2） 本章の目的と構成

本章の目的は，固定資産の費用配分にかんする損益項目である，固定資産処分損益と減損損失に着目し，経営者がそれらを利用した損益の区分シフトをおこなっているか否かについて検証をおこなうことである。本章では，第7章から第9章における検証の準備段階として，以降の各章でもちいられる，損益の区分シフトをおこなっている企業を識別する規準が妥当なものであることを確認するために，検証をおこなうことになる。

ここで，もし経営者が固定資産処分損益や減損損失を利用した損益の区分シフトをおこなっているのであれば，そのような企業の固定資産処分損益や減損

---

1 詳しくは，第2章第2節（2）を参照。

損失に特徴的なパターンが表れる。たとえば，減価償却費を過小計上している企業は，それをおこなっていない企業にくらべて経済的に無視できない大きさの固定資産処分損や減損損失を計上する頻度が多くなるだろう。また，将来の経常利益を増大させるために損益の区分シフトをおこなっているのであれば，結果としてそれを実行した企業は，それを実行していない企業にくらべて大規模な減損損失を計上することになるだろう。そこで本章では，固定資産処分損や減損損失の頻度と規模に着目して，損益の区分シフトの実態を分析することにした。なお，固定資産処分損益の区分を裁量的に決定することにより，同一時点の損益の区分シフトをおこなっている企業の識別は，固定資産処分損益の区分の変更に着目することになる。

検証の結果，区分選択項目のひとつである固定資産処分損益の区分の変更による同一時点の損益の区分シフトが，サンプルの5％程度（それを実行可能なサンプルに限定した場合，その7％程度）の割合で存在することが確認された。また，経済的に無視できない大きさの減損・処分損（固定資産処分損益と減損損失の合計値）を継続的に計上している企業グループは，損益の区分シフトをおこなっていないとされる企業グループにくらべ，売上高成長率が低いにもかかわらず，経常利益や経常増益の大きさに差異がないことがあきらかとなった。これは，経済的に無視できない大きさの減損・処分損を継続的に計上している企業グループが，固定資産の償却不足を利用した継続的な損益の区分シフトをおこなっていることを示唆するものである。さらに，大規模な減損損失を計上している企業グループは，損益の区分シフトをおこなっていないとされる企業グループにくらべ，その翌期に売上高成長率が低いにもかかわらず，大きな経常増益を達成する傾向があることがあきらかとなった。これは，大規模な減損損失を計上している企業グループが，将来の減価償却費を減損損失として先取り計上する，異時点間の損益の区分シフトをおこなっていることを示唆するものである。

本章の構成は以下のとおりである。まず，第2節では，本章で検証対象とするサンプルについて記述する。その後，第3節では固定資産処分損益の区分の変更に着目した分析を，第4節では減損・処分損の計上頻度に着目した損益の区分シフトの実態分析を，そして第5節では減損損失の規模に着目した損益の

区分シフトの実態分析をおこなう。第6節は本章のまとめである。

第2節 サンプル

　本章で検証対象とするサンプルは，日本の上場企業（金融業を除く[2]）のうち，3月末日決算（12か月決算）であり，日本基準で連結財務諸表を作成[3]している企業である。なお，日本では，2006年3月期決算から「固定資産の減損に係る会計基準」が強制適用されている。減損損失の有無は，固定資産の費用配分に大きな影響をあたえることから，本章では，2006年からデータベース[4]に収録されている最新年度である2014年までの財務データを利用する。

（1） 固定資産処分損益と減損損失の記述統計量

　損益の区分シフトの実態分析をおこなうまえに，まずは，固定資産処分損益と減損損失の記述統計量を確認してみよう。これは，**図表6-1**に示してある。ここで，OI^{adj} は修正経常利益，DIS^{ot} は営業外損益に区分される固定資産処分損益，SI^{adj} は修正特別損益，DIS^{spe} は特別損益に区分される固定資産処分損益[5]，IMP は減損損失である。添え字の i は企業，t は年度である。なお，営業外損益に区分される固定資産処分損益については，データベースに収録され

2　本章で使用している業種分類は，日経中分類である。業種分類の詳細については，第1章の注5を参照。
3　連結対象となる子会社等がなく，連結財務諸表を作成・開示していない企業については，個別財務諸表を対象として分析をおこなう。
4　第1章第3節を参照。
5　『日経財務データ（DVD版）』では，特別損益の内訳項目として，「有形固定資産処分益・評価益」および「有形固定資産処分損・評価損」が収録されている。「固定資産の減損に係る会計基準」が強制適用される前の期間については，有形固定資産評価損を任意で計上する実務が存在していたが，同基準の強制適用後は，従来の有形固定資産評価損はすべて減損損失として計上されることになるため，有形固定資産評価損が計上される余地はない。そこで，本書では，同会計基準の強制適用後における「有形固定資産処分益・評価益」および「有形固定資産処分損・評価損」を，特別損益として計上される固定資産処分損益とすることにした。

第6章 損益の区分シフトにかんする実態分析—固定資産の費用配分に着目して—

図表6-1 変数の記述統計量（2007-2014年）

変数	平均値	標準偏差	最小値	第1四分位	中央値	第3四分位	最大値	観測値数
OI_{it}^{adj}	0.050	0.095	-4.767	0.019	0.042	0.077	2.565	17,323
DIS_{it}^{ot}	0.000	0.001	-0.014	0.000	0.000	0.000	0.006	17,323
$DIS_{it}^{ot}>0$	0.001	0.001	0.000	0.000	0.000	0.001	0.006	85
$DIS_{it}^{ot}<0$	-0.001	0.001	-0.014	-0.002	-0.001	0.000	0.000	1,400
SI_{it}^{adj}	-0.003	0.034	-0.777	-0.005	-0.001	0.000	2.100	17,323
DIS_{it}^{spe}	0.000	0.014	-0.201	-0.001	0.000	0.000	0.885	17,323
$DIS_{it}^{spe}>0$	0.008	0.031	0.000	0.000	0.001	0.004	0.885	2,987
$DIS_{it}^{spe}<0$	-0.002	0.004	-0.201	-0.002	-0.001	0.000	0.000	10,446
IMP_{it}	-0.004	0.016	-0.603	-0.002	0.000	0.000	0.000	17,323
$IMP_{it}<0$	-0.008	0.023	-0.603	-0.006	-0.002	-0.001	0.000	7,717

注）各変数の定義はつぎのとおりである。OI^{adj}＝修正経常利益，DIS^{ot}＝営業外損益の区分に計上されている固定資産処分損益，SI^{adj}＝修正特別損益，DIS^{spe}＝特別損益の区分に計上されている固定資産処分損益，IMP＝減損損失。添え字のiは企業，tは年度である。すべての変数について，前期末総資産でデフレートしている。

ていないため，手作業でデータを収集している[6]。

修正経常利益は，$OI_{it}^{adj}=OI_{it}-DIS_{it}^{ot}$で計算され，修正特別損益は，$SI_{it}^{adj}=SI_{it}-DIS_{it}^{spe}-IMP_{it}$で計算される。$OI$は経常利益，$SI$は特別損益である。ここでは，企業規模を調整する目的で，すべての変数について，前期末総資産でデフレートしている。そのため，分析期間は2007年から2014年の8年間となり，観測値数は17,323企業・年となった。ここで記述統計量をみる目的は，固定資産処分損益や減損損失の規模が経済的に重要なものであるか否か，特別損益に区分される固定資産処分損益や減損損失は実際に一時的な性格をもつものであるか否かを確認することにある。

図表6-1をみると，分析期間において，修正経常利益（OI^{adj}）は平均値

---

6 具体的には，『日経財務データ（DVD版）』で収録されている営業外損益の内訳項目の「その他資産処分益」および「その他資産処分損」のうち，データが欠損値ではないサンプルについて，有価証券報告書を閲覧し，手作業で固定資産処分損益を収集した。なお，企業が固定資産として利用していることが判然としない資産の処分損益が計上されているケースが散見されたが，そのようなケースについては，すべて固定資産処分損益としてカウントしないことにした。

0.050（中央値0.042）である[7]。これにたいし，営業外損益に区分される固定資産処分損益（DIS^{ot}）の平均値は0.000であり，それを計上しているものに限定してみても，それが正値の場合の平均値が0.001，負値の場合の平均値が−0.001である。また，それが正値となる観測値数は85企業・年しかなく，負値となる観測値数も1,400企業・年（サンプル全体の約8％）である。ここから，固定資産処分損益が営業外損益の区分に計上されることは少なく，また，経常利益の規模にたいして，その経済的な影響も小さいことがわかる。

つぎに，修正特別損益（SI^{adj}）をみると，その平均値は−0.003（中央値は−0.001）である。これにたいし，特別損益に区分される固定資産処分損益（DIS^{spe}）の平均値は0.000，減損損失（IMP）の平均値は−0.004である。ここから，分析期間において，減損損失が特別損失の大きな割合を占めていることがわかる。また，これらの損益項目を計上しているものに限定してみると，特別損益に区分される固定資産処分損益（DIS^{spe}）のうち，正値の場合は平均値0.008（2,987企業・年，サンプル全体の約17％），負値の場合は平均値−0.002（10,446企業・年，サンプル全体の約60％）であり，減損損失（IMP）は平均値−0.008（7,717企業・年，サンプル全体の約45％）である。このことから，日本の上場企業では，固定資産処分損益や減損損失の計上頻度が一時的とは呼べないほど高いこと，また，経常利益の規模にたいして経済的に無視できない大きさであることがわかる。

なお，固定資産処分損益は，営業外損益に区分されるケースよりも特別損益に区分されるケースのほうが圧倒的に多い。これは，たとえ固定資産処分損益が継続的な更新投資によって生じるような企業であっても，他の企業がそれを特別損益に計上していることと歩調を合わせる，会計処理の横並び意識の表れとみることもできる。また，その規模についても，営業外損益に区分されるケースよりも特別損益に区分されるケースのほうがはるかに大きい。これは，大規模な固定資産処分損益が発生する取引としては，企業の構造改革などによ

---

[7] これは，第2章における2001年から2014年の経常利益（OI）の平均値0.052（中央値0.042）とほとんど差異のない水準である。ここから，日本の上場企業の収益性は，2001年から2014年の分析期間の前半と後半で，平均的にみてあまり変化していないことがわかる。

る固定資産の処分など,一時的なものが多く,そのようなケースでは,監査人が営業外損益に区分表示することを認めないことが背景にあるものと推察できる。

(2) 固定資産処分損益や減損損失と他の損益の相関関係

つぎに,上述した各損益間の相関関係について確認しておこう。これは**図表6-2**に示してある。図表の左下段の数値はピアソンの積率相関係数,右上段の数値はスピアマンの順位相関係数である。なお,ここでの相関係数は,年度ごとに上下1％ずつを異常値として置換処理した後のものである[8]。

図表6-2をみると,分析期間において,修正経常利益（OI^{adj}）と営業外損益に区分される固定資産処分損益（DIS^{ot}）の間に,弱いながらも統計的に有意な負の相関関係が観察される。これは,経常利益の水準が低いときに,経常利益を増大させるために固定資産処分損益が利用されていることを示唆するものと考えられる[9]。また,修正経常利益（OI^{adj}）と特別損益に区分される固定資

図表6-2　変数間の相関マトリックス

変数	①	②	③	④	⑤
① OI^{adj}_{it}		−0.059**	0.041**	−0.076**	0.085**
② DIS^{ot}_{it}	−0.037**		0.011	−0.170**	−0.001
③ SI^{adj}_{it}	0.093**	0.003		0.023**	0.076**
④ DIS^{spe}_{it}	−0.079**	−0.022	−0.040**		0.087**
⑤ IMP_{it}	0.167**	−0.003	0.129**	−0.010	

**は1％水準で有意,*は5％水準で有意。
注) 各変数の定義は図表6-1の注を参照。図表の左下段はピアソンの積率相関係数,右上段はスピアマンの順位相関係数である。ここでの相関係数は,DIS^{ot}を除くすべての変数について年度ごとに上下1％ずつを異常値として置換処理した後のものである。なお,DIS^{ot}については,正値となるものが85企業・年しか存在しないことから,下位1％のみを異常値として置換処理している。

8　ただし,営業外損益に区分される固定資産処分損益（DIS^{ot}）については,正値となるものが85企業・年しか存在しないことから,下位1％のみを異常値として置換処理している。

9　もちろん,経常利益の水準が高いときに,経常利益を圧縮させるために固定資産処分損益が利用されている可能性もある。

産処分損益（DIS^{spe}）の間にも，弱いながらも統計的に有意な負の相関関係が観察される。この関係は，固定資産の償却不足による経常利益の増大と，それに伴う固定資産処分損の増大によるものと考えられる。

さらに，修正経常利益（OI^{adj}）と減損損失（IMP）の間には，統計的に有意な正の相関関係が観察される。これは，業績が悪化したさい，経営者が減損損失をより多く計上することを意味しているから，ビッグ・バスがおこなわれている兆候ととらえることができる[10]。

第3節　固定資産処分損益の区分変更に着目した分析

固定資産処分損益は，営業外損益と特別損益の双方の区分に計上することができる区分選択項目である。つまり，経営者は，固定資産処分損益の計上区分や計上割合を適当に操作することによって，経常利益の金額を調整することができる。ただし，第2節でも示したとおり，固定資産処分損益は，営業外損益に区分されるケースよりも特別損益に区分されるケースのほうが圧倒的に多く，また，前者のケースよりも後者のケースのほうが，その規模もはるかに大きい。このことから，経営者による固定資産処分損益の計上区分の選択には一定程度の制約があるものと考えられる。

第1章の分析に対応する本節では，固定資産処分損益の計上区分を変更するようなケースがどの程度の割合で存在するか，その実態を観察することになる。

（1）　固定資産処分損益の計上区分の変更パターン

経営者は，固定資産処分損益の計上区分について，①営業外損益の区分にのみ計上，②特別損益の区分にのみ計上，③営業外損益の区分と特別損益の区分の双方に計上，という3つの形態から選択することができる。ここでは，時系

10　もちろん，減損損失は収益性の低下を財務諸表に反映させるものであるため，業績の悪化と減損損失の大きさに正の相関関係があっても不思議ではない。しかし，修正特別損益（SI^{adj}）と減損損失（IMP）の間に，統計的に有意な正の相関関係が観察されることを鑑みれば，これをビッグ・バスの兆候ととらえてもよいだろう。

図表 6−3　固定資産処分損益の計上区分の変更パターン（2007-2014 年）

	ALL^{ot}_{it-1}	MIX_{it-1}	ALL^{spe}_{it-1}	計
ALL^{ot}_{it}	N/A	184	41	225
MIX_{it}	152	384	49	585
ALL^{spe}_{it}	30	34	N/A	64
計	182	602	90	874

注）企業 i が t 期に固定資産処分損益をすべて営業外損益に計上している場合は ALL^{ot}_{it} に，企業 i が t 期に固定資産処分損益を営業外損益と特別損益の双方に計上している場合は MIX_{it} に，企業 i が t 期に固定資産処分損益をすべて特別損益に計上している場合は ALL^{spe}_{it} に，それぞれ分類される。各セルには該当する観測値数を示してある。

列でみて，経営者が実際にこれら 3 つの形態を変更することがあるか，つまり，固定資産処分損益の区分変更による同一時点の損益の区分シフトがおこなわれているかについて確認する。なお，営業外損益の区分と特別損益の区分の双方に計上している場合，どちらの区分にどの程度の固定資産処分損益を配分するかについて，経営者に裁量の余地があるから，③の形態が観察された場合は，過去の形態から変更がない場合であっても，固定資産処分損益の区分シフトがおこなわれたものとしてカウントすることにした。

図表 6−3 は，固定資産処分損益の計上区分の変更パターンについて，その形態別に観測値数を示したものである。なお，ALL^{ot} は①営業外損益の区分にのみ計上，ALL^{spe} は②特別損益の区分にのみ計上，MIX は③営業外損益の区分と特別損益の区分の双方に計上，という形態を示している。添え字の i は企業，t は年度である。

図表 6−3 をみると，サンプル全体のうち，固定資産処分損益の区分変更による同一時点の損益の区分シフトがおこなわれたと判定されたのは 874 企業・年（約 5.0%）である。なお，このタイプの損益の区分シフトをおこなうためには，計上区分を問わず，当該損益項目が 2 期連続で計上されている必要がある。この条件を満たすサンプルは 13,425 企業・年であったから，固定資産処分損益の区分変更による損益の区分シフトが実行可能なサンプルのうち，それがおこなわれたと判定された観測値数は，約 7% にあたる。

固定資産処分損益の区分変更による損益の区分シフトがおこなわれたと判定されたもののうち，もっとも極端な変更である，①営業外損益の区分にのみ計

上という形態から②特別損益の区分にのみ計上という形態への変更は 30 企業・年，②特別損益の区分にのみ計上という形態から①営業外損益の区分にのみ計上という形態への変更は 41 企業・年のみである。また，②特別損益の区分にのみ計上という形態からの変更は 90 企業・年であり，その他の形態からの変更にくらべ，非常に少ないこともわかる。いずれにせよ，ここでの観察結果は，固定資産処分損益の区分変更による損益の区分シフトがたしかに存在していることを示唆している。

（2） 固定資産処分損益の区分変更の経常利益にたいするインパクト

① リサーチ・デザイン

固定資産処分損益の区分変更による損益の区分シフトによって，経常利益にどの程度の影響をあたえることができるのだろうか。この点を確認するため，以下ではまず，固定資産処分損益の区分変更による損益の区分シフトが経常利益にあたえる影響額を算定しよう。これは，以下の式（1）で表現できる。

$$\Delta CS_{it} = OI_{it} - OI_{it}^{bcs} \qquad (1)$$

ここで，ΔCS は固定資産処分損益の区分変更による損益の区分シフトが経常利益にあたえる影響額，OI は経常利益，OI^{bcs} はシフト前経常利益（損益の区分シフトをおこなう前の段階の経常利益）である。

シフト前経常利益（OI_{it}^{bcs}）の計算方法は，固定資産処分損益の区分変更による損益の区分シフトがおこなわれたと判定された期を t 期とした場合，$t-1$ 期の計上区分形態によって異なる。$t-1$ 期の計上区分形態が①営業外損益の区分にのみ計上という形態の場合は式（2）を，②特別損益の区分にのみ計上という形態の場合は式（3）を，③営業外損益の区分と特別損益の区分の双方に計上という形態の場合は式（4）を，それぞれもちいる[11]。

---

11 もちろん，固定資産処分損益の区分変更による損益の区分シフトがおこなわれていない場合，シフト前経常利益は実際に（連結）損益計算書において開示されている経常利益と等しいものと定義する。

第6章 損益の区分シフトにかんする実態分析—固定資産の費用配分に着目して— 157

$$OI_{it}^{bcs} = OI_{it} + DIS_{it}^{spe} \quad (2)$$

$$OI_{it}^{bcs} = OI_{it} - DIS_{it}^{ot} \quad (3)$$

$$OI_{it}^{bcs} = OI_{it}^{min} + R_{it-1}^{cs} \times S_{it}^{cs} \quad (4)$$

　式（2）は，開示されている経常利益に特別損益に区分されている固定資産処分損益を加えることで，固定資産処分損益を営業外損益の区分にのみ計上した場合の経常利益が算定されることを示したものである。また，式（3）は，開示されている経常利益から営業外損益に区分されている固定資産処分損益を控除することで，固定資産処分損益を特別損益の区分にのみ計上した場合の経常利益が算定されることを示したものである。

　これらにたいし，式（4）の右辺は，いまだ定義されていない項目で構成されているため，以下で順を追って説明していこう。式（4）の OI_{it}^{min} は，固定資産処分損益の区分の変更による損益の区分シフトによって企業 i が t 期に達成可能な最小の経常利益である「最小経常利益」，S_{it}^{cs} は企業 i の t 期の「シフト可能範囲」，R_{it-1}^{cs} は企業 i の $t-1$ 期の「シフト率」である。また，シフト可能範囲を定義するためには，固定資産処分損益の区分変更による損益の区分シフトによって企業 i が t 期に達成可能な最大の経常利益である「最大経常利益（OI_{it}^{max}）」を定義する必要がある。最小経常利益，最大経常利益，シフト可能範囲，そしてシフト率は，以下の式（5）から式（8）で定義される。

$$OI_{it}^{min} = OI_{it} - DISP_{it}^{ot} + DISL_{it}^{spe} \quad (5)$$

$$OI_{it}^{max} = OI_{it} - DISL_{it}^{ot} + DISP_{it}^{spe} \quad (6)$$

$$S_{it}^{cs} = OI_{it}^{max} - OI_{it}^{min} \quad (7)$$

$$R_{it}^{cs} = \frac{OI_{it} - OI_{it}^{min}}{S_{it}^{cs}} \quad (8)$$

　開示されている経常利益から営業外収益に区分される総額ベースの固定資産処分益（$DISP_{it}^{ot}$）を控除し，特別損失に区分される総額ベースの固定資産処分損（$DISL_{it}^{spe}$）を加えることで経常利益は最小となる。また，開示されている経常利益から営業外費用に区分される総額ベースの固定資産処分損（$DISL_{it}^{ot}$）を

控除し，特別利益に区分される総額ベースの固定資産処分益（$DISP_{it}^{spe}$）を加えることで経常利益は最大となる。経営者はこの最大経常利益と最小経常利益の間で経常利益を決定することになるから，シフト可能範囲は最大経常利益と最小経常利益の差額で定義される。これらを表現したものが式（5）から式（7）である。これらをもとに，シフト率は，開示されている経常利益が，経常利益のとり得る範囲のうち，どの程度大きな値となっているかを示す指標として式（8）のように定義される。

シフト前経常利益の計算に話を戻すと，$t-1$ 期に固定資産処分損益が営業外損益の区分と特別損益の区分の双方に計上されている場合，t 期のシフト前経常利益は，式（4）にしたがって計算される。式（4）では，t 期のシフト可能範囲に $t-1$ 期のシフト率を乗じたものが，t 期の最小経常利益に加えられている。式（4）によって求められたシフト前経常利益は，仮に t 期も $t-1$ 期と同じシフト率であった場合の経常利益となっていることがわかるだろう。

② 検証結果

固定資産処分損益の区分変更による同一時点の損益の区分シフトが経常利益にあたえる影響額（ΔCS）の記述統計量は，**図表 6－4** に示してある。なお，ここでの ΔCS は，前期末総資産でデフレートした数値である。

図表 6－4 をみると，損益の区分シフトが経常利益にあたえる影響額（ΔCS）が正値となる（つまり，増額シフトとなる）のは，425 企業・年であり，その平均値は 0.001 と非常に小さい。また，それが負値となる（つまり，減額シフトとなる）のは，449 企業・年であり，その平均値は -0.002 と非常に小さい。こ

図表 6－4 損益の区分シフトが経常利益にあたえる影響額の記述統計量

変数	平均値	標準偏差	最小値	第1四分位	中央値	第3四分位	最大値	観測値数
ΔCS_{it}	-0.001	0.006	-0.092	-0.001	0.000	0.000	0.029	874
$\Delta CS_{it}>0$	0.001	0.003	0.000	0.000	0.000	0.001	0.029	425
$\Delta CS_{it}<0$	-0.002	0.007	-0.092	-0.001	-0.001	0.000	0.000	449

注）ΔCS_{it}＝企業 i が t 期に実行した固定資産処分損益の区分変更による損益の区分シフトが経常利益にあたえる影響額（前期末総資産でデフレート）。

のことから，固定資産処分損益の区分変更による同一時点の損益の区分シフトは，平均的にみると，経常利益にあたえる経済的なインパクトは非常に小さいことがわかる。ただし，その最小値や最大値に注目すると，それぞれ -0.092 と 0.029 である。このことから，経済的に無視できない大きさの固定資産処分損益の区分変更による損益の区分シフトは，少数ではあるものの，たしかに存在するといえるだろう。

本節と対応する第1章では，区分選択項目を利用した同一時点の損益の区分シフトをおこなっている企業グループは，シフト前経常利益とシフト前経常増益について，それをおこなっていない企業グループより小さいことをあきらかにした。また，損益の区分シフトをおこなった後の段階である，実際に（連結）損益計算書において開示されている経常利益は，それをおこなっていない企業グループと遜色ない水準となり，それをもちいて計算される経常増益は，それをおこなっていない企業グループより大きくなっていた。これは，経常利益や経常増益を少なくとも損益の区分シフトをおこなっていない企業グループの水準に引き上げる目的で，経営者が区分選択項目を利用した損益の区分シフトをおこなっていることを示唆するものといえる。

そこで，固定資産処分損益の区分変更による同一時点の損益の区分シフトについても，これと同様の傾向が観察されるか，確認してみた。しかし，図表6-4の記述統計量からもあきらかなとおり，それが経常利益にあたえるインパクトは非常に小さいため，第1章のような明確な傾向は，ここでは観察されなかった。固定資産処分損益の区分変更による損益の区分シフトは，それが経常利益にあたえるインパクトの小ささから，目標利益を達成するために他の利益マネジメントと同時に実行される，いわゆる「調整弁」としての役割を担っていると考えるのが妥当であろう。

第4節 減損・処分損の頻度に着目した損益の区分シフトの実態分析

償却性固定資産については，償却方法と耐用年数の選択に経営者の裁量の余地がある。経営者が定率法ではなく定額法を選択したり，長めの耐用年数を選

択したりすることで償却不足が引き起こされると，固定資産の減損損失が発生する可能性は高まり，また，固定資産を処分するさいに，処分損が発生する可能性も高まることになる[12]。

もし経営者が償却性固定資産の減価償却費を継続的に過小計上することで，継続的に経常利益を増大させている場合，経済的に無視できない大きさの規模をもつ減損・処分損（純額ベース）が継続的に認識されることになる。そこで，第2章第4節の分析に対応する本節では，減損・処分損の計上頻度に着目して，経済的に無視できない大きさの減損・処分損を継続的に計上している企業グループに，固定資産の償却不足を利用した継続的な損益の区分シフトをおこなっているような特徴が観察されるか否かを確認することで，経営者がこのタイプの損益の区分シフトをおこなっているか否かをあきらかにすることにした。

(1) 減損・処分損の計上頻度の分布

分析対象となる日本の上場企業において，どの程度の頻度でどの程度の規模の減損・処分損を計上すると通常ではない継続的な減損・処分損と呼べるのだろうか。まずは，この点を確認するため，分析対象となるサンプルの減損・処分損の頻度の分布を確認してみよう。なお，減損・処分損は投資その他の資産を除く固定資産から発生する。ここでは経営者による裁量の大きさを測ることが目的であるから，まずは，前期末固定資産（投資その他の資産を除く）でデフレートした純額ベースの減損・処分損（WD_{it}^{fix}）の記述統計量を確認しよう。これは**図表6－5**に示してある。なお，ここでは減損・処分損の企業別頻度と規模について，第1部での分析と同様の理由[13]で，年度や産業のちがいはコントロールしていない。

図表6－5をみると，前期末固定資産（投資その他の資産を除く）でデフレートした純額ベースの減損・処分損（WD_{it}^{fix}）の平均値は－0.013（中央値は－0.003）である。また，減損・処分損がマイナスとなるのは，サンプル全体の

---

12 なお，過大償却が引き起こされた場合は，固定資産を処分するさいに，処分益が発生する可能性が高くなる。
13 第1章第5節（1）を参照。

第 6 章 損益の区分シフトにかんする実態分析—固定資産の費用配分に着目して—

図表 6−5　減損・処分損の記述統計量（2007-2014 年）

変数	平均値	標準偏差	最小値	第1四分位	中央値	第3四分位	最大値	観測値数
WD_{it}^{fix}	−0.013	0.105	−8.600	−0.011	−0.003	0.000	1.784	17,323
$WD_{it}^{fix}>0$	0.035	0.128	0.000	0.001	0.005	0.020	1.784	2,092
$WD_{it}^{fix}<0$	−0.025	0.110	−8.600	−0.017	−0.006	−0.002	0.000	12,412

注）WD_{it}^{fix}＝企業 i の $t-1$ 期の固定資産（投資その他の資産を除く）にたいする t 期の減損・処分損（純額ベース）の比率。

図表 6−6　固定資産減損・処分損の計上頻度

規模		頻度				計
		0 回	1 回	2 回	3 回	
0.0%	観測値数	1,209	1,920	3,084	6,535	12,748
	割合	9.48%	15.06%	24.19%	51.26%	
0.5%	観測値数	4,154	3,976	2,697	1,921	12,748
	割合	32.59%	31.19%	21.16%	15.07%	
1.0%	観測値数	6,198	3,765	1,873	912	12,748
	割合	48.62%	29.53%	14.69%	7.15%	
1.5%	観測値数	7,579	3,353	1,255	561	12,748
	割合	59.45%	26.30%	9.84%	4.40%	
2.0%	観測値数	8,423	3,015	944	366	12,748
	割合	66.07%	23.65%	7.41%	2.87%	

注）規模の欄は，計上頻度をカウントするさいに要求される前期末固定資産（投資その他の資産を除く）にたいする減損・処分損の割合の下限である。

約 70% にあたる 12,412 企業・年であり，その平均値は −0.025（中央値は −0.006，第 1 四分位は −0.017）である。ここから，減損・処分損を計上するケースの過半数が，前期末固定資産（投資その他の資産を除く）にたいして 1% に満たない減損・処分損であることがわかる。

つぎに，分析対象となるサンプルの減損・処分損の頻度の分布を確認してみよう。**図表 6−6** は，3 期間にわたる減損・処分損の企業別頻度の分布をその規模別に示したものである。なお，ここでは 3 期間連続の減損処分損（投資その他の資産を除く前期末固定資産でデフレート）のデータを必要とするため，観測値数は 12,748 企業・年に減少する。

図表6-6をみると，減損・処分損の規模を考慮せずに，その計上頻度をカウントすると，3期連続で減損・処分損を計上する割合は，サンプル全体の50％超になることがわかる。小規模であれば，減損・処分損を継続的に計上することは珍しいことではない。

　つぎに，減損・処分損の規模を考慮したうえで，その計上頻度をカウントした結果をみると，前期末固定資産（投資その他の資産を除く）にたいする割合が0.5％超の減損・処分損に限定した場合，3期連続で減損・処分損を計上する割合は，サンプル全体の約15％になり，前期末固定資産（投資その他の資産を除く）にたいする割合が1％超の減損・処分損に限定した場合，3期連続で減損・処分損を計上する割合は，サンプル全体の約7％となる。

　ここで，第2章では，「経済的に無視できない大きさの特別損失の継続的な計上」の定義を，前期末総資産にたいする割合が1％超の特別損失を3期連続で計上していることとした。これに該当する割合は，サンプル全体の約5％であった。ここでは，これと整合的な取り扱いをするため，前期末固定資産（投資その他の資産を除く）にたいする割合が1％超の減損・処分損を3期連続で計上した企業グループを，「経済的に無視できない大きさの減損・処分損の継続的な計上」をおこなっている企業グループと定義したうえで分析をおこなうことにした。

　なお，以下では，前期末固定資産（投資その他の資産を除く）にたいする割合が1％超の減損・処分損を3期中1度も計上していない企業グループと，それを3期中1期のみ計上した企業グループを，継続的な損益の区分シフトをおこなっていない企業グループとして，分析のさい，経済的に無視できない大きさの減損・処分損を継続的に計上している企業グループの比較対象とする。ここで，それを3期中1度も計上していない企業グループと，3期中1期のみ計上した企業グループを分けているのは，後者の企業グループがビッグ・バスという他の利益マネジメントを経験している可能性を考慮してのことである。また，前期末固定資産（投資その他の資産を除く）にたいする割合が1％超の減損・処分損を3期中2期計上している企業グループは，継続的に損益の区分シフトをおこなっている可能性もあるし，おこなっていない可能性もある，いわゆる「グレーゾーン」に位置するものである。以下の検証では，損益の区分シフト

をおこなっていない企業グループと，経済的に無視できない大きさの減損・処分損を継続的に計上している企業グループの差異に着目するが，それと同時に，経済的に無視できない大きさの減損・処分損を3期中2期計上している企業グループについても，それを継続的に計上している企業グループと異なる特徴をもつか，つまり，これらを分割する意義があるか否かを確認することになる。

(2) 継続的な損益の区分シフトの実態にかんする分析結果

① 減損・処分損の計上頻度の持続性

まずは，経済的に無視できない大きさの減損・処分損の継続的な認識を，経営者が意図的におこなったか否かをあきらかにするため，減損・処分損の計上頻度の持続性を分析しよう[14]。以下では，第2章第4節と同様，減損・処分損の計上頻度の持続性について，サンプルを過去3期間の減損・処分損の計上頻度でグルーピングしたうえで，各企業グループの将来3期間の減損・処分損の計上頻度の平均値の差異を一元配置分散分析（ANOVA）によって検証する。

検証結果は，**図表6-7**に示してある。なお，N_WD_{it}は，企業iがt期までの3期間のうち，経済的に無視できない大きさの減損・処分損を計上する頻度である。また，ここでは，t期までの3期間と$t+3$期までの3期間，計6期

図表6-7 経済的に無視できない大きさの減損・処分損の頻度の持続性

分類	N_WD_{it+3}			多重比較		
	平均値	標準偏差	観測値数			
① $N\_WD_{it}=0$	0.446	0.689	2,850	①<②	①<③	①<④
② $N\_WD_{it}=1$	0.712	0.842	1,854	②<③	②<④	③<④
③ $N\_WD_{it}=2$	1.134	1.000	999	F値		435.32**
④ $N\_WD_{it}=3$	1.736	1.078	493			

**は1%水準で有意，*は5%水準で有意。
注）N_WD_{it}は，企業iがt期までの3期間のうち，前期末固定資産（投資その他の資産を除く）にたいする割合が1%超の減損・処分損を計上する頻度である。なお，多重比較は，少なくとも5%水準で統計的に有意になったものを示している。

14　減損・処分損の継続的な認識が偶然によるものである場合，過去の減損・処分損の頻度は，将来の減損・処分損の頻度と関連性をもたないはずである。

間の前期末固定資産（投資その他の資産を除く）でデフレートした減損・処分損のデータが必要となるため，観測値数はその分小さくなり，6,196企業・年となった。

図表6-7をみると，t期までの3期間に経済的に無視できない大きさの減損・処分損を計上する頻度が多いほど，その後の3期間もそれを計上する頻度は多くなることが確認できる。各企業グループ間の差異を多重比較した結果は，すべて統計的に有意であった。この結果は，本節と対応する第2章第4節で経済的に無視できない大きさの特別損失の計上頻度を検証した結果と整合的なものであり，経済的に無視できない大きさの減損・処分損の継続的な計上が偶然によるものではなく，意図的におこなわれていることを示唆するものである。

② リサーチ・デザイン

継続的な減損・処分損の計上が意図的なものであるとして，それは継続的な損益の区分シフトによるものなのだろうか。経営者が償却不足を利用した継続的な損益の区分シフトをおこなっているか否かは，ここでの検証と対応する第2章第4節と同様の理由から，経済的に無視できない大きさの減損・処分損を継続的に計上する企業グループについて，損益の区分シフトをおこなっていない企業グループより経常利益や経常増益が大きくなっているか否か（少なくとも，小さくなっていないか）を検証すればよい。

企業グループ間の経常利益の水準と変化の平均値の差異を検証するため，以下では対応する第2章第4節での分析と同様，一元配置分散分析（ANOVA）をおこなう。なお，第1部と同様の理由により，経常利益の水準と変化については，主として年度効果と産業効果をコントロールしたうえで検証をおこなった結果を報告する[15]。また，損益の区分シフトを継続的におこなっているのであれば，その効果は継続的に発現することになる。そのため，ここでは第2章第4節と同様，減損・処分損の頻度を$t-2$期からt期の3期間で測定したうえで，測定期間の途中にあたる$t-1$期から，測定期間終了後の$t+1$期の3期

---

15 年度効果と産業効果をコントロールする理由については第1章第5節（2）①を，その方法については第1章注10を参照。

間の経常利益の水準と変化について検証をおこなうことにした。結果として，観測値数はその分だけ減少し，10,532企業・年となった。

③ 主要な検証結果

まずは，減損・処分損の頻度と経常利益の水準の関係について，一元配置分散分析（ANOVA）をおこなった結果をみてみよう。これは**図表6-8**に示してある。なお，OI_{it}^mは企業iのt期の経常利益（$t-1$期の総資産でデフレート）の年度別・産業別平均値からの差異である。

図表6-8をみると，t期までの3期間に経済的に無視できない大きさの減損・処分損を継続的に計上している企業グループ（$N\_WD_{it}=3$）は，$t-1$期から$t+1$期のすべてにおいて，少なくとも継続的な損益の区分シフトをおこなっていない企業グループ（$N\_WD_{it}=0$，または$N\_WD_{it}=1$）と遜色ない経常利益の水準を達成している。これは，固定資産の償却不足を利用した継続的な損益の区分シフトが，経済的に無視できない大きさの減損・処分損を継続的に計上する企業グループにおいておこなわれていることを，弱いながらも示唆するものといえる。

つぎに，減損・処分損の頻度と経常利益の変化の関係について，一元配置分散分析（ANOVA）をおこなった結果をみてみよう。これは**図表6-9**に示してある。なお，ΔOI_{it}^mは企業iのt期の経常利益の対前年度変化額（$t-1$期の総

図表6-8 減損・処分損の頻度と経常利益の水準の関係

分類		OI_{it-1}^m		OI_{it}^m		OI_{it+1}^m		観測値数
		平均値	標準偏差	平均値	標準偏差	平均値	標準偏差	
①	$N\_WD_{it}=0$	0.004	0.053	0.003	0.051	0.001	0.051	5,028
②	$N\_WD_{it}=1$	0.000	0.060	0.000	0.057	0.000	0.055	3,142
③	$N\_WD_{it}=2$	-0.007	0.068	-0.005	0.064	-0.004	0.061	1,582
④	$N\_WD_{it}=3$	-0.001	0.072	-0.001	0.074	0.003	0.071	780
F値		13.53**		7.34**		3.77*		
多重比較		①>②，①>③，②>③		①>③		①>③，③<④		

**は1%水準で有意，*は5%水準で有意。
注）OI_{it}^mは企業iのt期の経常利益（$t-1$期の総資産でデフレート）の年度別・産業別平均値からの差異である。各分類の定義は図表6-7の注を参照。

図表6-9　減損・処分損の頻度と経常利益の変化の関係

分類		ΔOI^m_{it-1}		ΔOI^m_{it}		ΔOI^m_{it+1}		観測値数
		平均値	標準偏差	平均値	標準偏差	平均値	標準偏差	
①	$N\_WD_{it}=0$	−0.001	0.036	−0.002	0.035	−0.003	0.034	5,028
②	$N\_WD_{it}=1$	0.000	0.045	0.000	0.043	0.000	0.040	3,142
③	$N\_WD_{it}=2$	0.001	0.051	0.003	0.053	0.002	0.049	1,582
④	$N\_WD_{it}=3$	0.003	0.050	0.001	0.053	0.006	0.059	780
F値		1.91		5.42**		13.24**		
多重比較		N/A		①<③		①<②, ①<③, ①<④, ②<④		

**は1%水準で有意，*は5%水準で有意．
注）ΔOI^m_{it} は企業 i の t 期の経常利益の対前年度変化額（$t-1$ 期の総資産でデフレート）の年度別・産業別平均値からの差異である。各分類の定義は図表6-7の注を参照。

資産でデフレート）の年度別・産業別平均値からの差異である。

図表6-9をみると，t 期までの3期間に経済的に無視できない大きさの減損・処分損を継続的に計上している企業グループ（$N\_WD_{it}=3$）は，$t-1$ 期から $t+1$ 期のすべてにおいて，少なくとも継続的な損益の区分シフトをおこなっていない企業グループ（$N\_WD_{it}=0$，または $N\_WD_{it}=1$）と遜色ない経常増益を達成している。これもまた，固定資産の償却不足を利用した継続的な損益の区分シフトが，前者の企業グループにおいておこなわれていることを，弱いながらも示唆するものといえる。

ここで，継続的に減損・処分損を計上している企業グループ（$N\_WD_{it}=3$）が，損益の区分シフトを継続的におこなうことで，少なくとも損益の区分シフトをおこなっていない企業グループと遜色ない経常利益や経常増益を達成しているのであれば，売上高成長率については，その企業グループよりも低くなっているはずである[16]。そこで最後に，減損・処分損の頻度と売上高成長率（年度別・産業別平均値からの差異）の関係について，一元配置分散分析（ANOVA）をおこなった結果をみてみよう。これは**図表6-10**に示してある。なお，ΔSAL^m_{it} は，企業 i の t 期の売上高成長率の年度別・産業別平均値からの差異である。

16　その理由については，第2章第4節（2）③を参照。

第6章 損益の区分シフトにかんする実態分析―固定資産の費用配分に着目して― 167

図表6-10 減損・処分損の頻度と売上高成長率の関係

分類		ΔSAL_{it}^{m-1}		ΔSAL_{it}^{m}		ΔSAL_{it}^{m+1}		観測値数
		平均値	標準偏差	平均値	標準偏差	平均値	標準偏差	
①	$N\_WD_{it}=0$	0.004	0.140	0.003	0.133	0.001	0.134	5,028
②	$N\_WD_{it}=1$	−0.005	0.148	0.000	0.153	0.001	0.148	3,142
③	$N\_WD_{it}=2$	−0.008	0.161	−0.006	0.161	−0.009	0.152	1,582
④	$N\_WD_{it}=3$	−0.006	0.153	−0.015	0.150	−0.014	0.152	780
F 値		4.56**		4.50**		4.36**		
多重比較		①>②，①>③		①>④，②>④		①>④，②>④		

**は1%水準で有意。*は5%水準で有意。
注）ΔSAL_{it}^{m} は企業 i の t 期の売上高成長率の年度別・産業別平均値からの差異である。各分類の定義は図表6-7の注を参照。

　図表6-10をみると，t 期までの3期間に経済的に無視できない大きさの減損・処分損を継続的に計上している企業グループ（$N\_WD_{it}=3$）は，継続的に損益の区分シフトをおこなっていない企業グループ（$N\_WD_{it}=0$，または $N\_WD_{it}=1$）にくらべ，$t-1$ 期から $t+1$ 期のすべてにおいて，売上高成長率が低い。これら企業グループの間の平均値の差異を多重比較した結果は，$t-1$ 期を除き，統計的に有意である。これは，前者の企業グループにおける，後者の企業グループと遜色ない経常利益や経常増益は，その後者の企業グループと遜色ない増収を伴わないものであることを意味している。このことから，継続的に減損・処分損を計上している企業グループにおける，損益の区分シフトをおこなっていない企業グループと遜色ない経常利益や経常増益は，固定資産の償却不足を利用した継続的な損益の区分シフトがおこなわれた結果であると解釈してよいであろう。

（3）　追加的検証

①　減損・処分損の継続的な計上の定義

　「経済的に無視できない大きさの減損・処分損の継続的な計上」の定義は主観的なものであり，減損・処分損の頻度によるグルーピングが異なれば，得られる結果も異なる可能性がある。そのため，上述の検証結果の頑健性を高めるためには，この定義を変更して検証を繰り返す必要がある。

そこで，ここでは追加的検証として，「経済的に無視できない大きさの減損・処分損の継続的な計上」の定義を，前期末固定資産（投資その他の資産を除く）にたいする割合が0.5%超の減損・処分損（純額ベース）を3期連続で計上とした場合と，その割合が1.5%超の減損・処分損（純額ベース）を3期連続で計上とした場合について，上述と同様の検証をおこなった。これらの結果は，上述の検証によって得られた結果と同様，固定資産の償却不足を利用した継続的な損益の区分シフトが，経済的に無視できない大きさの減損・処分損を継続的に計上する企業グループにおいておこなわれていると解釈できるものであった。

また，上述の検証は経済的に無視できない大きさの減損・処分損の判定を純額ベースでおこなっている。その理由は，固定資産処分益が過大償却を意味する可能性があるからであった。ただし，固定資産処分益は非償却性の固定資産である土地から発生する場合が多い。そこで，ここでは追加的検証として，「経済的に無視できない大きさの減損・処分損の継続的な計上」の定義を，前期末固定資産（投資その他の資産を除く）にたいする割合が0.5%超，1%超，1.5%超の減損・処分損（総額ベース）を3期連続で計上とした場合それぞれについて，上述と同様の検証をおこなった。これらの結果もまた，上述の検証によって得られた結果と同様，このタイプの損益の区分シフトが，経済的に無視できない大きさの減損・処分損を継続的に計上する企業グループにおいておこなわれていると解釈できるものであった。

② 年度効果と産業効果

上述の検証では，経常利益の水準や変化，売上高成長率のそれぞれについて，年度効果と産業効果をコントロールしたうえで検証をおこなっていた。ここでは，第2章第4節と同様の理由で，経常利益の水準や変化，売上高成長率のそれぞれについて，年度効果と産業効果をコントロールせずに追加検証をおこなった。これらの結果もまた，上述の検証によって得られた結果と同様，固定資産の償却不足を利用した継続的な損益の区分シフトが，経済的に無視できない大きさの減損・処分損を継続的に計上する企業グループにおいておこなわれていると解釈できるものであった。

第6章　損益の区分シフトにかんする実態分析―固定資産の費用配分に着目して―

第5節　減損損失の規模に着目した損益の区分シフトの実態分析

　将来の経常利益を増大させるために減損損失を利用して損益の区分シフトをおこなっている企業は，それをおこなっていない企業にくらべ，それを実行した期に大規模な減損損失を計上することになるはずである。このことから，本節では，減損損失の規模に着目して，大規模な減損損失を計上している企業グループに，将来の減価償却費を減損損失として先取り計上する，異時点間の損益の区分シフトをおこなっているような特徴が観察されるか否かを確認することで，経営者がこのタイプの損益の区分シフトをおこなっているか否かをあきらかにする。なお，本節の分析は，第2章第5節の分析に対応するものである。

（1）　減損損失の規模の分布

　分析対象となる日本の上場企業において，どの程度の規模の減損損失を計上すると通常ではない大規模な減損損失と呼べるのだろうか。まずは，この点を確認するため，分析対象となるサンプルの減損損失の規模の分布を確認してみよう。なお，減損損失は投資その他の資産を除く固定資産から発生する。ここでは経営者による裁量の大きさを測ることが目的であるから，まずは，前期末固定資産（投資その他の資産を除く）でデフレートした減損損失（IMP^{fix}）の記述統計量を確認しよう。これは**図表6-11**に示してある。なお，ここでは減損損失の規模でグルーピングするさい，第1部（および，前節）の分析と同様の理由[17]で，年度や産業のちがいはコントロールしていない。

　図表6-11をみると，前期末固定資産（投資その他の資産を除く）でデフレー

図表6-11　減損損失の記述統計量（2007-2014年）

変数	平均値	標準偏差	最小値	第1四分位	中央値	第3四分位	最大値	観測値数
IMP^{fix}_{it}	−0.014	0.070	−3.500	−0.005	0.000	0.000	0.000	17,323
$IMP^{fix}_{it}<0$	−0.031	0.102	−3.500	−0.022	−0.007	−0.002	0.000	7,717

注）IMP^{fix}_{it}＝企業 i の $t-1$ 期の固定資産（投資その他の資産を除く）にたいする t 期の減損損失の比率。

トした減損損失（IMP^{fix}）の平均値は -0.014 であり，減損損失を認識しているものに限定すると，その平均値は -0.031（中央値は -0.007，第1四分位は -0.022）である。ここから，減損損失を計上するケースの過半数が，前期末固定資産（投資その他の資産を除く）にたいして1％に満たない減損損失であること，非常に大規模な減損損失の存在が平均値を大きく下方に引っ張っていることがわかる。

つぎに，減損損失の規模の分布をみてみよう。これは，**図表6－12**に示してある。これをみると，減損損失を計上していない9,606企業・年を含めて，サンプルのおよそ80％にあたる14,089企業・年が前期末固定資産（投資その他の資産を除く）にたいする減損損失の割合が1％以下となっている。また，減損損失を計上していないサンプルを除いた場合，全体の約60％にあたる4,483企業・年は，前期末固定資産（投資その他の資産を除く）にたいする減損損失の割合が1％以下となっている。このことから，前期末固定資産（投資その他の資産を除く）にたいする減損損失の割合が1％以下となる減損損失の計上は，通常発生し得る水準であるものと考えてよいだろう。よって，ここでは前期末固定資産（投資その他の資産を除く）にたいする割合が1％以下となるものを「小規模な減損損失」と定義することにした。これは，対応する第2章第5節において，小規模な特別損失の定義を前期末総資産にたいする割合が1％以下としたことと整合的である。なお，この小規模な減損損失を計上している企業グループは，減損損失を計上していない企業グループとともに，損益の区分シフトをおこなっていない企業グループとして，分析のさい，大規模な減損損失を計上している企業グループの比較対象となるものである。

つぎに，前期末固定資産（投資その他の資産を除く）にたいする減損損失の割合を，規模の大きいほうからカウントしていくと，それが5％超となるのは944企業・年，4％超となるのは1,163企業・年，3％超となるのは1,510企業・年であり，それぞれサンプル全体の5％程度から9％程度である。減損損失を認識しているものに限定すると，それぞれ限定されたサンプルの12％程度から20％程度である。ここで，第2章第5節では，大規模な特別損失の定義を，

17　第1章第5節（1）を参照。

図表6-12 減損損失の規模の分布

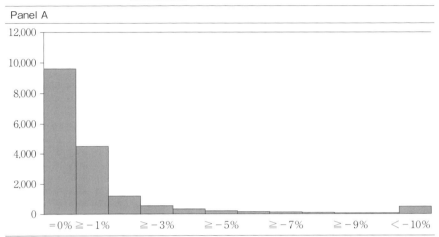

Panel A

Panel B

IMP_{it}^{fix}	観測値数	割合1	累積1	割合2	累積2
$=0\%$	9,606	55.45%	55.45%	N/A	N/A
$\geq -1\%$	4,483	25.88%	81.33%	58.09%	58.09%
$\geq -2\%$	1,181	6.82%	88.15%	15.30%	73.40%
$\geq -3\%$	543	3.13%	91.28%	7.04%	80.43%
$\geq -4\%$	347	2.00%	93.29%	4.50%	84.93%
$\geq -5\%$	219	1.26%	94.55%	2.84%	87.77%
$\geq -6\%$	150	0.87%	95.42%	1.94%	89.71%
$\geq -7\%$	107	0.62%	96.03%	1.39%	91.10%
$\geq -8\%$	77	0.44%	96.48%	1.00%	92.10%
$\geq -9\%$	69	0.40%	96.88%	0.89%	92.99%
$\geq -10\%$	46	0.27%	97.14%	0.60%	93.59%
$< -10\%$	495	2.86%	100.00%	6.41%	100.00%
Total	17,323	100.00%		100.00%	

注）割合1はサンプル全体に占める割合（累積1はその累積割合），割合2は$IMP_{it}^{fix}<0$に占める割合（累積2はその累積割合）である。

前期末総資産にたいする割合が3%超であることとした。このことを勘案して，以下では，前期末固定資産（投資その他の資産を除く）にたいする割合が3%を超えるものを「大規模な減損損失」と定義したうえで分析をおこなうことにした。これは，サンプル全体にたいする割合からみても，第2章第5節のグルー

ピング方法と整合的といえる。

　なお，前期末固定資産（投資その他の資産を除く）にたいする割合が1%超かつ3%以下である減損損失は「中規模」と定義される。この中規模な減損損失を計上している企業グループは，減損損失を利用した異時点間の損益の区分シフトをおこなっている可能性もあるし，おこなっていない可能性もある，いわゆる「グレーゾーン」に位置するものである。以下の検証では，損益の区分シフトをおこなっていない企業グループと，大規模な減損損失を計上している企業グループの差異に着目するが，それと同時に，中規模な減損損失を計上している企業グループについても，大規模な減損損失を計上している企業グループと異なる特徴をもつか，つまり，これらを分割する意義があるか否かを確認することになる。

（2）　異時点間の損益の区分シフトの実態にかんする分析結果

①　リサーチ・デザイン

　ここでの検証は，第2章第5節の分析と対応するものである。そのため，それと同様の理由から，経営者が減損損失を利用した異時点間の損益の区分シフトをおこなっているか否かは，大規模な減損損失を計上する企業グループについて，それをおこなっていない企業グループより将来の経常利益や経常増益が大きくなっているか否か（少なくとも，小さくなっていないか）を検証すればよい。

　企業グループ間の経常利益の水準と変化の平均値の差異を検証するため，以下では第2章第5節と同様，一元配置分散分析（ANOVA）をおこなう。なお，第1部（および，前節）の分析と同様の理由により，経常利益の水準と変化については，主として年度効果と産業効果をコントロールしたうえで検証をおこなった結果を報告する[18]。また，本節では，減損損失を利用した異時点間の損益の区分シフトの実態について検証をおこなうため，第2章第5節と同様，前後それぞれ1期間を含む計3期間の経常利益の水準と変化について検証をおこなう。そのため，観測値数はその分だけ減少し，12,760企業・年となった。

② 主要な検証結果

まずは，減損損失の規模と経常利益の水準の関係について，一元配置分散分析（ANOVA）をおこなった結果をみてみよう。これは**図表6-13**に示してある。なお，企業iがt期に減損損失を計上していない場合はNO_{it}^{imp}に，小規模な減損損失を計上している場合はSML_{it}^{imp}に，それぞれ分類される。これらに分類された場合，異時点間の損益の区分シフトをおこなっていない企業グループと判定される。また，企業iがt期に中規模な減損損失を計上している場合はMID_{it}^{imp}に，そして大規模な減損損失を計上している場合はBIG_{it}^{imp}に，それぞれ分類される。なお，OI_{it}^mは企業iのt期の経常利益（$t-1$期の総資産でデフレート）の年度別・産業別平均値からの差異である。

図表6-13をみると，t期に大規模な減損損失を計上している企業グループ（BIG_{it}^{imp}）は，異時点間の損益の区分シフトをおこなっていない企業グループ（NO_{it}^{imp}とSML_{it}^{imp}）にくらべ，$t-1$期から$t-1$期のすべての期間において，経

図表6-13　減損損失の規模と経常利益の水準の関係

分類	OI_{it-1}^m		OI_{it}^m		OI_{it+1}^m		観測値数
	平均値	標準偏差	平均値	標準偏差	平均値	標準偏差	
① NO_{it}^{imp}	0.005	0.066	0.004	0.062	0.003	0.061	6,959
② SML_{it}^{imp}	−0.001	0.043	0.001	0.041	0.000	0.041	3,361
③ MID_{it}^{imp}	0.000	0.054	0.001	0.053	0.003	0.051	1,311
④ BIG_{it}^{imp}	−0.024	0.078	−0.026	0.081	−0.019	0.077	1,129
F値	72.37**		86.82**		46.12**		
多重比較	①>②，①>③ ①>④，②>④ ③>④		①>②，①>④ ②>④，③>④		①>④，②>④ ③>④		

**は1%水準で有意，*は5%水準で有意。

注）OI_{it}^mは企業iのt期の経常利益（$t-1$期の総資産でデフレート）の年度別・産業別平均値からの差異である。また，企業iがt期に減損損失を計上していない場合はNO_{it}^{imp}に，小規模な減損損失を計上している場合はSML_{it}^{imp}に，中規模な減損損失を計上している場合はMID_{it}^{imp}に，そして大規模な減損損失を計上している場合はBIG_{it}^{imp}に，それぞれ分類される。なお，多重比較は，少なくとも5%水準で統計的に有意になったものを示している。

18　年度効果と産業効果をコントロールする理由については第1章第5節（2）①を，その方法については第1章注10を参照。

常利益の水準が低く，これら企業グループの間の平均値の差異を多重比較した結果は，すべて統計的に有意である。これは，大規模な減損損失を計上している企業は，それを計上する以前から業績が悪い傾向があり，減損損失計上後も他の企業と遜色のない水準までは，業績が回復しないことを示唆している。少なくともここでの結果は，将来の減価償却費を減損損失として先取り計上することによる異時点間の損益の区分シフトが，大規模な減損損失を計上している企業グループにおいておこなわれていることを示唆するものとはいえない。

つづいて，減損損失の規模と経常利益の変化の関係について，一元配置分散分析（ANOVA）をおこなった結果をみてみよう。これは**図表6-14**に示してある。なお，ΔOI_{it}^m は企業 i の t 期の経常利益の対前年度変化額（$t-1$ 期の総資産でデフレート）の年度別・産業別平均値からの差異である。

図表6-14をみると，t 期に大規模な減損損失を計上している企業グループ（BIG_{it}^{imp}）は，損益の区分シフトをおこなっていない企業グループ（NO_{it}^{imp} と SML_{it}^{imp}）にくらべ，$t-1$ 期の経常増益が小さく，これら企業グループの間の平均値の差異を多重比較した結果は，統計的に有意である。大規模な減損損失を計上している企業は，それを計上する以前から業績が悪化している傾向があるといえる。

つぎに，t 期の経常利益の変化についてみてみよう。その結果は，前者の企

図表6-14 減損損失の規模と経常利益の変化の関係

分類		ΔOI_{it-1}^m		ΔOI_{it}^m		ΔOI_{it+1}^m		観測値数
		平均値	標準偏差	平均値	標準偏差	平均値	標準偏差	
①	NO_{it}^{imp}	0.002	0.046	0.000	0.044	−0.002	0.042	6,959
②	SML_{it}^{imp}	−0.001	0.031	0.000	0.030	−0.002	0.030	3,361
③	MID_{it}^{imp}	−0.002	0.035	−0.001	0.038	0.002	0.039	1,311
④	BIG_{it}^{imp}	−0.006	0.055	0.000	0.058	0.011	0.063	1,129
F値		13.12**		0.35		34.34**		
多重比較		①>②，①>③ ①>④，②>④		N/A		①<④，②<③ ②<④，③<④		

** は1%水準で有意，* は5%水準で有意。
注）ΔOI_{it}^m は企業 i の t 期の経常利益の対前年度変化額（$t-1$ 期の総資産でデフレート）の年度別・産業別平均値からの差異である。各分類の定義は図表6-13の注を参照。

業グループ（BIG_{it}^{imp}）の t 期の経常増益が，後者の企業グループ（NO_{it}^{imp} と SML_{it}^{imp}）のそれと差異がないというものであった。大規模な減損損失を計上している企業は，それを計上したときには，業績悪化傾向に変化の兆しがみられるようである。

最後に，$t+1$ 期の経常利益の変化についてみてみよう。その結果は，t 期に大規模な減損損失を計上している企業グループ（BIG_{it}^{imp}）の $t+1$ 期の経常増益がもっとも大きく，当該企業グループと損益の区分シフトをおこなっていない企業グループ（NO_{it}^{imp} と SML_{it}^{imp}）の間の平均値の差異を多重比較した結果は，統計的に有意であった。これは，将来の減価償却費を減損損失として先取り計上することによる異時点間の損益の区分シフトが，大規模な減損損失を計上している企業グループにおいておこなわれていることを示唆する結果である。

ここで，t 期に大規模な減損損失を計上する企業グループ（BIG_{it}^{imp}）の $t+1$ 期における大きな経常増益は，企業の構造改革に伴う大規模損失とその後の業績改善を反映している可能性もある（Cready et al. 2012）。業績が改善しているのであれば，売上高についても改善の兆しがみられるはずであるから，以下では，減損損失の規模と売上高成長率（年度別・産業別平均値からの差異）の関係について，一元配置分散分析（ANOVA）をおこなった結果をみてみよう。これは**図表 6−15** に示してある。なお，ΔSAL_{it}^{m} は，企業 i の t 期の売上高成長

図表 6−15　減損損失の規模と売上高成長率の関係

分類		ΔSAL_{it-1}^{m}		ΔSAL_{it}^{m}		ΔSAL_{it+1}^{m}		観測値数
		平均値	標準偏差	平均値	標準偏差	平均値	標準偏差	
①	NO_{it}^{imp}	0.005	0.163	0.003	0.152	0.003	0.152	6,959
②	SML_{it}^{imp}	−0.003	0.119	0.000	0.113	−0.002	0.111	3,361
③	MID_{it}^{imp}	−0.003	0.136	−0.008	0.125	−0.002	0.122	1,311
④	BIG_{it}^{imp}	−0.022	0.175	−0.014	0.188	−0.016	0.183	1,129
F 値		11.28**		5.80**		5.93**		
多重比較		①＞④，②＞④，③＞④		①＞④，②＞④		①＞④，②＞④		

＊＊は 1％ 水準で有意，＊は 5％ 水準で有意。
注）ΔSAL_{it}^{m} は企業 i の t 期の売上高成長率の年度別・産業別平均値からの差異である。各分類の定義は図表 6−13 の注を参照。

率の年度別・産業別平均値からの差異である。

図表6-15をみると，t期に大規模な減損損失を計上する企業グループ（BIG_{it}^{imp}）は，売上高成長率が$t-1$期とt期のみならず$t+1$期においても，損益の区分シフトをおこなっていない企業グループ（NO_{it}^{imp}とSML_{it}^{imp}）にくらべて低くなっていることが確認できる。これら企業グループの間の平均値の差異を多重比較した結果は，統計的に有意である。これは，前者の企業グループの$t+1$期における大きな経常増益が，大きな増収を伴わないものであることを意味している。このことから，t期に大規模な減損損失を計上する企業グループの$t+1$期における大きな経常増益は，業績改善を反映したものではなく，経営者が将来の減価償却費を減損損失として先取り計上する，異時点間の損益の区分シフトをおこなったものと解釈してよいであろう。

（3） 追加的検証

① 大規模な減損損失の定義

「大規模な減損損失」の定義は主観的なものであり，減損損失の規模によるグルーピングが異なれば，得られる結果も異なる可能性がある。検証結果の頑健性を高めるためには，その定義を変更して検証を繰り返す必要がある。

そこで，ここでは追加的検証として，「大規模な減損損失」の定義を，前期末固定資産（投資その他の資産を除く）にたいする減損損失の割合が4%超とした場合と，それが5%超とした場合について，上述と同様の検証をおこなった。これらの結果は，上述の検証によって得られた結果と同様，将来の減価償却費を減損損失として先取り計上することによる異時点間の損益の区分シフトが，大規模な減損損失を計上している企業グループにおいておこなわれていると解釈できるものであった。

② 年度効果と産業効果

上述の検証では，経常利益の水準や変化，売上高成長率のそれぞれについて，年度効果と産業効果をコントロールしたうえで検証をおこなっていた。ここでは第2章第5節と同様の理由で，経常利益の水準や変化，売上高成長率のそれぞれについて，年度効果と産業効果をコントロールせずに追加検証をおこなっ

た。これらの結果もまた，上述の検証によって得られた結果と同様，このタイプの損益の区分シフトが，大規模な減損損失を計上している企業グループにおいておこなわれていると解釈できるものであった。

第6節 おわりに

　本章の目的は，固定資産の費用配分にかんする損益項目である，固定資産処分損益と減損損失に着目して，経営者が固定資産処分損益や減損損失を利用した損益の区分シフトをおこなっているか否かをあきらかにすることであった。ここで，もし経営者がそのような損益の区分シフトをおこなっているのであれば，そのような企業には固定資産処分損益や減損損失に特徴的なパターンが表れる。たとえば，減価償却費を過小計上している企業は，損益の区分シフトをおこなっていない企業にくらべ，経済的に無視できない大きさの固定資産処分損や減損損失を計上する頻度が多くなるだろう。また，将来の経常利益を増大させるために損益の区分シフトをおこなっているのであれば，それを実行した企業は，それをおこなっていない企業にくらべ，それを実行した期に大規模な減損損失を計上することになるだろう。

　そこで本章では，固定資産処分損や減損損失の頻度と規模に着目して，損益の区分シフトの実態を，一元配置分散分析（ANOVA）によって検証した。なお，固定資産処分損益の計上区分を裁量的に決定することで同一時点の損益の区分シフトをおこなっている企業の識別は，固定資産処分損益の区分変更に着目して検証をおこなった。

　検証の結果，区分選択項目のひとつである固定資産処分損益の区分変更による同一時点の損益の区分シフトが，サンプル全体の5%程度（それを実行可能なサンプルに限定した場合，その7%程度）の割合で存在することが確認された。ただし，それが経常利益にあたえるインパクトは非常に小さい。第7章では，本章で識別した，固定資産処分損益の区分変更をおこなっている企業グループの，同一時点の損益の区分シフトにたいする投資家の評価を検証することにした。

また，経済的に無視できない大きさの減損・処分損を継続的に計上している企業グループは，損益の区分シフトをおこなっていないとされる企業グループにくらべ，売上高成長率が低いにもかかわらず，経常利益や経常増益の大きさに差異がないことがあきらかとなった。これは，経済的に無視できない大きさの減損・処分損を継続的に計上している企業グループが，固定資産の償却不足を利用した継続的な損益の区分シフトをおこなっていることを示唆するものである。よって，第8章では，当該企業グループを，固定資産の償却不足を利用した継続的な損益の区分シフトをおこなっている企業グループとして識別したうえで，損益の区分シフトにたいする投資家の評価を検証することにした。

　さらに，大規模な減損損失を計上している企業グループは，損益の区分シフトをおこなっていないとされる企業グループにくらべ，その翌期に売上高成長率が低いにもかかわらず，大きな経常増益を達成する傾向があることがあきらかとなった。これは，大規模な減損損失を計上している企業グループが，将来の減価償却費を減損損失として先取り計上する，異時点間の損益の区分シフトをおこなっていることを示唆するものである。よって，第9章では，当該企業グループを，異時点間の損益の区分シフトをおこなっている企業グループとして識別したうえで，損益の区分シフトにたいする投資家の評価を検証することにした。

第7章

同一時点の損益の区分シフトにたいする投資家の評価
―固定資産処分損益の区分変更に着目して―

第1節 はじめに

　第6章では，個別の損益項目として，固定資産の費用配分にかんする損益項目である，固定資産処分損益と減損損失に着目して，それらを利用した損益の区分シフトの実態について，本書の第1部と同様の分析をおこなった。そこでは，区分選択項目のひとつである固定資産処分損益の区分を変更することによる同一時点の損益の区分シフトが，サンプル全体の5%程度の割合で存在することが確認された。

　また，本章と対応する第3章では，第1章の分析によってあきらかにされた，区分選択項目を利用した同一時点の損益の区分シフトをおこなっている企業の利益情報にたいして，投資家が誤った評価をしてしまうことがあるか否かについて，実証的に検証をおこなった。そこでの検証結果は，区分選択項目がもつ恒久利益（持続可能な利益）にかんする情報内容のグループ間差異の有無を，投資家が適切に反映して株式評価に利用できる場合もあるが，それができない場合もあることを示唆するものであった。ただし，区分選択項目がもつ情報内容のグループ間差異がわからない場合であっても，投資家は，損益の区分シフトによる情報の信頼性の低下を反映して，それを割り引いて株式評価に利用することを示唆する結果も得られている。しかし，第6章第3節の検証によって

あきらかにされた，固定資産処分損益の区分変更による損益の区分シフトについては，この第3章に対応する分析はおこなわれていない。

そこで本章では，第6章第3節の分析によってあきらかにされた，固定資産処分損益の区分変更による同一時点の損益の区分シフトをおこなっている企業の利益情報にたいして，投資家が誤導されてしまうことがあるか否かについて実証的に検証をおこなう。検証結果は，損益の区分シフトによって生じた，固定資産処分損益がもつ恒久利益にかんする情報内容のグループ間差異を反映して，投資家が固定資産処分損益を株式評価に利用していることを示唆するものであった。投資家は，このタイプの損益の区分シフトに誤導されないといえるため，本章と対応する第3章の分析結果と整合的なものといえる。

本章の構成はつぎのとおりである。まず，第2節では，関連する先行研究の結果に触れつつ，仮説を構築する。その後，第3節で検証対象となるサンプルを確認し，第4節で仮説の検証モデルを紹介し，検証結果を記述する。第5節は追加的検証とその結果の紹介であり，第6節は本章のまとめである。

第2節 仮説構築

本章は第3章と対応するものであるから，仮説構築の流れも第3章と同様のものとなる。ここでは，第3章第3節で論じた仮説構築の流れを簡略化して示したうえで，本章の仮説を提示することにしよう。

株式価値の決定要因は，その株式を発行している企業の恒久利益と株主資本コストである。このことから，投資家は，固定資産処分損益に含まれている恒久利益にかんする情報を読み解いたうえで，株式価値を評価するはずである。ただし，第6章第2節の記述統計量からもあきらかなように，固定資産処分損益の表示区分の決定は，利益の持続性によらない可能性が高いから，営業外損益に計上されている固定資産処分損益には多くの恒久利益が含まれ，特別損益に計上されている固定資産処分損益には恒久利益がほとんど含まれていないと単純に想定することはできない。

経営者が固定資産処分損益の区分変更による損益の区分シフトをおこなった

場合，特別損益の区分にシフトされた固定資産処分損益には，営業外損益に区分されていた場合に含まれているはずの情報内容が含まれ，営業外損益の区分にシフトされた固定資産処分損益には，特別損益に区分されていた場合に含まれるはずの情報内容が含まれることになる。しかし，そもそも固定資産処分損益の表示区分の決定は，利益の持続性によらない可能性が高いうえ，同一の損益項目であっても，表示される区分が異なれば，投資家の評価も異なる可能性がある（Bartov and Mohanram 2014 ; Luo et al. 2016）。このことから，損益の区分シフトによって特別損益に計上されている固定資産処分損益に多くの恒久利益が含まれるようになるとか，営業外損益に計上されている固定資産処分損益に恒久利益が含まれなくなるといった仮説を設定することはできない。

　第6章第3節では，固定資産処分損益の区分変更による損益の区分シフトをおこなっている企業を，実際に区分が変更されているか否かを直接観察することによって識別した。このことから，少なくとも投資家は，これと同様の方法をもちいて，この損益の区分シフトを識別できるはずである。損益の区分シフトがおこなわれていることは識別できるが，それがもつ情報内容まではわからない投資家は，固定資産処分損益の区分変更による損益の区分シフトをおこなっている企業の固定資産処分損益を，株価が低くなるように割引評価するはずである。よって，本章の仮説は以下のようになる。

〈仮説〉
　　投資家は，固定資産処分損益の区分変更による同一時点の損益の区分シフトをおこなっている企業の固定資産処分損益を，それをおこなっていない企業のものにくらべ，株価が低くなるように割引評価する。

　なお，ここで検証対象としている固定資産処分損益の区分変更による損益の区分シフトは，それをおこなった企業の他の損益項目には何ら影響をあたえない。このことから，他の損益項目にたいする投資家の評価は，他の条件が等しければ，このような損益の区分シフトをおこなっている企業とおこなっていない企業の間で異ならないことが期待される。ただし，第6章第3節で指摘したように，固定資産処分損益の区分変更による損益の区分シフトは，他の利益マ

ネジメントと同時に実行される，いわゆる「調整弁」としての役割を担っている可能性がある。そのため，固定資産処分損益の区分変更による損益の区分シフトをおこなっているか否かによって，他の利益マネジメントの利用状況が異なり，結果として利益の持続性やリスクに差異が生じているかもしれない。そこで，検証をおこなうにあたっては，同時に実行される他の利益マネジメントの存在が，他の損益にたいする投資家の評価のグループ間差異をもたらす可能性がある点を考慮して，検証モデルを構築する必要があるだろう。

第3節　サンプル

　本章は第6章第3節の分析をもとに進められるため，本章では第6章と同じサンプル[1]をもちいて検証をおこなう。ただし，本章の検証には新たに株価データ[2]が必要となる。第6章第3節と同様，本章の分析期間は2007年から2014年の8年間となるが，株価データを入手できない観測値が存在することにより，検証対象となるサンプルの観測値数は，最終的に16,860企業・年となった。

　仮説を検証するためには，固定資産処分損益の区分変更による同一時点の損益の区分シフトをおこなっている企業と，それをおこなっていない企業にサンプルを分割する必要がある。第6章第3節では，固定資産処分損益の区分を変更することによる損益の区分シフトが，サンプル全体の5%程度の割合で存在することが確認された。そこで，本章では，第6章第3節でその存在が確認された，固定資産処分損益の区分を変更している企業と，それ以外の企業にサンプルを分割したうえで，仮説を検証することにした。

（1）　記述統計量

　図表7-1は，仮説の検証に必要な変数の記述統計量を示したものである。

1　第6章第2節を参照。
2　そのデータベースについては，第3章第4節を参照。

図表7-1 変数の記述統計量

分類	変数	平均値	標準偏差	最小値	第1四分位	中央値	第3四分位	最大値	観測値数
$CS_{it}^{fix}=0$	P_{it}	0.998	0.390	0.008	0.786	0.966	1.146	4.055	15,997
	OI_{it}^{adj}	0.108	0.136	−0.586	0.051	0.106	0.172	0.611	15,997
	DIS_{it}^{ot}	0.000	0.001	−0.007	0.000	0.000	0.000	0.039	15,997
	SI_{it}^{adj}	−0.022	0.067	−0.549	−0.021	−0.004	0.000	0.182	15,997
	DIS_{it}^{spe}	0.000	0.015	−0.053	−0.003	−0.001	0.000	0.133	15,997
$CS_{it}^{fix}=1$	P_{it}	1.010	0.318	0.008	0.811	0.971	1.151	3.125	863
	OI_{it}^{adj}	0.107	0.099	−0.515	0.063	0.102	0.147	0.611	863
	DIS_{it}^{ot}	−0.002	0.003	−0.007	−0.003	−0.002	−0.001	0.045	863
	SI_{it}^{adj}	−0.016	0.052	−0.544	−0.019	−0.005	0.000	0.182	863
	DIS_{it}^{spe}	0.002	0.015	−0.051	−0.001	0.000	0.001	0.133	863
計	P_{it}	0.999	0.386	0.008	0.788	0.967	1.146	4.055	16,860
	OI_{it}^{adj}	0.108	0.135	−0.586	0.052	0.105	0.170	0.611	16,860
	DIS_{it}^{ot}	0.000	0.001	−0.007	0.000	0.000	0.000	0.045	16,860
	SI_{it}^{adj}	−0.021	0.067	−0.549	−0.021	−0.004	0.000	0.182	16,860
	DIS_{it}^{spe}	0.000	0.015	−0.053	−0.003	0.000	0.000	0.133	16,860

注）各変数の定義はつぎのとおりである。$P=$決算日から3か月経過後（6月末日）の株価，$OI^{adj}=1$株当たり修正経常利益，$DIS^{ot}=1$株当たり営業外固定資産処分損益，$SI^{adj}=1$株当たり修正特別損益，$DIS^{spe}=1$株当たり特別固定資産処分損益，$CS^{fix}=$固定資産処分損益の区分を変更している企業グループに該当するとき1，その他を0とするダミー変数。添え字のiは企業，tは年度である。DIS^{ot}を除くすべての変数について，P_{it-1}でデフレートしたのち，年度ごとに上下1%ずつを異常値として置換処理している。なお，DIS^{ot}については，正値となる観測値数が極端に少ないことから，下位1%のみを異常値として置換処理している。

本章では，サンプルを2つのグループに分割したうえで検証することになるから，図表7-1では，サンプル全体の記述統計量のほか，グループごとの記述統計量も併せて示している。ここで，Pは決算日から3か月経過後（6月末日）の株価，OI^{adj}は1株当たり修正経常利益，DIS^{ot}は営業外損益の区分に計上されている1株当たり固定資産処分損益，SI^{adj}は1株当たり修正特別損益，DIS^{spe}は特別損益の区分に計上されている1株当たり固定資産処分損益である。添え字のiは企業，tは年度を意味している。

修正経常利益は，営業外損益に区分される固定資産処分損益を除く経常利益であり，$OI_{it}^{adj}=OI_{it}-DIS_{it}^{ot}$で計算される。また，修正特別損益は，特別損益に区分される固定資産処分損益を除く特別損益であり，$SI_{it}^{adj}=SI_{it}-DIS_{it}^{spe}$で計算される。なお，$OI$は1株当たり経常利益，$SI$は1株当たり特別損益であ

る。図表7-1に示されているこれらの変数は，前期末から3か月経過後の株価（P_{lt-1}）でデフレート済みのものであり，年度ごとに上下1％ずつを異常値として置換処理した後のものである[3]。

サンプルを2つのグループに分割するための変数として，ここでは1つのダミー変数を定義している。CS^{fix} は固定資産処分損益の区分を変更している企業グループに該当するとき1，その他を0とするダミー変数である。なお，経営者は，固定資産処分損益の計上区分について，①営業外損益の区分にのみ計上，②特別損益の区分にのみ計上，③営業外損益の区分と特別損益の区分の双方に計上，という3つの形態から選択することができる。よって，ここでは，第6章第3節と同様，時系列でみて，経営者が実際にこれら3つの形態のうちのひとつから，別の形態に変更している場合，固定資産処分損益の区分変更をおこなっている企業グループと判定している[4]。

図表7-1をみると，大きな差異ではないものの，固定資産処分損益の区分を変更している企業グループ（$CS^{fix}=1$）と比較して，それを変更していない企業グループ（$CS^{fix}=0$）の営業外損益の区分に計上されている1株当たり固定資産処分損益（DIS^{ot}）の平均値は小さく，特別損益の区分に計上されている1株当たり固定資産処分損益（DIS^{spe}）の平均値は大きい。これは，固定資産処分損益の区分の変更による損益の区分シフトが，経常利益を減少させる方向でおこなわれるケースのほうが多いという第6章第3節の結果と整合的である。

（2） 相関マトリックス

つぎに，検証にもちいる変数間の相関関係をみてみよう。これは**図表7-2**に示してある。図表の左下段の数値はピアソンの積率相関係数，右上段の数値

---

[3] ただし，営業外損益に区分されている1株当たり固定資産処分損益（DIS^{ot}）については，正値となるものが極端に少ないことから，下位1％のみを異常値として置換処理している。

[4] なお，固定資産処分損益を営業外損益の区分と特別損益の区分の双方に計上している場合，どちらの区分にどの程度の固定資産処分損益を配分するかについて，経営者に裁量の余地があるから，③の形態が観察された場合は，過去の形態から変更がない場合であっても，固定資産処分損益の区分変更による損益の区分シフトがおこなわれたものとしてカウントしている。

図表7-2　変数間の相関マトリックス

変数		①	②	③	④	⑤
①	P_{it}		0.404**	−0.009	0.052**	0.002
②	OI_{it}^{adj}	0.316**		0.007	−0.007	−0.084**
③	DIS_{it}^{ot}	−0.018	−0.015		−0.008	−0.174**
④	SI_{it}^{adj}	0.049**	0.143**	0.007		0.064**
⑤	DIS_{it}^{spe}	0.015	−0.083**	−0.011	−0.072**	

**は1％水準で有意，*は5％水準で有意。
注）各変数の定義は図表7-1の注を参照。図表の左下段はピアソンの積率相関係数，右上段はスピアマンの順位相関係数である。

はスピアマンの順位相関係数である。

　図表7-2をみると，株価（P）と修正経常利益（OI^{adj}）の間に統計的に有意な正の相関関係があることがわかる。これは，経常利益が高い企業は恒久利益も高くなり，恒久利益が高い企業の株式を投資家が高く評価した結果であるととらえることができる。これにたいし，株価（P）と固定資産処分損益（DIS^{ot}，または DIS^{spe}）との間には，統計的に有意な相関関係はみられない。これは，固定資産処分損益がどちらに区分されていても，株価と関連するような恒久利益は含まれていないことを示唆するものといえる。

　以下の検証では，株価（P）以外の変数をすべて説明変数に含めて回帰分析をおこなうことになるが，少なくとも，説明変数間に多重共線性の問題が生じるほどの相関関係は存在しないといえよう。

第4節　検証モデルと検証結果

（1）　検証モデル

　本章では，仮説を検証するため，本章と対応する第3章での分析と同様，利益と株価の関連性を検証する OLS 回帰モデルである利益資本化モデルをもちいる。本章の仮説を検証するための具体的な回帰モデルは，以下のモデル1で表現される。なお，モデル1の変数の定義は，第3節で示したとおりである。

〈モデル1〉

$$P_{it} = \beta_0 + \beta_1 CS^{fix}_{it} + \beta_2 OI^{adj}\_POS_{it} + \beta_3 OI^{adj}\_POS_{it} \times CS^{fix}_{it} + \beta_4 OI^{adj}\_NEG_{it}$$
$$+ \beta_5 OI^{adj}\_NEG_{it} \times CS^{fix}_{it} + \beta_6 DIS^{oth}\_POS_{it} + \beta_7 DIS^{oth}\_POS_{it} \times CS^{fix}_{it}$$
$$+ \beta_8 DIS^{oth}\_NEG_{it} + \beta_9 DIS^{oth}\_NEG_{it} \times CS^{fix}_{it} + \beta_{10} SI^{adj}\_POS_{it}$$
$$+ \beta_{11} SI^{adj}\_POS_{it} \times CS^{fix}_{it} + \beta_{12} SI^{adj}\_NEG_{it} + \beta_{13} SI^{adj}\_NEG_{it} \times CS^{fix}_{it}$$
$$+ \beta_{14} DIS^{spe}\_POS_{it} + \beta_{15} DIS^{spe}\_POS_{it} \times CS^{fix}_{it} + \beta_{16} DIS^{spe}\_NEG_{it}$$
$$+ \beta_{17} DIS^{spe}\_NEG_{it} \times CS^{fix}_{it} + YearDummies + FirmDummies + \varepsilon_{it}$$

利益が正値のとき，ある企業グループのERCが比較対象となる企業グループよりも小さければ，株価が低くなるような割引評価が，ある企業グループの利益にたいしておこなわれていることになる。これにたいし，利益が負値（損失）のとき，ある企業グループのERCが比較対象となる企業グループよりも大きければ，株価が低くなるような割引評価が，ある企業グループの利益にたいしておこなわれていることになる。そこで，モデル1では，営業外損益の区分に計上されている1株当たり固定資産処分損益（DIS^{ot}）と特別損益の区分に計上されている1株当たり固定資産処分損益（DIS^{spe}）を，それぞれ正値（利益）_POSと負値（損失）_NEGに分解している。そのうえで，仮説を検証するために，これらの変数とグループダミーの交差項を含めて回帰分析をおこなっている。

また，第2節で指摘したように，1株当たり修正経常利益（OI^{adj}）と1株当たり修正特別損益（SI^{adj}）についても，グループ間で株価との関係が異なる可能性もある。そのため，仮説を検証するためには必ずしも必要ないが，1株当たり修正経常利益（OI^{adj}）と1株当たり修正特別損益（SI^{adj}）についても，それぞれ正値（利益）_POSと負値（損失）_NEGに分解したうえで，これらの変数とグループダミーの交差項を含めている。さらに，年度効果と企業効果を固定するため，モデル1には，年度ダミー（YearDummies）と企業ダミー（FirmDummies）を含めている。

なお，第2部での分析と同様の理由[5]で，ここではダミー変数を除くすべて

---

5 第3章第5節（1）②を参照。

の変数を前期末から3か月経過後の株価（P_{it-1}）でデフレートしたうえで，年度ごとに上下1％ずつ（DIS^{ot} は下位1％）を異常値として置換処理している。また，偏回帰係数のt値の計算にあたっては，企業ごとにクラスター補正を加えたロバスト推定をおこなう。

第2節で示した仮説が支持されるためには，固定資産処分損益の区分を変更していない企業グループ（$CS^{fix}=0$）と比較して，それを変更している企業グループ（$CS^{fix}=1$）の営業外収益の区分に計上されている固定資産処分益（DIS^{ot}_POS）と，特別利益の区分に計上されているそれ（DIS^{spe}_POS）のERCが小さければよく，営業外費用の区分に計上されている固定資産処分損（DIS^{ot}_NEG）と，特別損失の区分に計上されているそれ（DIS^{spe}_NEG）のERCが大きければよい。つまり，仮説が支持されるためには，モデル1の β_7 と β_{15} が統計的に有意なマイナスになり，β_9 と β_{17} が統計的に有意なプラスになればよい。これは，後者のグループの固定資産処分損益が，前者のグループのそれよりも，株価が低くなるように投資家に割引評価されていることを意味する。

（2） 検証結果

モデル1の検証結果は **図表7-3** に示してある。図表7-3をみると，固定資産処分損益の区分を変更していない企業グループ（$CS^{fix}=0$）と，それを変更している企業グループ（$CS^{fix}=1$）の営業外収益の区分に計上されている固定資産処分益（DIS^{ot}_POS）のERCの差異である β_7 は統計的に有意にマイナスである。これは固定資産処分損益の区分変更による同一時点の損益の区分シフトをおこなっている企業グループの，営業外収益の区分に計上されている固定資産処分益を，株価が低くなるように投資家が割引評価していることになるから，仮説を支持する結果である。

これにたいし，固定資産処分損益の区分を変更していない企業グループ（$CS^{fix}=0$）と，それを変更している企業グループ（$CS^{fix}=1$）の，営業外費用の区分に計上されている固定資産処分損（DIS^{ot}_NEG）のERCの差異である β_9，特別利益の区分に計上されている固定資産処分益（DIS^{spe}_POS）のERCの差異である β_{15}，そして特別損失の区分に計上されている固定資産処分損

図表 7-3　モデル1の検証結果

	変数	係数	t値	線形制約	係数	F値
β_0	Cons.	0.848	59.86**			
β_1	CS^{fix}_{it}	0.067	1.88			
β_2	$OI^{adj}\_POS_{it}$	1.993	28.61**			
β_3	$OI^{adj}\_POS_{it} \times CS^{fix}_{it}$	−0.303	−1.36	$\beta_2+\beta_3=0$	1.690	59.91**
β_4	$OI^{adj}\_NEG_{it}$	−0.492	−6.41**			
β_5	$OI^{adj}\_NEG_{it} \times CS^{fix}_{it}$	0.153	0.41	$\beta_4+\beta_5=0$	−0.339	0.87
β_6	$DIS^{ot}\_POS_{it}$	14.771	4.32**			
β_7	$DIS^{ot}\_POS_{it} \times CS^{fix}_{it}$	−19.881	−3.66**	$\beta_6+\beta_7=0$	−5.111	1.62
β_8	$DIS^{ot}\_NEG_{it}$	−23.696	−2.85**			
β_9	$DIS^{ot}\_NEG_{it} \times CS^{fix}_{it}$	15.836	1.57	$\beta_8+\beta_9=0$	−7.860	1.10
β_{10}	$SI^{adj}\_POS_{it}$	1.899	6.34**			
β_{11}	$SI^{adj}\_POS_{it} \times CS^{fix}_{it}$	−0.724	−0.52	$\beta_{10}+\beta_{11}=0$	1.175	0.75
β_{12}	$SI^{adj}\_NEG_{it}$	−0.019	−0.31			
β_{13}	$SI^{adj}\_NEG_{it} \times CS^{fix}_{it}$	0.284	0.98	$\beta_{12}+\beta_{13}=0$	0.265	0.88
β_{14}	$DIS^{spe}\_POS_{it}$	1.250	3.92**			
β_{15}	$DIS^{spe}\_POS_{it} \times CS^{fix}_{it}$	−0.483	−0.52	$\beta_{14}+\beta_{15}=0$	0.767	0.78
β_{16}	$DIS^{spe}\_NEG_{it}$	−1.823	−2.63**			
β_{17}	$DIS^{spe}\_NEG_{it} \times CS^{fix}_{it}$	0.757	0.35	$\beta_{16}+\beta_{17}=0$	−1.065	0.26
	年度ダミー：含む			自由度調整済決定係数：	0.305	
	企業ダミー：含む			観測値数：	16,860	

**は1％水準で有意，＊は5％水準で有意。

注）各変数の定義は図表7-1の注を参照。_POSは損益が正値であること，_NEGは損益が負値であることを意味する。ここでのt値は，企業ごとにクラスター補正を加えたロバスト推定の結果である。

(DIS^{spe}_NEG) のERCの差異である β_{17} は，いずれも統計的に有意ではない。これは仮説を支持する結果とはいえない[6]。固定資産処分損益の区分変更を利用した同一時点の損益の区分シフトをおこなっている企業のこれらの項目に投

---

[6] 固定資産処分損益の区分を変更している企業グループ（$CS^{fix}=1$）の DIS^{ot}_NEG のERCを意味する $\beta_8+\beta_9$ と，DIS^{spe}_POS のERCを意味する $\beta_{14}+\beta_{15}$ と，DIS^{spe}_NEG のERCを意味する $\beta_{16}+\beta_{17}$ のそれぞれについて，線形制約のF検定の結果は，すべて統計的に有意ではない。固定資産処分損益の区分を変更していない企業グループ（$CS^{fix}=0$）のこれらの項目のERC（β_8, β_{14}, β_{16}）が統計的に有意であることを鑑みると，これら企業グループ間において，これらの項目と株価の関連性は異なる可能性もある。しかし，これら企業グループ間のこれらの項目のERCの差異（β_9, β_{15}, β_{17}）が統計的に有意ではない以上，F検定の結果が統計的に有意ではないことをもって，仮説を支持する結果が得られているとはいえないだろう。

資家が誤導されているか否かについては，次節の追加的検証の結果をみてから判断することになる。

なお，修正経常利益（OI^{adj}）と修正特別損益（SI^{adj}）については，固定資産処分損益の区分を変更していない企業グループ（$CS^{fix}=0$）と，それを変更している企業グループ（$CS^{fix}=1$）の間で，ERCに統計的に有意な差異は観察されなかった。これは，固定資産処分損益の区分変更による損益の区分シフトが，それをおこなった企業の他の損益項目には何ら影響をあたえておらず，投資家もそれを見越して評価をおこなっていることを示唆する結果といえよう。

第5節　追加的検証

（1）将来利益の予測能力

①　検証モデル

モデル1をもちいた検証結果は，固定資産処分損益の区分変更による，同一時点の損益の区分シフトをおこなっている企業の営業外収益に区分されている固定資産処分益を，投資家が割引評価することを示唆するものであった。しかし，この検証結果だけでは，この項目がもつ恒久利益にかんする情報内容のグループ間差異を反映して投資家が株式を評価したのか，それとも利益情報の信頼性を低く評価した結果，会計数値を割り引いたうえで，株式評価に利用したのかはあきらかではない。

本章では，これと対応する第3章と同様の理由[7]で，固定資産処分損益がもつ将来利益の予測能力を，以下のモデル2をもちいて確認する。

〈モデル2〉

$$OI_{it+1} = \beta_0 + \beta_1 CS^{fix}_{it} + \beta_2 OI^{adj}\_POS_{it} + \beta_3 OI^{adj}\_POS_{it} \times CS^{fix}_{it} + \beta_4 OI^{adj}\_NEG_{it}$$
$$+ \beta_5 OI^{adj}\_NEG_{it} \times CS^{fix}_{it} + \beta_6 DIS^{oth}\_POS_{it} + \beta_7 DIS^{oth}\_POS_{it} \times CS^{fix}_{it}$$

7　第3章第6節（1）①を参照。

$$+ \beta_8 DIS^{oth}\_NEG_{it} + \beta_9 DIS^{oth}\_NEG_{it} \times CS^{fix}_{it} + \beta_{10} SI^{adj}\_POS_{it}$$
$$+ \beta_{11} SI^{adj}\_POS_{it} \times CS^{fix}_{it} + \beta_{12} SI^{adj}\_NEG_{it} + \beta_{13} SI^{adj}\_NEG_{it} \times CS^{fix}_{it}$$
$$+ \beta_{14} DIS^{spe}\_POS_{it} + \beta_{15} DIS^{spe}\_POS_{it} \times CS^{fix}_{it} + \beta_{16} DIS^{spe}\_NEG_{it}$$
$$+ \beta_{17} DIS^{spe}\_NEG_{it} \times CS^{fix}_{it} + YearDummies + FirmDummies + \varepsilon_{it}$$

　モデル2は，被説明変数が次期の1株当たり経常利益（OI_{it+1}）に変更されている以外は，モデル1と同じものである。なお，$t+1$期の経常利益データをもちいることから，検証期間は2007年から2013年の7年間となり，観測値数は14,596企業・年に減少している。また，ダミー変数を除くすべての変数を前期末から3か月経過後の株価（P_{it-1}）でデフレートしたうえで，年度ごとに上下1％ずつ（DIS^{ot}は下位1％）を異常値として置換処理している点，偏回帰係数のt値の計算にあたって，企業ごとにクラスター補正を加えたロバスト推定をおこなう点は，モデル1と同様である。

　固定資産処分損益がもつ恒久利益にかんする情報内容のグループ間差異を反映して，投資家がそれを株式評価に利用したといえるためには，モデル2において，固定資産処分損益の区分を変更していない企業グループ（$CS^{fix}=0$）と，それを変更している企業グループ（$CS^{fix}=1$）の固定資産処分損益の偏回帰係数が，モデル1における検証結果と同様の傾向を示せばよい。なお，本章において，モデル2における検証結果が，モデル1における検証結果と同様の傾向を示さない場合，固定資産処分損益にかんする情報の信頼性が低下したことにより，それを割り引いて株式評価に利用していると解釈できるパターンと，損益の区分シフトに投資家が誤導されていると解釈できるパターンが存在する点には注意が必要である。

② 検証結果

　モデル2の検証結果は**図表7－4**に示してある。図表7-4をみると，固定資産処分損益の区分を変更していない企業グループ（$CS^{fix}=0$）と，それを変更している企業グループ（$CS^{fix}=1$）の営業外収益の区分に計上されている固定資産処分益（DIS^{ot}_POS）の偏回帰係数の差異であるβ_7は統計的に有意にマイナスである。これは，モデル1の検証結果と同様の傾向である。また，これら

図表7-4　モデル2の検証結果

	変数	係数	t値	線形制約	係数	F値
β_0	Cons.	0.079	17.20**			
β_1	CS_{it}^{fix}	−0.002	−0.21			
β_2	$OI^{adj}\_POS_{it}$	0.594	26.07**			
β_3	$OI^{adj}\_POS_{it} \times CS_{it}^{fix}$	0.092	1.42	$\beta_2+\beta_3=0$	0.686	115.77**
β_4	$OI^{adj}\_NEG_{it}$	0.009	0.28			
β_5	$OI^{adj}\_NEG_{it} \times CS_{it}^{fix}$	−0.282	−1.79	$\beta_4+\beta_5=0$	−0.273	3.10
β_6	$DIS^{oth}\_POS_{it}$	9.040	2.74**			
β_7	$DIS^{oth}\_POS_{it} \times CS_{it}^{fix}$	−12.576	−4.42**	$\beta_6+\beta_7=0$	−3.537	4.07*
β_8	$DIS^{oth}\_NEG_{it}$	−2.338	−0.79			
β_9	$DIS^{oth}\_NEG_{it} \times CS_{it}^{fix}$	3.040	0.90	$\beta_8+\beta_9=0$	0.702	0.09
β_{10}	$SI^{adj}\_POS_{it}$	0.276	2.61**			
β_{11}	$SI^{adj}\_POS_{it} \times CS_{it}^{fix}$	−0.126	−0.20	$\beta_{10}+\beta_{11}=0$	0.149	0.06
β_{12}	$SI^{adj}\_NEG_{it}$	−0.077	−2.79**			
β_{13}	$SI^{adj}\_NEG_{it} \times CS_{it}^{fix}$	−0.029	−0.33	$\beta_{12}+\beta_{13}=0$	−0.106	1.59
β_{14}	$DIS^{spe}\_POS_{it}$	0.016	0.15			
β_{15}	$DIS^{spe}\_POS_{it} \times CS_{it}^{fix}$	0.146	0.51	$\beta_{14}+\beta_{15}=0$	0.162	0.37
β_{16}	$DIS^{spe}\_NEG_{it}$	−0.669	−2.24*			
β_{17}	$DIS^{spe}\_NEG_{it} \times CS_{it}^{fix}$	−0.719	−0.72	$\beta_{16}+\beta_{17}=0$	−1.388	2.05

年度ダミー：含む　　企業ダミー：含む　　自由度調整済決定係数：0.524　　観測値数：14,596

**は1％水準で有意，＊は5％水準で有意。
注）各変数の定義は図表7-1の注を参照。_POSは損益が正値であること，_NEGは損益が負値であることを意味する。ここでのt値は，企業ごとにクラスター補正を加えたロバスト推定の結果である。

企業グループ間の，営業外費用の区分に計上されている固定資産処分損（DIS^{ot}_NEG）の偏回帰係数の差異であるβ_9，特別利益の区分に計上されている固定資産処分益（DIS^{spe}_POS）の偏回帰係数の差異であるβ_{15}，そして特別損失の区分に計上されている固定資産処分損（DIS^{spe}_NEG）の偏回帰係数の差異であるβ_{17}は，いずれも統計的に有意ではない。これも，モデル1の検証結果と同様の傾向である。ここでの結果は，損益の区分シフトによって，固定資産処分損益がもつ恒久利益にかんする情報内容にグループ間差異はなく，投資家はそのことを反映して，これらの項目を株式評価に利用していると解釈できるものである。

（2） 企業のグルーピングの変更

　損益計算書上，固定資産処分損益を計上していない企業は，そもそも固定資産処分損益の区分変更による損益の区分シフトをおこなうことができない。上述の検証は，比較対象となる固定資産処分損益の区分変更による損益の区分シフトをおこなっていない企業グループに，それをおこなうことができない企業を含めておこなっていた。固定資産処分損益の区分変更による損益の区分シフトをおこなうことができない企業は，それをおこなうことができる企業と異なる特徴をもっている可能性がある。第4節で検証対象となった観測値数は16,860企業・年であったが，そのうち20％強の3,681企業・年は，このタイプの損益の区分シフトをおこなうことができない企業であり，無視できない割合を占めている。

　そこで，上述の検証結果の頑健性を高めるため，固定資産処分損益の区分変更による損益の区分シフトをおこなうことが可能な企業にサンプルを限定したうえで，上述と同様の検証をおこなった。検証結果は，上述の検証によって得られた結果と同様，損益の区分シフトによって生じた，固定資産処分損益がもつ恒久利益にかんする情報内容のグループ間差異を反映して，投資家がこれらの項目を株式評価に利用していると解釈できるものであった。

　また，固定資産処分損益の区分の変更による損益の区分シフトは，経常利益を増額させるタイプのものと，それを減額させるタイプのものがある。それを実行する動機は，これら2つのタイプで異なるはずである。そこで，固定資産処分損益の区分変更による同一時点の損益の区分シフトをおこなっている企業グループを，本書で主として検証の対象としている，経常利益を増額させるタイプのものに限定して，上述と同様の検証をおこなった。検証結果は，上述の検証によって得られた結果と同様，投資家がこのタイプの損益の区分シフトに誤導されないと解釈できるものであった。

第6節　おわりに

　本章の目的は，第6章第3節の検証結果を受けて，固定資産処分損益の区分変更による同一時点の損益の区分シフトをおこなっている企業の損益情報にたいして，投資家が誤導されてしまうことがあるか否かについて実証的に検証をおこなうことであった。このタイプの損益の区分シフトがおこなわれている場合，特別損益の区分にシフトされている固定資産処分損益には，営業外損益に区分されている場合に含まれているはずの情報内容が含まれ，営業外損益の区分にシフトされている固定資産処分損益には，特別損益に区分されている場合に含まれるはずの情報内容が含まれることになる。よって，投資家は，そのような企業の固定資産処分損益にたいして，それがもつ恒久利益にかんする情報内容の差異を反映した評価をおこなうはずである。また，それがもつ恒久利益にかんする情報内容について推定することが困難な場合であっても，投資家はそのような企業の固定資産処分損益を割り引いて株式評価に利用することで自らを保護するはずである。

　検証結果は，損益の区分シフトによって生じた，固定資産処分損益がもつ恒久利益にかんする情報内容のグループ間差異を反映して，投資家が固定資産処分損益を株式評価に利用していることを示唆するものであった。本章の検証結果をみる限り，投資家は，固定資産処分損益の区分変更による同一時点の損益の区分シフトに誤導されないといえるだろう。なお，この結果は，投資家が誤導されないという点においては，本章と対応する第3章と整合的なものであった[8]。

8　ただし，第3章においては，投資家が損益の区分シフトによって区分選択項目にかんする情報の信頼性が低下したことを反映して，それを割り引いて株式評価に利用することを示唆する結果も得られていた。

第8章

継続的な損益の区分シフトにたいする投資家の評価
―固定資産の償却不足に着目して―

第1節 はじめに

　第6章では，個別の損益項目として，固定資産の費用配分にかんする損益項目である，固定資産処分損益と減損損失に着目して，それらを利用した損益の区分シフトの実態について，本書の第1部と同様の分析をおこなった。そこでの検証結果のひとつは，経済的に無視できない大きさの減損・処分損（固定資産処分損益と減損損失の合計値）を継続的に計上している企業グループが，固定資産の償却不足を利用した継続的な損益の区分シフトをおこなっていることを示唆するものであった。

　また，本章の分析と対応する第4章では，第2章第4節の分析によってあきらかにされた，特別損失を利用した損益の区分シフトを継続的におこなっている企業の利益情報にたいして，投資家が誤った評価をしてしまうことがあるか否かについて，実証的に検証をおこなった。そこでの検証結果は，損益の区分シフトによって生じた，特別損失がもつ恒久利益にかんする情報内容の差異を反映して，投資家が継続的な損益の区分シフトをおこなっている企業の特別損失を株式評価に利用していることを示唆するものであった。このことから，投資家は，このタイプの損益の区分シフトに誤導されないといえる。しかし，第6章第4節においてあきらかにされた，固定資産の償却不足を利用した継続的

な損益の区分シフトについては，この第4章に対応する分析はおこなわれていない。

そこで本章では，第6章第4節の分析によってあきらかにされた，固定資産の償却不足を利用した継続的な損益の区分シフトによって，投資家が誤導されてしまうことがあるか否かについて，実証的に検証をおこなう。検証結果は，固定資産の償却不足を利用した継続的な損益の区分シフトをおこなっている企業の経常損失や減損・処分損を，投資家が割引評価していることを示唆するものであった。ただし，経常損失については，投資家が損益の区分シフトによる情報の信頼性の低下を反映して，株価が低くなるようにそれを割り引いて評価に利用していると解釈できるものの，減損・処分損については，この割引評価が，損益の区分シフトによって生じた情報内容のグループ間差異を反映したものであるか，利益情報の信頼性を低く評価した結果の割引評価であるのかはわからなかった。ここでの結果は，少なくとも投資家が，固定資産の償却不足を利用した継続的な損益の区分シフトに誤導されないことを示唆するものといえる。その意味で，ここでの結果は，本章と対応する第4章と整合的な結果といえる。

本章の構成はつぎのとおりである。まず，第2節では，関連する先行研究の結果に触れつつ，仮説を構築する。その後，第3節で検証対象となるサンプルを確認し，第4節で仮説の検証モデルを紹介し，検証結果を記述する。第5節は追加的検証とその結果の紹介であり，第6節は本章のまとめである。

第2節　仮説構築

株式価値は恒久利益と株主資本コストによって決まり，経常利益と特別損益は，持続性の高低によって相当程度適切に区分されていることは，本章と対応する第4章でも指摘した。ここで，経営者が意図的に償却不足の状況を作り出し，毎期の経常費用である減価償却費の一部を，損益の区分シフトによって，減損損失または固定資産処分損として特別損失に計上したとしよう。このような実務が存在することについては，Penman (2013) が指摘している。また，

第8章 継続的な損益の区分シフトにたいする投資家の評価—固定資産の償却不足に着目して—

　第6章第4節の検証によっても，償却不足を利用した継続的な損益の区分シフトが存在していることがあきらかにされている。このとき，その減損損失や固定資産処分損（減損・処分損）には，経常費用である減価償却費が含まれることになるから，損益の区分シフトをおこなっていない企業の減損・処分損よりも多くの負の恒久利益が含まれることになる。

　第6章第4節では，償却不足を利用して継続的に損益の区分シフトをおこなっている企業を，内部情報をもちいずに識別した。経営者が利益マネジメントをおこなう動機をもち，また実際に利益マネジメントをおこなうことを知っている投資家は，何らかの方法をもちいてこのような継続的な損益の区分シフトをおこなっている企業を識別し，そのような企業の減損・処分損に負の恒久利益が多く含まれる可能性があることを念頭において，株式の価値評価をおこなうはずである。損益の区分シフトをおこなった企業の減損・処分損に，それをおこなっていない企業の減損・処分損よりも多くの負の恒久利益が含まれている場合，投資家はそのような企業の減損・処分損を株価が低くなるように割引評価するはずである。よって，仮説は以下のようになる。

〈仮説1〉
　　投資家は，償却不足による継続的な損益の区分シフトをおこなっている企業の減損・処分損を，それをおこなっていない企業の減損・処分損にくらべ，株価が低くなるように割引評価する。

　なお，ここでの損益の区分シフトは，経常利益から恒久利益（費用）が含まれている減価償却費が除かれているとみることもできる。この場合，投資家はそのような企業の経常利益に恒久利益が多く含まれない可能性があることを念頭において，株式の価値評価をおこなうはずである。損益の区分シフトをおこなった企業の経常利益に，それをおこなっていない企業の経常利益よりも恒久利益が含まれていない場合，投資家はそのような企業の経常利益を株価が低くなるように割引評価するはずであるから，仮説は以下のようになる。

〈仮説2〉
　投資家は，償却不足による継続的な損益の区分シフトをおこなっている企業の経常利益を，それをおこなっていない企業の経常利益にくらべ，株価が低くなるように割引評価する。

　このように，投資家は，損益の区分シフトをおこなっている企業の株式価値を評価するさい，減損・処分損を割り引いて対処することもできるし，経常利益を割り引いて対処することもできる。どちらの損益を割り引いて対処するかは，個々の投資家によって異なる可能性があるから，どちらのシナリオも成立する可能性があり，シナリオが同時に成立する可能性もある。このことから，投資家が損益の区分シフトに誤導されていないといえるためには，仮説1と仮説2の，少なくともいずれかが支持される必要がある。

　また，ここで検証対象としている継続的な損益の区分シフトは，それをおこなった企業の特別損益（減損・処分損を除く）には何ら影響をあたえない。このことから，当該損益にたいする投資家の評価は，他の条件が等しければ，このような損益の区分シフトをおこなっている企業とおこなっていない企業の間で異ならないことが期待される。ただし，第6章第4節において，継続的な損益の区分シフトをおこなっている企業グループは，それをおこなっていない企業グループにくらべ，売上高成長率が低い（つまり，業績が悪い）ことがあきらかにされている。業績が悪い企業はリスクが高く，特別損益がもつ情報内容が異なるかもしれない。そこで，検証をおこなうにあたっては，業績水準の差異が，特別損益（減損・処分損を除く）にたいする投資家の評価のグループ間差異をもたらす可能性がある点を考慮して，検証モデルを構築する必要があるだろう。

第3節　サンプル

　本章は第6章第4節の分析をもとに進められるため，本章では第6章と同じサンプル[1]をもちいて検証をおこなう。ここでは第6章第4節と同様，3期間

連続の減損・処分損（投資その他の資産を除く前期末固定資産でデフレート）のデータが必要となるため，分析期間は 2009 年から 2014 年の 6 年間となる。また，株価データ[2]を入手できない観測値が存在することにより，検証対象となるサンプルの観測値数は，最終的に 12,567 企業・年となった。

仮説を検証するためには，償却不足を利用して継続的に損益の区分シフトをおこなっている企業と，それをおこなっていない企業にサンプルを分割する必要がある。第 6 章第 4 節の検証結果は，経済的に無視できない大きさの減損・処分損を継続的に計上している企業グループが，償却不足を利用して継続的に損益の区分シフトをおこなっていることを示唆するものであった。そこで，本章では，第 6 章第 4 節と同様の規準でサンプルを分割したうえで，仮説を検証することにした。

以下では，前期末固定資産（投資その他の資産を除く）にたいする割合が 1% を超える減損・処分損（純額ベース）を 3 期間連続で計上している企業グループを，償却不足を利用して継続的な損益の区分シフトをおこなっている企業グループとして検証をおこなう。また，それを 3 期中 1 度も計上していない企業グループを，継続的な損益の区分シフトをおこなっていない企業グループとして，分析のさい，継続的な損益の区分シフトをおこなっている企業グループの比較対象とする。なお，それを 3 期中 1 期のみ計上している企業グループは，ビッグ・バスという他の利益マネジメントを経験している可能性を考慮して，それを 3 期中 2 期計上している企業グループは，継続的に損益の区分シフトをおこなっている可能性を考慮して，これら企業グループとは分けて把握することにした。

（1） 記述統計量

図表 8－1 は，仮説の検証に必要な変数の記述統計量を示したものである。本章では，サンプルを 4 つのグループに分割したうえで検証することになるから，図表 8－1 では，サンプル全体の記述統計量のほか，グループごとの記述

---

[1] 第 6 章第 2 節を参照。
[2] そのデータベースについては，第 3 章第 4 節を参照。

図表 8–1 変数の記述統計量

分類	変数	平均値	標準偏差	最小値	第1四分位	中央値	第3四分位	最大値	観測値数
$WD^{n0}=1$	P_{it}	1.051	0.379	0.008	0.862	1.015	1.179	4.055	6,118
	OI_{it}	0.120	0.133	−0.586	0.060	0.118	0.185	0.611	6,118
	WDO_{it}	0.000	0.013	−0.294	−0.003	0.000	0.000	0.128	6,118
	SI_{it}^{adj}	−0.010	0.043	−0.386	−0.011	−0.001	0.000	0.192	6,118
$WD^{n1}=1$	P_{it}	1.048	0.404	0.008	0.842	1.003	1.186	4.055	3,705
	OI_{it}	0.112	0.146	−0.586	0.047	0.109	0.183	0.611	3,705
	WDO_{it}	−0.014	0.042	−0.294	−0.013	−0.003	0.000	0.128	3,705
	SI_{it}^{adj}	−0.013	0.050	−0.386	−0.016	−0.002	0.001	0.192	3,705
$WD^{n2}=1$	P_{it}	1.060	0.438	0.010	0.818	1.007	1.217	4.055	1,843
	OI_{it}	0.104	0.168	−0.586	0.036	0.111	0.188	0.611	1,843
	WDO_{it}	−0.027	0.052	−0.294	−0.027	−0.009	−0.002	0.128	1,843
	SI_{it}^{adj}	−0.016	0.062	−0.386	−0.020	−0.003	0.001	0.192	1,843
$WD^{n3}=1$	P_{it}	1.039	0.412	0.008	0.817	1.000	1.213	4.055	901
	OI_{it}	0.117	0.181	−0.586	0.032	0.118	0.209	0.611	901
	WDO_{it}	−0.040	0.055	−0.294	−0.045	−0.019	−0.008	0.000	901
	SI_{it}^{adj}	−0.018	0.067	−0.386	−0.025	−0.004	0.001	0.192	901
計	P_{it}	1.050	0.398	0.008	0.846	1.009	1.189	4.055	12,567
	OI_{it}	0.115	0.147	−0.586	0.051	0.114	0.186	0.611	12,567
	WDO_{it}	−0.011	0.037	−0.294	−0.009	−0.002	0.000	0.128	12,567
	SI_{it}^{adj}	−0.012	0.051	−0.386	−0.014	−0.002	0.000	0.192	12,567

注）各変数の定義はつぎのとおりである。P=決算日から3か月経過後（6月末日）の株価，OI=1株当たり経常利益，WDO=1株当たり減損・処分損益，SI^{adj}=1株当たり修正特別損益，WD^{n0}=前期末固定資産（投資その他の資産を除く）にたいする割合が1%を超える減損・処分損（純額ベース）を3期中1度も計上していない企業グループに該当する場合1，その他を0とするダミー変数，WD^{n1}=それを3期中1期のみ計上している企業グループに該当する場合1，その他を0とするダミー変数，WD^{n2}=それを3期中2期計上している企業グループに該当する場合1，その他を0とするダミー変数，WD^{n3}=それを3期連続で計上している企業グループに該当する場合1，その他を0とするダミー変数。添え字のiは企業，tは年度である。すべての変数について，P_{it-1}でデフレートしたのち，年度ごとに上下1%ずつを異常値として置換処理している。

統計量も併せて示している。ここで，Pは決算日から3か月経過後（6月末日）の株価，OIは1株当たり経常利益，WDOは1株当たり減損・処分損益，SI^{adj}は1株当たり修正特別損益である。添え字のiは企業，tは年度を意味している。

　減損・処分損益は，特別損益に区分される純額ベースの固定資産処分損益と減損損失の合計額であり，$WDO_{it}=DIS_{it}^{spe}+IMP_{it}$ で計算される。また，修正

特別損益は，特別損益から減損・処分損益を控除したものであり，$SI_{it}^{adj}=SI_{it}-WDO_{it}$ で計算される。なお，SI は1株当たり特別損益，DIS^{spe} は特別損益に区分される1株当たり固定資産処分損益（純額ベース），IMP は1株当たり減損損失である。図表8-1に示されているこれらの変数は，前期末から3か月経過後の株価（P_{it-1}）でデフレート済みのものであり，年度ごとに上下1%ずつを異常値として置換処理した後のものである。

サンプルを4つのグループに分割するための変数として，ここでは4つのダミー変数を定義している。WD^{n0} は前期末固定資産（投資その他の資産を除く）にたいする割合が1%を超える減損・処分損（純額ベース）を3期中1度も計上していない企業グループに該当する場合1，その他を0とするダミー変数である。$WD^{n0}=1$ となる場合，その企業は償却不足を利用した継続的な損益の区分シフトをおこなっていないものと判定される。WD^{n1} はそれを3期中1期のみ計上している企業グループに該当する場合1，その他を0とするダミー変数，WD^{n2} はそれを3期中2期計上している企業グループに該当する場合1，その他を0とするダミー変数である。また，WD^{n3} はそれを3期連続で計上している企業グループに該当する場合1，その他を0とするダミー変数である。$WD^{n3}=1$ となる場合，その企業は償却不足を利用して継続的に損益の区分シフトをおこなっているものと判定される。

図表8-1をみると，前期末固定資産（投資その他の資産を除く）にたいする割合が1%を超える減損・処分損（純額ベース）を3期連続で計上している企業グループ（$WD^{n3}=1$）の経常利益（OI）は，少なくとも他の企業グループと遜色ない水準であることが確認できる。これは，第6章第4節で観察された経常利益の水準にかんする傾向が，株価データが入手できなかったことによるサンプルの欠落がある本章においても維持されていることを示唆するものといえよう。

（2） 相関マトリックス

つぎに，検証にもちいる変数間の相関関係をみてみよう。これは**図表8-2**に示してある。図表の左下段の数値はピアソンの積率相関係数，右上段の数値はスピアマンの順位相関係数である。

図表 8-2　変数間の相関マトリックス

変数		①	②	③	④
①	P_{it}		0.408**	−0.004	0.123**
②	OI_{it}	0.310**		−0.051**	0.019*
③	WDO_{it}	0.013	0.084**		0.077**
④	SI_{it}^{adj}	0.085**	0.109**	0.135**	

** は 1% 水準で有意，* は 5% 水準で有意。
注）各変数の定義は図表 8-1 の注を参照。図表の左下段はピアソンの積率相関係数，右上段はスピアマンの順位相関係数である。

　図表 8-2 をみると，株価（P）と経常利益（OI）の間に正の相関関係があることがわかる。これは，経常利益が高い企業は恒久利益も高くなり，恒久利益が高い企業の株式を投資家が高く評価した結果であるととらえることができる。また，株価（P）と修正特別損益（SI^{adj}）の間には，弱いながらも統計的に有意な正の相関関係が観察されるのにたいし，株価（P）と減損・処分損益（WDO）の間には，統計的に有意な相関関係は観察されない。これは，減損・処分損益を除く特別損益には，恒久利益が含まれている可能性があることを示唆するものである。なお，減損・処分損益（WDO）と修正特別損益（SI^{adj}）の間には，弱いながらも統計的に有意な正の相関関係がある。これは，経営者がビッグ・バスをおこなっていることを示唆するものと考えられる。

　以下では，経常利益（OI），減損・処分損益（WDO），そして修正特別損益（SI^{adj}）をともに説明変数に含めて回帰分析をおこなうことになるが，少なくとも，説明変数間に多重共線性の問題が生じるほどの相関関係は存在しないといえよう。

第 4 節　検証モデルと検証結果

（1）　検証モデル

　本章では，仮説を検証するため，本章と対応する分析をおこなった第 4 章と同様，利益と株価の関連性を検証する OLS 回帰モデルである利益資本化モデ

ルをもちいる。本章の仮説を検証するための具体的な回帰モデルは，以下のモデル1で表現される。なお，モデル1の変数の定義は，第3節で示したとおりである。

〈モデル1〉

$$\begin{aligned}P_{it}=&\beta_0+\beta_1 WD_{it}^{n1}+\beta_2 WD_{it}^{n2}+\beta_3 WD_{it}^{n3}+\beta_4 OI\_POS_{it}+\beta_5 OI\_POS_{it}\times WD_{it}^{n1}\\&+\beta_6 OI\_POS_{it}\times WD_{it}^{n2}+\beta_7 OI\_POS_{it}\times WD_{it}^{n3}+\beta_8 OI\_NEG_{it}\\&+\beta_9 OI\_NEG_{it}\times WD_{it}^{n1}+\beta_{10} OI\_NEG_{it}\times WD_{it}^{n2}+\beta_{11} OI\_NEG_{it}\times WD_{it}^{n3}\\&+\beta_{12} WDO\_POS_{it}+\beta_{13} WDO\_NEG_{it}+\beta_{14} WDO\_NEG_{it}\times WD_{it}^{n1}\\&+\beta_{15} WDO\_NEG_{it}\times WD_{it}^{n2}+\beta_{16} WDO\_NEG_{it}\times WD_{it}^{n3}+\beta_{17} SI^{adj}\_POS_{it}\\&+\beta_{18} SI^{adj}\_POS_{it}\times WD_{it}^{n1}+\beta_{19} SI^{adj}\_POS_{it}\times WD_{it}^{n2}+\beta_{20} SI^{adj}\_POS_{it}\times WD_{it}^{n3}\\&+\beta_{21} SI^{adj}\_NEG_{it}+\beta_{22} SI^{adj}\_NEG_{it}\times WD_{it}^{n1}+\beta_{23} SI^{adj}\_NEG_{it}\times WD_{it}^{n2}\\&+\beta_{24} SI^{adj}\_NEG_{it}\times WD_{it}^{n3}+YearDummies+FirmDummies+\varepsilon_{it}\end{aligned}$$

利益が正値のとき，ある企業グループのERCが比較対象となる企業グループよりも小さければ，株価が低くなるような割引評価が，ある企業グループの利益にたいしておこなわれていることになる。それにたいし，利益が負値（損失）のとき，ある企業グループのERCが比較対象となる企業グループよりも大きければ，株価が低くなるような割引評価が，ある企業グループの損失にたいしておこなわれていることになる。そこで，モデル1では，1株当たり経常利益（OI）と1株当たり減損・処分損益（WDO）を，それぞれ正値（利益）_POSと負値（損失）_NEGに分解している。そのうえで，仮説を検証するために，1株当たり減損・処分益（WDO_POS）を除き，これらの変数とグループダミーの交差項を含めて回帰分析をおこなっている[3]。

また，第2節で指摘したように，上記以外の損益についても，グループ間で株価との関係が異なる可能性もある。そのため，仮説を検証するためには必ずしも必要ないが，1株当たり修正特別損益（SI^{adj}）についても，それぞれ正値

---

3 なお，1株当たり減損・処分益（WDO_POS）とグループダミーの交差項を含めないのは，償却不足を利用した継続的な損益の区分シフトをおこなっている企業グループ（$WD^{n3}=1$）が存在しないからである。

(利益)_POSと負値（損失）_NEGに分解したうえで，これらの変数とグループダミーの交差項を含めている。さらに，年度効果と企業効果を固定するため，モデル1には，年度ダミー（*YearDummies*）と企業ダミー（*FirmDummies*）を含めている。

なお，第2部（および，前章）の分析と同様の理由[4]で，ここではダミー変数を除くすべての変数を前期末から3か月経過後の株価（P_{tt-1}）でデフレートしたうえで，年度ごとに上下1%ずつを異常値として置換処理している。また，偏回帰係数のt値の計算にあたっては，企業ごとにクラスター補正を加えたロバスト推定をおこなう。

第2節で示した仮説1が支持されるためには，償却不足を利用して継続的な損益の区分シフトをおこなっていない企業グループ（$WD^{n0}=1$）と比較して，それをおこなっている企業グループ（$WD^{n3}=1$）の減損・処分損（*WDO_NEG*）のERCが大きければよい。つまり，仮説1が支持されるためには，モデル1のβ_{16}が，統計的に有意なプラスになればよい。これは，後者のグループの減損・処分損が，前者のグループのそれよりも，株価が低くなるように投資家に割引評価されていることを意味する。

また，第2節で示した仮説2が支持されるためには，償却不足を利用して継続的な損益の区分シフトをおこなっていない企業グループ（$WD^{n0}=1$）と比較して，それをおこなっている企業グループ（$WD^{n3}=1$）の経常利益（*OI_POS*）のERCが小さければよく，経常損失（*OI_NEG*）のERCが大きければよい。つまり，仮説2が支持されるためには，モデル1のβ_7が統計的に有意なマイナスになればよく，β_{11}が統計的に有意なプラスになればよい。これらは，後者のグループの経常利益（または，経常損失）が，前者のグループのそれよりも，株価が低くなるように投資家に割引評価されていることを意味する。

（2） 検証結果

モデル1の検証結果は**図表8-3**に示してある。仮説1にかんする結果をみると，固定資産の償却不足を利用した継続的な損益の区分シフトをおこなって

---

4 第3章第5節（1）②を参照。

第8章 継続的な損益の区分シフトにたいする投資家の評価―固定資産の償却不足に着目して― 205

図表8−3　モデル1の検証結果

	変数	係数	t値	線形制約	係数	F値
β_0	Cons.	0.835	46.88**			
β_1	WD_{it}^{n1}	0.000	0.03			
β_2	WD_{it}^{n2}	0.019	0.70			
β_3	WD_{it}^{n3}	−0.019	−0.46			
β_4	OI_POS_{it}	2.020	21.57**			
β_5	$OI\_POS_{it} \times WD_{it}^{n1}$	0.073	0.63	$\beta_4+\beta_5=0$	2.094	370.75**
β_6	$OI\_POS_{it} \times WD_{it}^{n2}$	0.063	0.41	$\beta_4+\beta_6=0$	2.083	214.09**
β_7	$OI\_POS_{it} \times WD_{it}^{n3}$	0.114	0.57	$\beta_4+\beta_7=0$	2.135	132.34**
β_8	OI_NEG_{it}	−0.617	−4.59**			
β_9	$OI\_NEG_{it} \times WD_{it}^{n1}$	0.101	0.51	$\beta_8+\beta_9=0$	−0.517	11.35**
β_{10}	$OI\_NEG_{it} \times WD_{it}^{n2}$	0.379	1.76	$\beta_8+\beta_{10}=0$	−0.238	1.94
β_{11}	$OI\_NEG_{it} \times WD_{it}^{n3}$	0.606	2.28*	$\beta_8+\beta_{11}=0$	−0.011	0.00
β_{12}	WDO_POS_{it}	2.463	4.79**			
β_{13}	WDO_NEG_{it}	−4.116	−2.78**			
β_{14}	$WDO\_NEG_{it} \times WD_{it}^{n1}$	3.943	2.64**	$\beta_{13}+\beta_{14}=0$	−0.173	0.51
β_{15}	$WDO\_NEG_{it} \times WD_{it}^{n2}$	3.905	2.61**	$\beta_{13}+\beta_{15}=0$	−0.211	0.64
β_{16}	$WDO\_NEG_{it} \times WD_{it}^{n3}$	3.664	2.40*	$\beta_{13}+\beta_{16}=0$	−0.452	1.31
β_{17}	$SI^{adj}\_POS_{it}$	1.731	3.68**			
β_{18}	$SI^{adj}\_POS_{it} \times WD_{it}^{n1}$	−0.347	−0.51	$\beta_{17}+\beta_{18}=0$	1.384	6.71**
β_{19}	$SI^{adj}\_POS_{it} \times WD_{it}^{n2}$	−0.162	−0.19	$\beta_{17}+\beta_{19}=0$	1.569	4.89*
β_{20}	$SI^{adj}\_POS_{it} \times WD_{it}^{n3}$	0.130	0.14	$\beta_{17}+\beta_{20}=0$	1.861	5.66*
β_{21}	$SI^{adj}\_NEG_{it}$	0.201	1.58			
β_{22}	$SI^{adj}\_NEG_{it} \times WD_{it}^{n1}$	−0.502	−2.31*	$\beta_{21}+\beta_{22}=0$	−0.301	2.62
β_{23}	$SI^{adj}\_NEG_{it} \times WD_{it}^{n2}$	−0.314	−1.11	$\beta_{21}+\beta_{23}=0$	−0.113	0.19
β_{24}	$SI^{adj}\_NEG_{it} \times WD_{it}^{n3}$	−0.008	−0.02	$\beta_{21}+\beta_{24}=0$	0.193	0.37
	年度ダミー：含む			自由度調整済決定係数：	0.263	
	企業ダミー：含む			観測値数：	12,567	

**は1%水準で有意，*は5%水準で有意．

注）各変数の定義は図表8−1の注を参照。_POSは損益が正値であること，_NEGは損益が負値であることを意味する。ここでのt値は，企業ごとにクラスター補正を加えたロバスト推定の結果である。

いない企業グループ（$WD^{n0}=1$）と，それをおこなっている企業グループ（$WD^{n3}=1$）の減損・処分損（WDO_NEG）のERCの差異であるβ_{16}は，統計的に有意なプラスである。これは，固定資産の償却不足を利用して継続的な損益の区分シフトをおこなっている企業グループの減損・処分損を，株価が低くなるように投資家が割引評価していることになるから，仮説1を支持する結果である。この結果から，投資家は償却不足を利用した継続的な損益の区分シフトに誤導されないといえる。また，この結果は，対応する第4章の結果と整合

的なものである。

　つぎに，仮説2にかんする結果をみると，継続的な損益の区分シフトをおこなっていない企業グループ（$SL^{n0}=1$）と，それをおこなっている企業グループ（$SL^{n3}=1$）の経常利益（OI_POS）のERCの差異であるβ_7は統計的に有意ではないものの，経常損失（OI_NEG）のERCの差異であるβ_{11}は統計的に有意なプラスである。経常損失にたいする投資家の評価については，仮説2を支持する結果といえる。

　なお，減損・処分損（WDO_NEG）のERCは，継続的な損益の区分シフトをおこなっていない企業グループ（$WD^{n0}=1$）のみ，統計的に有意なマイナスとなっている。$WD^{n1}=1$の企業グループは，ビッグ・バスの可能性があり，$WD^{n2}=1$の企業グループは，継続的な損益の区分シフトの可能性があることを鑑みると，減損・処分損が投資家に好感され，株価にプラスの効果をもたらすのは，それが利益マネジメントに利用されていないと投資家に評価される場合のみであると解釈することができる。

　最後に，減損・処分損を除く特別損失である修正特別損失（SI^{adj}_NEG）については，すべての企業グループにおいて，ERCが統計的に有意ではなくなっている。この結果は，減損損失と固定資産処分損が，特別損失のなかで投資家にとってとくに重要な情報であることを意味している。

第5節　追加的検証

(1)　将来利益の予測能力

①　検証モデル

　モデル1をもちいた検証結果は，償却不足を利用した継続的な損益の区分シフトに投資家が誤導されないことを示唆するものであった。しかし，この検証結果だけでは，損益の区分シフトによって生じた，経常損失や減損・処分損がもつ恒久利益にかんする情報内容のグループ間差異を反映して，投資家がこれらの損益を株式評価に利用したのか，利益情報の信頼性を低く評価した結果，

それを割り引いて株式評価に利用しているのかはあきらかではない。

そこで以下では、これと対応する分析をおこなった第4章と同様の理由[5]で、経常損失や減損・処分損がもつ将来利益の予測能力を、以下のモデル2をもちいて確認する。

〈モデル2〉

$OI_{it+1} = \beta_0 + \beta_1 WD_{it}^{n1} + \beta_2 WD_{it}^{n2} + \beta_3 WD_{it}^{n3} + \beta_4 OI\_POS_{it} + \beta_5 OI\_POS_{it} \times WD_{it}^{n1}$
$+ \beta_6 OI\_POS_{it} \times WD_{it}^{n2} + \beta_7 OI\_POS_{it} \times WD_{it}^{n3} + \beta_8 OI\_NEG_{it} + \beta_9 OI\_NEG_{it}$
$\times WD_{it}^{n1} + \beta_{10} OI\_NEG_{it} \times WD_{it}^{n2} + \beta_{11} OI\_NEG_{it} \times WD_{it}^{n3} + \beta_{12} WDO\_POS_{it}$
$+ \beta_{13} WDO\_NEG_{it} + \beta_{14} WDO\_NEG_{it} \times WD_{it}^{n1} + \beta_{15} WDO\_NEG_{it} \times WD_{it}^{n2}$
$+ \beta_{16} WDO\_NEG_{it} \times WD_{it}^{n3} + \beta_{17} SI^{adj}\_POS_{it} + \beta_{18} SI^{adj}\_POS_{it} \times WD_{it}^{n1}$
$+ \beta_{19} SI^{adj}\_POS_{it} \times WD_{it}^{n2} + \beta_{20} SI^{adj}\_POS_{it} \times WD_{it}^{n3} + \beta_{21} SI^{adj}\_NEG_{it}$
$+ \beta_{22} SI^{adj}\_NEG_{it} \times WD_{it}^{n1} + \beta_{23} SI^{adj}\_NEG_{it} \times WD_{it}^{n2} + \beta_{24} SI^{adj}\_NEG_{it}$
$\times WD_{it}^{n3} + YearDummies + FirmDummies + \varepsilon_{it}$

モデル2は、被説明変数が次期の1株当たり経常利益（OI_{it+1}）に変更されている以外は、モデル1と同じものである。なお、$t+1$期の経常利益データをもちいることから、検証期間は2009年から2013年の5年間となり、観測値数は10,374企業・年に減少している。また、ダミー変数を除くすべての変数を前期末から3か月経過後の株価（P_{it-1}）でデフレートしたうえで、年度ごとに上下1%ずつを異常値として置換処理している点、偏回帰係数のt値の計算にあたって、企業ごとにクラスター補正を加えたロバスト推定をおこなう点は、モデル1と同様である。

経常損失や減損・処分損がもつ恒久利益にかんする情報内容のグループ間差異を反映して投資家が株式を評価したといえるためには、モデル2において、償却不足を利用した継続的な損益の区分シフトをおこなっていない企業グループ（$WD^{n0}=1$）と比較して、それをおこなっている企業グループ（$WD^{n3}=1$）の経常損失（OI_NEG）と減損・処分損（WDO_NEG）の偏回帰係数が、モデ

---

5 第4章第6節（1）①、および第3章第6節（1）①を参照。

ル1における検証結果と同様，大きければよい。つまり，モデル2のβ_{11}とβ_{16}が，統計的に有意なプラスになればよい。

なお，継続的に損益の区分シフトをおこなっている企業については，損益の区分シフトが将来も継続的におこなわれる可能性が高い。実際，第6章では，過去の減損・処分損の計上頻度が高いほど，将来もその計上頻度は高くなることをあきらかにした。この場合，継続的に損益の区分シフトをおこなっている企業の将来の経常利益は機械的にかさ上げされることになるから，モデル2の継続的な損益の区分シフトをおこなっている企業グループ（$WD^{n3}=1$）の減損・処分損（WDO_NEG）の偏回帰係数は，それだけマイナス方向にバイアスがかかることになる。これにたいし，経常損失（OI_NEG）については，当期も次期も継続的な損益の区分シフトの影響を同様に受けているため，その偏回帰係数にバイアスはかからない。この減損・処分損（WDO_NEG）の偏回帰係数にかかるバイアスについては，結果を解釈するさい，注意する必要がある。

② **検証結果**

モデル2の検証結果は**図表8-4**に示してある。図表8-4をみると，償却不足を利用した継続的な損益の区分シフトをおこなっていない企業グループ（$WD^{n0}=1$）と，それをおこなっている企業グループ（$WD^{n3}=1$）の経常損失（OI_NEG）の偏回帰係数の差異であるβ_{11}は，モデル1の結果とは異なり，統計的に有意ではない。これは，損益の区分シフトによって経常損失にかんする情報の信頼性が低下したことにより，投資家がその損益項目を割り引いて株式評価に利用していると解釈できるものである。

つぎに，これら企業グループ間の減損・処分損（WDO_NEG）の偏回帰係数の差異であるβ_{16}は，符号はプラスであるものの，モデル1の結果とは異なり，統計的に有意ではない。この結果は，継続的な損益の区分シフトをおこなっている企業グループ（$WD^{n3}=1$）の減損・処分損（WDO_NEG）の偏回帰係数が，マイナス方向にバイアスがかかっていることが原因で得られた可能性がある。ただし，マイナス方向にどの程度のバイアスがかかっているかについては，ここではわからない。そのため，この結果からは，継続的な損益の区分シフトをおこなっていない企業と，それをおこなっている企業との間で，減損・処分損

図表8-4 モデル2の検証結果

	変数	係数	t値	線形制約	係数	F値
β_0	Cons.	0.101	16.13**			
β_1	WD_{it}^{n1}	0.001	0.16			
β_2	WD_{it}^{n2}	0.008	0.79			
β_3	WD_{it}^{n3}	-0.016	-1.09			
β_4	OI_POS_{it}	0.451	12.47**			
β_5	$OI\_POS_{it} \times WD_{it}^{n1}$	-0.001	-0.03	$\beta_4+\beta_5=0$	0.450	131.14**
β_6	$OI\_POS_{it} \times WD_{it}^{n2}$	-0.024	-0.41	$\beta_4+\beta_6=0$	0.427	74.74**
β_7	$OI\_POS_{it} \times WD_{it}^{n3}$	0.103	1.32	$\beta_4+\beta_7=0$	0.554	58.69**
β_8	OI_NEG_{it}	0.053	0.94			
β_9	$OI\_NEG_{it} \times WD_{it}^{n1}$	-0.102	-1.25	$\beta_8+\beta_9=0$	-0.049	0.60
β_{10}	$OI\_NEG_{it} \times WD_{it}^{n2}$	-0.116	-1.30	$\beta_8+\beta_{10}=0$	-0.063	0.81
β_{11}	$OI\_NEG_{it} \times WD_{it}^{n3}$	-0.070	-0.57	$\beta_8+\beta_{11}=0$	-0.017	0.03
β_{12}	WDO_POS_{it}	0.036	0.17			
β_{13}	WDO_NEG_{it}	-0.736	-2.38*			
β_{14}	$WDO\_NEG_{it} \times WD_{it}^{n1}$	0.697	2.23*	$\beta_{13}+\beta_{14}=0$	-0.039	0.22
β_{15}	$WDO\_NEG_{it} \times WD_{it}^{n2}$	0.703	2.18*	$\beta_{13}+\beta_{15}=0$	-0.032	0.11
β_{16}	$WDO\_NEG_{it} \times WD_{it}^{n3}$	0.447	1.33	$\beta_{13}+\beta_{16}=0$	-0.288	4.65*
β_{17}	$SI^{adj}\_POS_{it}$	-0.083	-0.40			
β_{18}	$SI^{adj}\_POS_{it} \times WD_{it}^{n1}$	0.535	1.84	$\beta_{17}+\beta_{18}=0$	0.452	6.85**
β_{19}	$SI^{adj}\_POS_{it} \times WD_{it}^{n2}$	0.510	1.71	$\beta_{17}+\beta_{19}=0$	0.427	3.93*
β_{20}	$SI^{adj}\_POS_{it} \times WD_{it}^{n3}$	0.253	0.71	$\beta_{17}+\beta_{20}=0$	0.170	0.34
β_{21}	$SI^{adj}\_NEG_{it}$	-0.040	-0.51			
β_{22}	$SI^{adj}\_NEG_{it} \times WD_{it}^{n1}$	-0.073	-0.67	$\beta_{21}+\beta_{22}=0$	-0.112	2.04
β_{23}	$SI^{adj}\_NEG_{it} \times WD_{it}^{n2}$	0.059	0.47	$\beta_{21}+\beta_{23}=0$	0.019	0.03
β_{24}	$SI^{adj}\_NEG_{it} \times WD_{it}^{n3}$	-0.033	-0.24	$\beta_{21}+\beta_{24}=0$	-0.072	0.39

年度ダミー:含む		自由度調整済決定係数:	0.532
企業ダミー:含む		観測値数:	10,374

**は1%水準で有意,*は5%水準で有意。
注)各変数の定義は図表8-1の注を参照。_POSは損益が正値であること,_NEGは損益が負値であることを意味する。ここでのt値は,企業ごとにクラスター補正を加えたロバスト推定の結果である。

がもつ恒久利益にかんする情報内容に差異があるか否かはわからない。以上より,投資家は,固定資産の償却不足を利用した継続的な損益の区分シフトに誤導されないものの,減損・処分損にたいする割引評価が,それがもつ恒久利益にかんする情報内容のグループ間差異を反映したものであるのか,利益情報の信頼性を低く評価した結果,それを割り引いて株式評価に利用した結果なのかは,追加的検証によってもわからなかった。

なお,償却不足を利用した継続的な損益の区分シフトをおこなっていない企

業グループ（$WD^{n0}=1$）と，それをおこなっている企業グループ（$WD^{n3}=1$）の経常利益（OI_POS）の偏回帰係数の差異である $β_7$ は，モデル１の結果と同様，統計的に有意ではなかった。この結果は，継続的な損益の区分シフトによって，経常利益がもつ恒久利益にかんする情報内容は影響を受けないことを反映して，継続的な損益の区分シフトをおこなっている企業の経常利益を投資家が評価していると解釈することができるものである。

（２）　識別規準の変更

　上述の検証結果は，償却不足を利用した継続的な損益の区分シフトをおこなっている企業グループの識別規準に依存して決まる。そこで，上述の検証結果の頑健性を高めるため，異なる識別規準をもちいた場合であっても，同様の結果が得られるか否かについて検証する。なお，ここでは，第６章第４節で償却不足を利用した継続的な損益の区分シフトをおこなっているか否かの検証にもちいており，かつ，それをおこなっていることを示唆するような結果が得られた，以下の代替的な識別規準をもちいて検証をおこなった。

　まず，「経済的に無視できない大きさの減損・処分損の継続的な計上」の定義を，前期末固定資産（投資その他の資産を除く）にたいする割合が0.5%超の減損・処分損（純額ベース）を３期連続で計上とした場合と，その割合が1.5%超の減損・処分損（純額ベース）を３期連続で計上とした場合について，上述と同様の検証をおこなった。これらの結果は，上述の検証によって得られた結果と同様，償却不足を利用した継続的な損益の区分シフトによって投資家は誤導されないことを示唆するものであった。

　つぎに，「経済的に無視できない大きさの減損・処分損の継続的な計上」の定義を，前期末固定資産（投資その他の資産を除く）にたいする割合が0.5%超，1%超，1.5%超の減損・処分損（総額ベース）を３期連続で計上とした場合それぞれについて，上述と同様の検証をおこなった。これは，固定資産処分益が，非償却性固定資産である土地から発生することが多いことを考慮してのことである。これらの結果もまた，上述の検証によって得られた結果と同様，このタイプの損益の区分シフトによって投資家は誤導されないことを示唆するものであった。

第8章 継続的な損益の区分シフトにたいする投資家の評価—固定資産の償却不足に着目して—

第6節 おわりに

　本章の目的は，第6章第4節の結果を受けて，償却不足を利用して継続的に損益の区分シフトをおこなっている企業の利益情報にたいして，投資家が誤導されてしまうことがあるか否かについて実証的に検証をおこなうことであった。償却不足を利用した継続的な損益の区分シフトがおこなわれている場合，それがおこなわれている企業の計上した減損・処分損のなかに，経常費用である減価償却費が含まれることになる。また，これは償却不足を利用した継続的な損益の区分シフトがおこなわれている企業の計上した経常利益のなかから，持続的な減価償却費が除かれているとみることもできる。よって，投資家は，そのような企業の経常利益や減損・処分損にたいして，これら損益がもつ恒久利益にかんする情報内容の差異を反映した評価をおこなうはずである。また，これら損益がもつ恒久利益にかんする情報内容について推定することが困難な場合であっても，投資家はそのような企業の損益を割り引いて，株式評価に利用するはずである。

　検証結果は，固定資産の償却不足を利用した継続的な損益の区分シフトをおこなっている企業の経常損失や減損・処分損を，投資家が割引評価していることを示唆するものであった。また，追加的検証の結果は，経常損失については，損益の区分シフトによってその情報の信頼性が低下したことにより，投資家が経常損失を株価が低くなるように割り引いて，株式評価に利用していると解釈できるものであった。ただし，減損・処分損については，この割引評価が，損益の区分シフトによって生じた情報内容のグループ間差異を反映したものであるか，利益情報の信頼性を低く評価した結果，それを割り引いて株式評価に利用した結果なのかは，追加的検証によってもわからなかった。いずれにせよ，ここでの結果は，少なくとも投資家が，固定資産の償却不足を利用した継続的な損益の区分シフトに誤導されないことを示唆するものといえるだろう。このタイプの損益の区分シフトに誤導されないという意味で，ここでの結果は，本章と対応する第4章と整合的なものであった。

第9章

異時点間の損益の区分シフトにたいする投資家の評価
―大規模な減損損失に着目して―

第1節 はじめに

　第6章では，個別の損益項目として，固定資産の費用配分にかんする損益項目である，固定資産処分損益と減損損失に着目して，それらを利用した損益の区分シフトの実態について，本書の第1部と同様の分析をおこなった。そこでは，大規模な減損損失を計上している企業グループが，将来の減価償却費を減損損失として先取り計上する，異時点間の損益の区分シフトをおこなっていることを示唆する結果が得られた。

　また，本章と対応する第5章では，第2章の分析によってあきらかにされた，特別損失を利用した異時点間の損益の区分シフトをおこなっている企業の利益情報にたいして，投資家が誤った評価をしてしまうことがあるか否かについて実証的に検証をおこなった。そこでの検証結果は，損益の区分シフトによって生じた，特別損失がもつ恒久利益（持続可能な利益）にかんする情報内容の差異を反映して，投資家がこのタイプの損益の区分シフトをおこなっている企業の特別損失を株式評価に利用していることを示唆するものであった。このことから，投資家は，将来の経常費用を特別損失として先取り計上する，異時点間の損益の区分シフトに誤導されないといえる。しかし，第6章第5節の検証によってあきらかにされた，将来の減価償却費を減損損失として先取り計上する，

異時点間の損益の区分シフトについては，この第5章に対応する分析はおこなわれていない。

そこで本章では，第6章第5節の分析によってあきらかにされた，将来の減価償却費を減損損失として先取り計上する，異時点間の損益の区分シフトによって，投資家が誤導されることがあるか否かについて，実証的に検証をおこなう。検証結果は，損益の区分シフトによって生じた，減損損失がもつ恒久利益にかんする情報内容の差異を反映して，投資家がこのタイプの損益の区分シフトをおこなっている企業の減損損失を株式評価に利用していることを示唆するものであった。このことから，投資家は，減損損失を利用した異時点間の損益の区分シフトに誤導されないといえる。これは，本章と対応する第5章と整合的な結果である。

本章の構成はつぎのとおりである。まず，第2節では，関連する先行研究の結果に触れつつ，仮説を構築する。その後，第3節で検証対象となるサンプルを確認し，第4節で仮説の検証モデルを紹介し，検証結果を記述する。第5節は追加的検証とその結果の紹介であり，第6節は本章のまとめである。

第2節 仮説構築

株式価値は恒久利益と株主資本コストによって決まる。また，日本の損益計算書において，経常利益と特別損益が，持続性の高低によって相当程度適切に区分されていることは，大日方（2006）によってあきらかにされている。

ここで，経営者が異時点間の損益の区分シフトによって，将来の経常費用である減価償却費を当期の減損損失として先取り計上したとしよう。資産の評価損や減損損失を利用して，このようなビッグ・バスと呼ばれる利益マネジメントがおこなわれていることについては，多くの先行研究の蓄積がある[1]。また，第6章第5節では，減損損失を利用した異時点間の損益の区分シフトが存在することをあきらかにしている。このとき，損益の区分シフトをおこなった企業

---

1 第2章第2節（2）を参照。

の減損損失には，将来の減価償却費が含まれることになるから，損益の区分シフトをおこなっていない企業の減損損失よりも多くの負の恒久利益が含まれることになる。

　第6章第5節では，将来の減価償却費を減損損失として先取り計上する，異時点間の損益の区分シフトをおこなっている企業を，内部情報をもちいずに識別した。経営者が利益マネジメントをおこなう動機をもち，また実際に利益マネジメントをおこなうことを知っている投資家は，何らかの方法をもちいて，このタイプの損益の区分シフトをおこなっている企業を識別し，そのような企業の減損損失に負の恒久利益が多く含まれる可能性があることを念頭において，株式の価値評価をおこなうはずである。

　異時点間の損益の区分シフトをおこなった企業の減損損失に，それをおこなっていない企業の減損損失よりも多くの負の恒久利益が含まれている場合，投資家はそのような企業の減損損失を株価が低くなるように割引評価するはずであるから，仮説は以下のようになる。

〈仮説〉
　投資家は，将来の経常費用である減価償却費を先取りする，異時点間の損益の区分シフトをおこなっている企業の減損損失を，それをおこなっていない企業のものにくらべ，株価が低くなるように割引評価する。

　なお，ここで検証対象としている減損損失を利用した異時点間の損益の区分シフトは，それをおこなった企業の当期の経常利益や他の特別損益には何ら影響をあたえない。このことから，経常利益や特別損益（減損損失を除く）にたいする投資家の評価は，他の条件が等しければ，このような損益の区分シフトをおこなっている企業とおこなっていない企業の間で異ならないことが期待される。ただし，第6章第5節において，減損損失を利用して異時点間の損益の区分シフトをおこなっている企業グループは，それをおこなっていない企業グループにくらべ，経常利益の水準が低い（つまり，業績が悪い）ことがあきらかにされている。業績が悪い企業は，利益の持続性が低いかもしれないし，リスクが高いかもしれない。そこで，検証をおこなうにあたっては，業績水準の

差異が，経常利益や特別損益（減損損失を除く）にたいする投資家の評価のグループ間差異をもたらす可能性がある点を考慮して，検証モデルを構築する必要があるだろう。

第3節 サンプル

　本章は第6章第5節の分析をもとに進められるため，本章では第6章と同じサンプル[2]をもちいて検証をおこなう。分析期間は2007年から2014年の8年間となるが，株価データ[3]を入手できない観測値が存在することにより，検証対象となるサンプルの観測値数は，最終的に16,847企業・年となった。

　仮説を検証するためには，減損損失を利用した異時点間の損益の区分シフトをおこなっている企業と，それをおこなっていない企業にサンプルを分割する必要がある。第6章第5節の検証結果は，大規模な減損損失を計上している企業グループが，将来の減価償却費を減損損失として先取り計上する，異時点間の損益の区分シフトをおこなっていることを示唆するものであった。そこで，本章では，第6章第5節と同様の規準でサンプルを分割したうえで，仮説を検証することにした。

　以下では，前期末固定資産（投資その他の資産を除く）にたいする減損損失の割合が3%を超える大規模な減損損失を計上している企業グループを，将来の減価償却費を減損損失として先取り計上する，異時点間の損益の区分シフトをおこなっている企業グループとして検証をおこなう。また，その割合が1%以下となる小規模な減損損失を計上している企業グループと，減損損失を計上していない企業グループを，異時点間の損益の区分シフトをおこなっていない企業グループとして，それをおこなっている企業グループと比較することになる。なお，前期末固定資産（投資その他の資産を除く）にたいする減損損失の割合が1%超かつ3%以下の中規模な減損損失を計上している企業グループについて

2　第6章第2節を参照。
3　そのデータベースについては，第3章第4節を参照。

第 9 章　異時点間の損益の区分シフトにたいする投資家の評価―大規模な減損損失に着目して―　217

は，異時点間の損益の区分シフトをおこなっている可能性もある，いわゆる「グレーゾーン」に位置するものであることから，これら企業グループとは分けて把握することにした。

（1）　記述統計量

図表 9-1 は，仮説の検証に必要な変数の記述統計量を示したものである。本章では，サンプルを 4 つのグループに分割したうえで検証することになるか

図表 9-1　変数の記述統計量

分類	変数	平均値	標準偏差	最小値	第1四分位	中央値	第3四分位	最大値	観測値数
$NO_{it}^{imp}=1$	P_{it}	0.991	0.387	0.008	0.783	0.958	1.134	4.055	9,278
	OI_{it}	0.108	0.128	−0.586	0.052	0.104	0.169	0.611	9,278
	IMP_{it}	0.000	0.000	0.000	0.000	0.000	0.000	0.000	9,278
	SI_{it}^{adj}	−0.008	0.045	−0.386	−0.012	−0.002	0.001	0.243	9,278
$SML_{it}^{imp}=1$	P_{it}	1.026	0.357	0.008	0.832	0.993	1.161	4.055	4,401
	OI_{it}	0.123	0.115	−0.586	0.068	0.113	0.172	0.611	4,401
	IMP_{it}	−0.005	0.008	−0.262	−0.005	−0.002	−0.001	0.000	4,401
	SI_{it}^{adj}	−0.010	0.048	−0.386	−0.016	−0.004	0.001	0.243	4,401
$MID_{it}^{imp}=1$	P_{it}	1.009	0.372	0.010	0.785	0.983	1.177	3.531	1,694
	OI_{it}	0.118	0.146	−0.586	0.054	0.111	0.188	0.611	1,694
	IMP_{it}	−0.020	0.023	−0.266	−0.025	−0.013	−0.006	0.000	1,694
	SI_{it}^{adj}	−0.011	0.059	−0.386	−0.018	−0.004	0.002	0.243	1,694
$BIG_{it}^{imp}=1$	P_{it}	0.958	0.464	0.008	0.692	0.916	1.144	4.055	1,474
	OI_{it}	0.048	0.189	−0.586	−0.041	0.061	0.155	0.611	1,474
	IMP_{it}	−0.071	0.071	−0.266	−0.106	−0.043	−0.017	0.000	1,474
	SI_{it}^{adj}	−0.021	0.088	−0.386	−0.036	−0.006	0.003	0.243	1,474
計	P_{it}	0.999	0.386	0.008	0.789	0.967	1.146	4.055	16,847
	OI_{it}	0.108	0.134	−0.586	0.051	0.105	0.170	0.611	16,847
	IMP_{it}	−0.009	0.030	−0.266	−0.004	0.000	0.000	0.000	16,847
	SI_{it}^{adj}	−0.010	0.052	−0.386	−0.014	−0.003	0.001	0.243	16,847

注）変数の定義はつぎのとおりである。P＝決算日から 3 か月経過後（6 月末日）の株価，OI＝1 株当たり経常利益，IMP＝1 株当たり減損損失，SI^{adj}＝1 株当たり修正特別損益，NO^{imp}＝減損損失を計上していない企業グループに該当する場合 1，その他を 0 とするダミー変数，SML^{imp}＝小規模な減損損失を計上している企業グループに該当する場合 1，その他を 0 とするダミー変数，MID^{imp}＝中規模な減損損失を計上している企業グループに該当する場合 1，その他を 0 とするダミー変数，BIG^{imp}＝大規模な減損損失を計上している企業グループに該当する場合 1，その他を 0 とするダミー変数。添え字の i は企業，t は年度である。すべての変数について，P_{it-1} でデフレートしたのち，年度ごとに上下 1 ％ずつ（IMP は下位 1 ％）を異常値として置換処理している。

ら，図表9-1では，サンプル全体の記述統計量のほか，グループごとの記述統計量も併せて示している。ここで，P は決算日から3か月経過後（6月末日）の株価，OI は1株当たり経常利益，IMP は1株当たり減損損失，SI^{adj} は1株当たり修正特別損益である。添え字の i は企業，t は年度を意味している。

　修正特別損益は特別損益から減損損失を控除したものであり，$SI^{adj}_{it}=SI_{it}-IMP_{it}$ で計算される。なお，SI は1株当たり特別損益である。また，図表9-1に示されているこれらの変数は，前期末から3か月経過後の株価（P_{it-1}）でデフレート済みのものであり，年度ごとに上下1％ずつ（IMP は下位1％）を異常値として置換処理した後のものである。

　サンプルを4つのグループに分割するための変数として，ここでは4つのダミー変数を定義している。NO^{imp} は減損損失を計上していない企業グループに該当する場合1，その他を0とするダミー変数，SML^{imp} は小規模な減損損失を計上している企業グループに該当する場合1，その他を0とするダミー変数である。$NO^{imp}=1$ となる場合，または $SML^{imp}=1$ となる場合，その企業は異時点間の損益の区分シフトをおこなっていないものと判定される。MID^{imp} は中規模な減損損失を計上している企業グループに該当する場合1，その他を0とするダミー変数であり，BIG^{imp} は大規模な減損損失を計上している企業グループに該当する場合1，その他を0とするダミー変数である。$BIG^{imp}=1$ となる場合，その企業は，減損損失を利用した異時点間の損益の区分シフトをおこなっているものと判定される。

　図表9-1をみると，大規模な減損損失を計上している企業グループ（$BIG^{imp}=1$）は，他の企業グループにくらべ，減損損失（IMP）はもちろんのこと，株価（P），経常利益（OI），そして修正特別損益（SI^{adj}）の数値についてもあきらかに小さくなっていることが確認できる。これは，第6章第5節で観察された，大規模な減損損失を計上している企業グループの業績が他の企業グループよりもあきらかに悪いという傾向が，株価データが入手できなかったことによるサンプルの欠落がある本章においても維持されていることを示唆するものといえる。また，修正特別損益（SI^{adj}）の数値が小さいということは，大規模な減損損失を計上すると同時に，多額の特別損失を計上するビッグ・バスがおこなわれていることを示唆するものといえよう。

（2） 相関マトリックス

つぎに，検証にもちいる変数間の相関関係をみてみよう。これは**図表9－2**に示してある。図表の左下段の数値はピアソンの積率相関係数，右上段の数値はスピアマンの順位相関係数である。

図表9－2をみると，株価（P）と経常利益（OI）の間に正の相関関係があることがわかる。これは，経常利益が高い企業は恒久利益も高くなり，恒久利益が高い企業の株式を投資家が高く評価した結果であるととらえることができる。また，株価（P）と修正特別損益（SI^{adj}）の間には，弱いながらも統計的に有意な正の相関関係が観察されるのにたいし，株価（P）と減損損失（IMP）の間には，ピアソンの積率相関係数をみると，統計的に有意な相関関係は観察されない。これは，減損損失を除く特別損益には，恒久利益が含まれている可能性があることを示唆するものである。なお，減損損失（IMP）と修正特別損益（SI^{adj}）の間には，弱いながらも統計的に有意な正の相関関係がある。これは，経営者がビッグ・バスをおこなっていることを示唆するものである。

以下では，経常利益（OI），減損損失（IMP），そして修正特別損益（SI^{adj}）をともに説明変数に含めて回帰分析をおこなうことになるが，少なくとも，説明変数間に多重共線性の問題が生じるほどの相関関係は存在しないといえよう。

図表9－2　変数間の相関マトリックス

変数		①	②	③	④
①	P_{it}		0.404**	−0.037**	0.073**
②	OI_{it}	0.316**		−0.001	−0.038**
③	IMP_{it}	−0.011	0.123**		0.089**
④	SI^{adj}_{it}	0.071**	0.047**	0.121**	

**は1%水準で有意，*は5%水準で有意。
注）各変数の定義は図表9－1の注を参照。図表の左下段はピアソンの積率相関係数，右上段はスピアマンの順位相関係数である。

第4節 検証モデルと検証結果

（1） 検証モデル

　本章では，仮説を検証するため，本章と対応する分析をおこなった第5章と同様，利益と株価の関連性を検証するOLS回帰モデルである利益資本化モデルをもちいる。本章の仮説を検証するための具体的な回帰モデルは，以下のモデル1で表現される。なお，モデル1の変数の定義は，第3節で示したとおりである。

〈モデル1〉

$$P_{it} = \beta_0 + \beta_1 SML_{it}^{imp} + \beta_2 MID_{it}^{imp} + \beta_3 BIG_{it}^{imp} + \beta_4 OI\_POS_{it} + \beta_5 OI\_POS_{it} \times SML_{it}^{imp}$$
$$+ \beta_6 OI\_POS_{it} \times MID_{it}^{imp} + \beta_7 OI\_POS_{it} \times BIG_{it}^{imp} + \beta_8 OI\_NEG_{it} + \beta_9 OI\_NEG_{it}$$
$$\times SML_{it}^{imp} + \beta_{10} OI\_NEG_{it} \times MID_{it}^{imp} + \beta_{11} OI\_NEG_{it} \times BIG_{it}^{imp} + \beta_{12} IMP_{it}$$
$$+ \beta_{13} IMP_{it} \times MID_{it}^{imp} + \beta_{14} IMP_{it} \times BIG_{it}^{imp} + \beta_{15} SI^{adj}\_POS_{it}$$
$$+ \beta_{16} SI^{adj}\_POS_{it} \times SML_{it}^{imp} + \beta_{17} SI^{adj}\_POS_{it} \times MID_{it}^{imp} + \beta_{18} SI^{adj}\_POS_{it}$$
$$\times BIG_{it}^{imp} + \beta_{19} SI^{adj}\_NEG_{it} + \beta_{20} SI^{adj}\_NEG_{it} \times SML_{it}^{imp} + \beta_{21} SI^{adj}\_NEG_{it}$$
$$\times MID_{it}^{imp} + \beta_{22} SI^{adj}\_NEG_{it} \times BIG_{it}^{imp} + YearDummies + FirmDummies + \varepsilon_{it}$$

　仮説を検証するため，モデル1には1株当たり減損損失（IMP）とグループダミー，さらにこれら変数の交差項が含められている[4]。また，第2節で指摘したように，減損損失以外の損益についても，グループ間で株価との関係が異なる可能性もある。そのため，仮説を検証するためには必ずしも必要ないが，1株当たり経常利益（OI）と1株当たり修正特別損益（SI^{adj}）について，それぞれ正値（利益）_POSと負値（損失）_NEGに分解したうえで，これらの変数とグループダミーの交差項を含めている。なお，これらを正値（利益）_POSと負値（損失）_NEGに分解しているのは，損益が正値のとき，ある企

---

[4] 1株当たり減損損失（IMP）とSML^{imp}の交差項を含めないのは，$NO^{imp}=1$となる企業グループが存在せず，3つのグループにしか分割できないからである。

業グループの ERC が比較対象となる企業グループよりも小さければ，株価が低くなるような割引評価が，ある企業グループの利益にたいしておこなわれていることになるのにたいし，損益が負値（損失）のとき，ある企業グループの ERC が比較対象となる企業グループよりも大きければ，株価が低くなるような割引評価が，ある企業グループの損失にたいしておこなわれていることになるからである。

　さらに，年度効果と企業効果を固定するため，モデル1には，年度ダミー（*YearDummies*）と企業ダミー（*FirmDummies*）を含めている。なお，第2部（および，第7章と第8章）と同様の理由[5]で，ここではダミー変数を除くすべての変数を前期末から3か月経過後の株価（P_{it-1}）でデフレートしたうえで，年度ごとに上下1%ずつ（*IMP* は下位1%）を異常値として置換処理している。また，偏回帰係数の t 値の計算にあたっては，企業ごとにクラスター補正を加えたロバスト推定をおこなう。

　第2節で示した仮説が支持されるためには，減損損失を利用した異時点間の損益の区分シフトをおこなっていない企業グループ（$SML^{imp}=1$）と比較して，それをおこなっている企業グループ（$BIG^{imp}=1$）の減損損失（*IMP*）の ERC が大きければよい。つまり，仮説が支持されるためには，モデル1の β_{14} が，統計的に有意なプラスになればよい。これは，後者のグループの減損損失が，前者のグループのそれよりも，株価が低くなるように投資家に割引評価されていることを意味する。

（2）　検証結果

　モデル1の検証結果は**図表9-3**に示してある。図表9-3をみると，異時点間の損益の区分シフトをおこなっていない企業グループ（$SML^{imp}=1$）と，それをおこなっている企業グループ（$BIG^{imp}=1$）の減損損失（*IMP*）の ERC の差異である β_{14} は，統計的に有意なプラスである。これは，減損損失を利用した異時点間の損益の区分シフトをおこなっている企業グループの減損損失を，株価が低くなるように割引評価していることになるから，仮説を支持する結果

5　第3章第5節（1）②を参照。

図表9-3　モデル1の検証結果

	変数	係数	t値	線形制約	係数	F値
β_0	$Cons.$	0.853	54.45**			
β_1	SML_{it}^{imp}	0.009	0.53			
β_2	MID_{it}^{imp}	−0.009	−0.42			
β_3	BIG_{it}^{imp}	−0.029	−1.00			
β_4	OI_POS_{it}	2.076	24.97**			
β_5	$OI\_POS_{it} \times SML_{it}^{imp}$	−0.241	−2.30*	$\beta_4+\beta_5=0$	1.836	354.91**
β_6	$OI\_POS_{it} \times MID_{it}^{imp}$	−0.179	−1.33	$\beta_4+\beta_6=0$	1.898	239.65**
β_7	$OI\_POS_{it} \times BIG_{it}^{imp}$	−0.261	−1.83	$\beta_4+\beta_7=0$	1.816	181.28**
β_8	OI_NEG_{it}	−0.597	−5.96**			
β_9	$OI\_NEG_{it} \times SML_{it}^{imp}$	0.097	0.38	$\beta_8+\beta_9=0$	−0.500	4.37*
β_{10}	$OI\_NEG_{it} \times MID_{it}^{imp}$	0.367	1.85	$\beta_8+\beta_{10}=0$	−0.230	1.76
β_{11}	$OI\_NEG_{it} \times BIG_{it}^{imp}$	0.335	1.93	$\beta_8+\beta_{11}=0$	−0.262	3.26
β_{12}	IMP_{it}	−4.858	−3.34**			
β_{13}	$IMP_{it} \times MID_{it}^{imp}$	3.181	1.92	$\beta_{12}+\beta_{13}=0$	−1.677	5.08*
β_{14}	$IMP_{it} \times BIG_{it}^{imp}$	4.428	3.03**	$\beta_{12}+\beta_{14}=0$	−0.430	4.56*
β_{15}	$SI^{adj}\_POS_{it}$	1.339	5.04**			
β_{16}	$SI^{adj}\_POS_{it} \times SML_{it}^{imp}$	−0.129	−0.28	$\beta_{15}+\beta_{16}=0$	1.210	9.59**
β_{17}	$SI^{adj}\_POS_{it} \times MID_{it}^{imp}$	−0.825	−1.89	$\beta_{15}+\beta_{17}=0$	0.514	2.14
β_{18}	$SI^{adj}\_POS_{it} \times BIG_{it}^{imp}$	−0.174	−0.38	$\beta_{15}+\beta_{18}=0$	1.164	9.43**
β_{19}	$SI^{adj}\_NEG_{it}$	0.099	0.78			
β_{20}	$SI^{adj}\_NEG_{it} \times SML_{it}^{imp}$	−0.140	−0.68	$\beta_{19}+\beta_{20}=0$	−0.041	0.06
β_{21}	$SI^{adj}\_NEG_{it} \times MID_{it}^{imp}$	0.145	0.57	$\beta_{19}+\beta_{21}=0$	0.244	1.16
β_{22}	$SI^{adj}\_NEG_{it} \times BIG_{it}^{imp}$	−0.429	−1.61	$\beta_{19}+\beta_{22}=0$	−0.330	2.11

年度ダミー：含む
企業ダミー：含む

自由度調整済決定係数： 0.308
観測値数： 16,847

**は1％水準で有意，＊は5％水準で有意．
注）各変数の定義は図表9-1の注を参照．＿POSは損益が正値であること，＿NEGは損益が負値であることを意味する．ここでのt値は，企業ごとにクラスター補正を加えたロバスト推定の結果である．なお，線形制約$\beta_5=\beta_7$のF値は0.02，$\beta_9=\beta_{11}$のF値は0.78であり，どちらも統計的に有意ではない．

である。この結果から，少なくとも投資家は，減損損失を利用した異時点間の損益の区分シフトに誤導されないといえる。なお，この結果は，特別損失を利用した異時点間の損益の区分シフトにたいする投資家の評価ついて検証した，第5章で得られた結果と整合的なものである。

　減損損失（IMP）以外の損益項目については，異時点間の損益の区分シフトをおこなっていない企業グループ（$NO^{imp}=1$，および$SML^{imp}=1$）と，それをおこなっている企業グループ（$BIG^{imp}=1$）の間で，ERCに明確な差異は観察

されなかった[6]。本章と対応する第5章では，特別損失を利用した異時点間の損益の区分シフトをおこなっていない企業グループのうち，純額ベースで特別損失の計上をおこなっていない企業グループ（$NO^{sl}=1$）と，損益の区分シフトをおこなっている企業グループ（$BIG^{sl}=1$）の間で，経常利益の ERC に統計的にみて有意な差異が観察されたから，ここでの検証は，第5章とは異なるケースをとらえて分析したものであるといえよう。

最後に，減損損失を除く特別損失である修正特別損失（SI^{adj}_NEG）については，すべての企業グループにおいて，ERC が統計的に有意ではない。この結果は，減損損失が特別損失のなかで，投資家にとってとくに重要な情報であることを意味している。

第5節 追加的検証

（1） 将来利益の予測能力

① 検証モデル

モデル1をもちいた検証結果は，減損損失を利用した異時点間の損益の区分シフトに投資家が誤導されないことを示唆するものであった。しかし，この検証結果だけでは，損益の区分シフトによって生じた，減損損失がもつ恒久利益にかんする情報内容のグループ間差異を反映して投資家が株式を評価したのか，それとも利益情報の信頼性を低く評価した結果，それを割り引いて株式評価に

---

[6] 会計期間をまたぐ損益の区分シフトをおこなっている企業グループ（$BIG^{imp}=1$）の経常損失（OI_NEG）の ERC を意味する $\beta_8+\beta_{11}$ について，線形制約の F 検定の結果は，統計的に有意ではない。会計期間をまたぐ損益の区分シフトをおこなっていない企業グループ（$NO^{imp}=1$）の経常損失（OI_NEG）の ERC である β_8 が統計的に有意なマイナスであることを鑑みると，これら企業グループ間において，経常損失と株価の関連性は異なる可能性もある。しかし，これら企業グループ間の経常損失（OI_NEG）の ERC の差異である β_{11} が統計的に有意ではない以上，F 検定の結果が統計的に有意ではないことをもって，これら企業グループ間において，経常損失と株価の関連性に差異があるとはいえないだろう。

利用したのかはあきらかではない。

そこで以下では，これと対応する分析をおこなった第5章と同様の理由[7]で，減損損失がもつ将来利益の予測能力を，以下のモデル2をもちいて確認する。

〈モデル2〉

$$\begin{aligned}OI_{it+1} = &\beta_0 + \beta_1 SML_{it}^{imp} + \beta_2 MID_{it}^{imp} + \beta_3 BIG_{it}^{imp} + \beta_4 OI\_POS_{it} + \beta_5 OI\_POS_{it} \times SML_{it}^{imp}\\ &+ \beta_6 OI\_POS_{it} \times MID_{it}^{imp} + \beta_7 OI\_POS_{it} \times BIG_{it}^{imp} + \beta_8 OI\_NEG_{it} + \beta_9 OI\_NEG_{it}\\ &\times SML_{it}^{imp} + \beta_{10} OI\_NEG_{it} \times MID_{it}^{imp} + \beta_{11} OI\_NEG_{it} \times BIG_{it}^{imp} + \beta_{12} IMP_{it}\\ &+ \beta_{13} IMP_{it} \times MID_{it}^{imp} + \beta_{14} IMP_{it} \times BIG_{it}^{imp} + \beta_{15} SI^{adj}\_POS_{it}\\ &+ \beta_{16} SI^{adj}\_POS_{it} \times SML_{it}^{imp} + \beta_{17} SI^{adj}\_POS_{it} \times MID_{it}^{imp} + \beta_{18} SI^{adj}\_POS_{it}\\ &\times BIG_{it}^{imp} + \beta_{19} SI^{adj}\_NEG_{it} + \beta_{20} SI^{adj}\_NEG_{it} \times SML_{it}^{imp} + \beta_{21} SI^{adj}\_NEG_{it}\\ &\times MID_{it}^{imp} + \beta_{22} SI^{adj}\_NEG_{it} \times BIG_{it}^{imp} + YearDummies + FirmDummies + \varepsilon_{it}\end{aligned}$$

モデル2は，被説明変数が次期の1株当たり経常利益（OI_{it+1}）に変更されている以外は，モデル1と同じものである。なお，$t+1$期の経常利益データをもちいることから，検証期間は2007年から2013年の7年間となり，観測値数は14,586企業・年に減少している。また，ダミー変数を除くすべての変数を前期末から3か月経過後の株価（P_{it-1}）でデフレートしたうえで，年度ごとに上下1%ずつ（IMPは下位1%）を異常値として置換処理している点，偏回帰係数のt値の計算にあたって，企業ごとにクラスター補正を加えたロバスト推定をおこなう点は，モデル1と同様である。

減損損失がもつ恒久利益にかんする情報内容のグループ間差異を反映して投資家が株式を評価したといえるためには，モデル2において，異時点間の損益の区分シフトをおこなっていない企業グループ（$SML^{imp}=1$）と比較して，それをおこなっている企業グループ（$BIG^{imp}=1$）の減損損失（IMP）の偏回帰係数が，モデル1における検証結果と同様，大きければよい。つまり，モデル2のβ_{14}が，統計的に有意なプラスになればよい。なお，異時点間の損益の区分シフトをおこなっている企業については，将来の経常利益が機械的にかさ上げ

---

7 第5章第6節（1）①，および第3章第6節（1）①を参照。

されることになるから，モデル2の大規模な減損損失を計上している企業グループ（$BIG^{sl}=1$）の減損損失（IMP）の偏回帰係数は，それだけマイナス方向にバイアスがかかることになる。このバイアスについては，結果を解釈するさい注意が必要である。

② 検証結果

モデル2の検証結果は**図表9-4**に示してある。図表9-4をみると，減損損

図表9-4 モデル2の検証結果

	変数	係数	t値	線形制約	係数	F値
β_0	$Cons.$	0.081	16.02**			
β_1	SML_{it}^{imp}	−0.009	−1.57			
β_2	MID_{it}^{imp}	−0.013	−1.85			
β_3	BIG_{it}^{imp}	−0.001	−0.15			
β_4	OI_POS_{it}	0.593	19.98**			
β_5	$OI\_POS_{it} \times SML_{it}^{imp}$	−0.007	−0.17	$\beta_4+\beta_5=0$	0.586	264.65**
β_6	$OI\_POS_{it} \times MID_{it}^{imp}$	0.028	0.55	$\beta_4+\beta_6=0$	0.622	193.76**
β_7	$OI\_POS_{it} \times BIG_{it}^{imp}$	−0.054	−0.87	$\beta_4+\beta_7=0$	0.539	89.68**
β_8	OI_NEG_{it}	0.015	0.35			
β_9	$OI\_NEG_{it} \times SML_{it}^{imp}$	−0.070	−0.78	$\beta_8+\beta_9=0$	−0.055	0.53
β_{10}	$OI\_NEG_{it} \times MID_{it}^{imp}$	−0.108	−1.12	$\beta_8+\beta_{10}=0$	−0.093	1.12
β_{11}	$OI\_NEG_{it} \times BIG_{it}^{imp}$	0.054	0.75	$\beta_8+\beta_{11}=0$	0.069	1.32
β_{12}	IMP_{it}	−1.463	−4.72**			
β_{13}	$IMP_{it} \times MID_{it}^{imp}$	0.638	1.80	$\beta_{12}+\beta_{13}=0$	−0.825	12.85**
β_{14}	$IMP_{it} \times BIG_{it}^{imp}$	1.374	4.36**	$\beta_{12}+\beta_{14}=0$	−0.089	1.70
β_{15}	$SI^{adj}\_POS_{it}$	0.072	0.72			
β_{16}	$SI^{adj}\_POS_{it} \times SML_{it}^{imp}$	0.326	1.77	$\beta_{15}+\beta_{16}=0$	0.398	6.78**
β_{17}	$SI^{adj}\_POS_{it} \times MID_{it}^{imp}$	−0.259	−1.60	$\beta_{15}+\beta_{17}=0$	−0.187	2.23
β_{18}	$SI^{adj}\_POS_{it} \times BIG_{it}^{imp}$	0.072	0.54	$\beta_{15}+\beta_{18}=0$	0.144	2.65
β_{19}	$SI^{adj}\_NEG_{it}$	−0.101	−1.56			
β_{20}	$SI^{adj}\_NEG_{it} \times SML_{it}^{imp}$	−0.007	−0.07	$\beta_{19}+\beta_{20}=0$	−0.108	2.78
β_{21}	$SI^{adj}\_NEG_{it} \times MID_{it}^{imp}$	0.019	0.18	$\beta_{19}+\beta_{21}=0$	−0.082	0.82
β_{22}	$SI^{adj}\_NEG_{it} \times BIG_{it}^{imp}$	−0.062	−0.60	$\beta_{19}+\beta_{22}=0$	−0.163	3.92*
	年度ダミー：含む			自由度調整済決定係数：		0.526
	企業ダミー：含む			観測値数：		14,586

**は1%水準で有意，*は5%水準で有意。

注）各変数の定義は図表9-1の注を参照。_POSは損益が正値であること，_NEGは損益が負値であることを意味する。ここでのt値は，企業ごとにクラスター補正を加えたロバスト推定の結果である。なお，線形制約 $\beta_5=\beta_7$ のF値は0.57，$\beta_9=\beta_{11}$ のF値は1.78であり，どちらも統計的に有意ではない。

失を利用した異時点間の損益の区分シフトをおこなっていない企業グループ（$SML^{imp}=1$）と，それをおこなっている企業グループ（$BIG^{imp}=1$）の減損損失（IMP）の偏回帰係数の差異であるβ_{14}は，マイナス方向にバイアスがかかっているにもかかわらず，モデル１の検証結果と同様，統計的に有意なプラスである。これは，減損損失を利用した異時点間の損益の区分シフトをおこなっていない企業と，それをおこなっている企業との間で，減損損失がもつ恒久利益にかんする情報内容に差異があることを示唆している。

　モデル１とモデル２の検証結果を併せて解釈すると，投資家は，異時点間の損益の区分シフトによって生じた，減損損失がもつ恒久利益にかんする情報内容の差異を反映して，それをおこなっている企業の減損損失を株式評価に利用しているといえよう。この結果は，特別損失を利用した異時点間の損益の区分シフトにたいする投資家の評価ついて検証した，第５章の結果と整合的なものである。

（２）　識別規準の変更

　上述の検証結果は，減損損失を利用した異時点間の損益の区分シフトをおこなっている企業グループの識別規準に依存して決まる。そこで，上述の検証結果の頑健性を高めるため，異なる識別規準をもちいた場合であっても，同様の結果が得られるか否かについて検証をおこなう。なお，ここでは，第６章第５節において，減損損失を利用した異時点間の損益の区分シフトをおこなっているか否かの検証にもちいており，かつ，それをおこなっていることを示唆するような結果が得られた，「大規模な減損損失」の定義を，前期末固定資産（投資その他の資産を除く）にたいする減損損失の割合が４％超とした場合と，それが５％超とした場合について，上述と同様の検証をおこなっている。

　これらの結果は，上述の検証によって得られた結果と同様，将来の減価償却費を減損損失として先取り計上することによる，異時点間の損益の区分シフトによって投資家は誤導されず，それによって生じた減損損失がもつ恒久利益にかんする情報内容の差異を反映して，それをおこなっている企業の減損損失を株式評価に利用していると解釈できるものであった。

第6節 おわりに

　本章の目的は，第6章第5節の結果を受けて，減損損失を利用した異時点間の損益の区分シフトをおこなっている企業の利益情報にたいして，投資家が誤導されてしまうことがあるか否かについて実証的に検証をおこなうことであった。このタイプの損益の区分シフトがおこなわれている場合，それがおこなわれている企業の計上した大規模な減損損失のなかに，将来の経常費用である減価償却費が含まれることになる。よって，投資家は，そのような企業の減損損失にたいして，減損損失がもつ恒久利益にかんする情報内容の差異を反映した評価をおこなうはずである。また，減損損失がもつ恒久利益にかんする情報内容について推定することが困難な場合であっても，投資家はそのような企業の減損損失を割り引いて株式評価に利用するはずである。

　検証結果は，損益の区分シフトによって生じた，減損損失がもつ恒久利益にかんする情報内容の差異を反映して，投資家が異時点間の損益の区分シフトをおこなっている企業の減損損失を株式評価に利用していることを示唆するものであった。本章の検証結果をみる限り，投資家は，このタイプの損益の区分シフトに誤導されないといえるだろう。なお，ここでの結果は，本章と対応する分析をおこなった第5章と整合的なものであった。

終 章

総括と展望

第1節 各章の発見事項

　本書の目的は，日本の区分式損益計算書を対象として，制度上開示が強制されている経常利益をターゲットとした損益の区分シフトが経営者によっておこなわれているか否か，また，それがおこなわれている場合，それによって投資家が誤導されてしまうことがあるか否かについて，実証的な検証をつうじてあきらかにすることであった。以下では，各章の発見事項を要約したうえで，第2節で本書の結論を述べる。そして第3節では，本書の検証結果から引き出される制度的インプリケーションについて記述する。最後に第4節では，本書では取り扱うことのできなかった研究上の課題をあげ，将来の展望を示す。

（1） 損益の区分シフトの実態

　第1部では，本書の最終的な目的である，損益の区分シフトによって投資家が誤導されてしまうことがあるか否かをあきらかにする準備段階として，区分選択項目や特別損失を利用した損益の区分シフトの実態をあきらかにすると同時に，それをおこなっている企業の識別規準の妥当性を検討した。

　まず，第1章では，営業外損益と特別損益のいずれにも区分できる「区分選択項目」に着目して，損益の区分シフトの実態を分析した。検証結果は，経常

利益を増大させるように区分選択項目の計上区分や計上割合を大幅に変更している企業グループが，区分選択項目を利用して，他の企業グループと遜色のない経常利益の水準や経常増益を達成するために，同一時点の損益の区分シフトをおこなっていることを示唆するものであった。これにたいする投資家の評価は，第2部の第3章で検証をおこなった。

つぎに，第2章では，特別損失の頻度と規模に着目して，損益の区分シフトの実態を分析した。その理由は，損益の区分シフトをおこなう企業は，その特別損失の頻度や規模に，特徴的な傾向が表れるからである。第2章の検証結果は，経済的に無視できない大きさの特別損失を継続的に計上している企業グループが，損益の区分シフトを継続的におこなっていることを示唆するものであった。これにたいする投資家の評価は，第2部の第4章で検証をおこなった。また，大規模な特別損失を計上している企業グループが，将来の経常費用を特別損失として先取り計上する，異時点間の損益の区分シフトをおこなっていることを示唆する結果も得られた。これにたいする投資家の評価は，第2部の第5章で検証をおこなった。

（2） 損益の区分シフトにたいする投資家の評価

第2部では，第1部で検討した損益の区分シフトをおこなっている企業の識別規準をもちいて，さまざまなタイプの損益の区分シフトによって，投資家が誤導されてしまうことがあるか否かを検証した。

まず，第3章では，第1章であきらかにした，区分選択項目を利用した同一時点の損益の区分シフトによって，投資家が誤導されてしまうことがあるか否かについて検証をおこなった。検証結果は，投資家は区分選択項目がもつ恒久利益にかんする情報内容のグループ間差異の有無を適切に反映してその項目を株式評価に利用できる場合もあるが，それができない場合もあることを示唆するものであった。ただし，区分選択項目がもつ情報内容のグループ間差異がわからない場合であっても，投資家は，損益の区分シフトによって区分選択項目にかんする情報の信頼性が低下したことを反映して，それを割り引いて株式評価に利用することもあきらかになった。

つぎに，第4章では，第2章第4節であきらかにした，特別損失を利用した

継続的な損益の区分シフトによって，投資家が誤導されてしまうことがあるか否かについて検証をおこなった。検証結果は，継続的な損益の区分シフトによって生じた，特別損失がもつ恒久利益にかんする情報内容の差異を反映して，投資家がそれをおこなっている企業の特別損失を株式評価に利用していることを示唆するものであった。

最後に，第5章では，第2章第5節であきらかにした，将来の経常費用を特別損失として先取り計上する，異時点間の損益の区分シフトによって，投資家が誤導されてしまうことがあるか否かについて検証をおこなった。検証結果は，異時点間の損益の区分シフトによって生じた，特別損失がもつ恒久利益にかんする情報内容の差異を反映して，投資家がそれをおこなっている企業の特別損失を株式評価に利用していることを示唆するものであった。

（3） 損益の区分シフト―固定資産の費用配分に着目して―

第3部では，第1部と第2部でおこなった検証について，個別の損益項目に着目して追検証をおこなった。なお，第6章は本書の第1部に対応するものであり，第7章から第9章は，本書の第2部に対応するものである。

第6章では，第1部でその実態をあきらかにした，区分選択項目を利用した同一時点の損益の区分シフト，特別損失を利用した継続的な損益の区分シフト，そして，特別損失を利用した異時点間の損益の区分シフトについて，固定資産の費用配分にかんする損益項目に着目して追検証をおこなった。検証の結果，固定資産処分損益の区分変更を利用した同一時点の損益の区分シフトをおこなっている企業が一定程度の割合で存在することが確認できた。また，経済的に無視できない大きさの減損・処分損を継続的に計上している企業グループが，固定資産の償却不足を利用した損益の区分シフトを継続的におこなっていることを示唆する結果も得られた。さらに，大規模な減損損失を計上している企業グループが，将来の減価償却費を減損損失として先取り計上する，異時点間の損益の区分シフトをおこなっていることを示唆する結果も得られた。

つぎに，第7章では，第6章第3節であきらかにした，固定資産処分損益の区分の変更を利用した同一時点の損益の区分シフトによって，投資家が誤導されてしまうことがあるか否かについて検証をおこなった。これは，第2部の第

3章に対応するものである。検証結果は，同一時点の損益の区分シフトによって生じた，固定資産処分損益がもつ恒久利益にかんする情報内容のグループ間差異を反映して，投資家が固定資産処分損益を株式評価に利用していることを示唆するものであった。

さらに，第8章では，第6章第4節であきらかにした，固定資産の償却不足を利用した継続的な損益の区分シフトによって，投資家が誤導されてしまうことがあるか否かについて検証をおこなった。これは，第2部の第4章に対応するものである。検証結果は，固定資産の償却不足を利用した継続的な損益の区分シフトをおこなっている企業の経常損失や減損・処分損を，投資家が割引評価していることを示唆するものであった。

最後に，第9章では，第6章第5節であきらかにした，将来の減価償却費を減損損失として先取り計上する，異時点間の損益の区分シフトによって，投資家が誤導されてしまうことがあるか否かについて検証をおこなった。これは，第2部の第5章に対応するものである。検証結果は，異時点間の損益の区分シフトによって生じた，減損損失がもつ恒久利益にかんする情報内容の差異を反映して，投資家がそれをおこなっている企業の減損損失を株式評価に利用していることを示唆するものであった。

第2節　本書の結論

まず，損益の区分シフトの実態については，第1部の第1章と第2章，および第3部の第6章で検証をおこなった。それらの結果は，日本企業の経営者が，経常利益と特別損益の区分の裁量性を利用した，さまざまなタイプの損益の区分シフトをおこなっていることを示唆するものであった。ここから得られる結論は，「損益の区分シフトのターゲットとなるサブトータルの利益が財務諸表本体に開示され，監査の対象となる場合であっても，経営者はその利益をターゲットとしたさまざまなタイプの損益の区分シフトをおこなう」ということである。

つぎに，損益の区分シフトにたいする投資家の評価については，第2部の第

3章から第5章,および第3部の第7章から第9章で検証をおこなった。それらの結果は,投資家がたいていのケースにおいて,損益の区分シフトによって生じた,損益がもつ恒久利益にかんする情報内容の差異を反映して,損益の区分シフトをおこなっている企業の損益を株式評価に利用していることを示唆するものであった。また,損益がもつ恒久利益にかんする情報内容の差異がわからない場合であっても,投資家は,損益の区分シフトによって情報の信頼性が低下したことを反映して,それらを割り引いて株式評価に利用していることもあきらかになった。ここから得られる結論は,「損益の区分シフトのターゲットとなる利益が財務諸表本体に開示され,監査の対象となる場合,経営者がおこなったさまざまなタイプの損益の区分シフトに,投資家は誤導されない」ということである。

経済合理的な経営者は,損益の区分シフトを含め,利益マネジメントをおこなう動機をもつ場合,その手段があれば(コスト・ベネフィットを比較衡量したうえで)実行するはずである。また,そのことを知っている経済合理的な投資家は,財務諸表情報から推定可能な損益の区分シフトにたいしては,それが実行されている可能性を考慮したうえで,損益の区分シフトによって調整された利益情報を利用して,株式価値を評価するはずである。本書は,損益の区分シフトをおこなう動機と手段をもつ経営者はそれを実行し,そのことを知っている投資家は,それを考慮したうえで利益情報を株式価値評価にもちいるという,経済合理的なシナリオが成立していることを,実証的な検証をつうじてあきらかにしたことになる。

第3節 制度的インプリケーション

現在IASBが採用しているIAS 1では,一時的な性格をもつ損益である異常項目を区分表示することが認められていない(IAS 1, par. 87)。異常項目の区分表示を禁止した理由は,損益が異常項目であるか否かを経営者が裁量的に決定する,つまり,損益の区分シフトを実行する機会をなくすことにあった(IAS 1, par. BC64)。しかし,損益の区分シフトによって投資家が誤導されない限り,

この廃止理由は合理的なものとはいえない。

　このような状況下で，経常利益と特別損益の区分表示が要求されている日本の（連結）損益計算書をもちいて，損益の区分シフトの実態とそれにたいする投資家の評価を検証することは，IASBによる異常項目の区分表示の禁止理由が合理的なものか否かを判断する材料を提供することになる。本書の検証結果は，損益計算書において一時的な損益を区分表示した場合に，経営者はその区分の裁量性を利用したさまざまな損益の区分シフトをおこなうが，そのような損益の区分シフトに投資家は誤導されないことを示唆している。このことは，損益を区分表示することではじめて可能となる損益の区分シフトが，投資家にたいする情報提供という点でマイナスの効果をもたず，IASBが異常項目の区分表示を禁止している根拠は崩れることを意味する。

　また，株式価値は恒久利益（持続可能な利益）と株主資本コストで決まるから，株式価値を評価する投資家にとって有用な情報は，恒久利益を推定できる情報といえる。ボトムラインの利益から一時的な損益を除外し，ボトムラインの利益よりも持続性の高い利益をサブトータルの利益として追加的に開示することは，恒久利益を推定するうえで投資家にとって有用であろうことは想像に難くない。実際，投資家がそのようなサブトータルの利益開示を求めていなければ，企業が自主的に一時的と思われる損益を除外して算定したプロ・フォーマ利益を開示する実務が米国で普及することもなかっただろう。

　以上，損益の区分シフトが投資家にたいする情報提供という点でマイナスの効果をもたないことと，ボトムラインの利益から一時的な損益を除外して持続性の高いサブトータルの利益を開示することが，恒久利益を推定するうえで投資家にとって有用であることの双方を考慮すると，異常項目の区分表示を禁止したIASBによる開示制度は，合理的なものとはいえないだろう。なお，現在IASBでは，財務報告におけるコミュニケーションの改善プロジェクトの一環として，基本財務諸表プロジェクトが進められており，2018年9月に開催されたIASB Meetingのアジェンダ・ペーパー（IASB 2018, par. 20）では，一時的な性格をもつ損益を識別し，財務諸表情報として提供すべきであると考えていることをあきらかにしているから，IASBによる損益情報の開示方法は，投資家にとってより望ましいものに変わっていくことが期待できる。

日本の損益計算書では，すでに経常利益と特別損益が区分表示されているから，この点において，日本の損益計算書は，IAS 1 に準拠した異常項目を区分しない表示方法よりも，投資家にたいする情報提供という面で優れているとみることができる。ただし，本書の検証結果には，損益の区分シフトによって生じた，損益がもつ恒久利益にかんする情報内容の差異を反映して，投資家が利益情報を株式評価に利用していることを示唆するものだけではなく，損益がもつ情報内容の差異がわからない場合に，損益の区分シフトによって情報の信頼性が低下したことを反映して，それらを割り引いて株式評価に利用していることを示唆するものも含まれていた。この後者のケースは，投資家にたいする情報の伝達にノイズが発生していることを意味している。このことから，現在の日本の損益計算書における経常利益と特別損益の区分表示方法は，ある程度の合理性は認められるものの，最適なものではないことがわかる。

　では，損益計算書において，どのような区分表示方法を適用すれば，投資家にとってより有用な情報を提供することができるのだろうか。それをあきらかにするためには，どのような研究をおこなえばよいのだろうか。それは今後の課題としたい。

第4節　課題と展望

（1）　本書の限界とそれにたいする今後の展望

　本書を貫くリサーチ・デザインは，損益の区分シフトをおこなっている企業の識別と，識別された企業の利益にたいする投資家の評価の検証という2段階で構成されている。それゆえ，本書で損益の区分シフトをおこなっている企業の損益にたいする投資家の評価を検証したといえるためには，なによりもまず，損益の区分シフトをおこなっている企業を適切に識別できていることが必要となる。これにかんしては，理論的に妥当な識別モデルがあるわけではないから，試行錯誤的に識別をおこなっていくしかない。

　本書では，損益の区分シフトをおこなっている企業の識別規準として，いく

つかのカットラインを設けて検証を繰り返したり，個別の損益項目に着目した追検証をおこなったりすることで，検証結果の頑健性を高めるように努めてきた。しかし，ここでもちいた識別規準が損益の区分シフトをおこなっている企業を適切に識別できているか否かは，依然としてわからないままである。

① 損益の区分シフトをおこなう動機

損益の区分シフトに限らず，利益マネジメントにかんする研究は，その存在をあきらかにするもの，その動機をあきらかにするもの，それにたいする投資家の評価をあきらかにするものの3つに大別される。本書は，損益の区分シフトがおこなわれているか否かについて検証をおこなうとともに，損益の区分シフトにたいして投資家がどのような評価をおこなうかについて検証をおこなった。しかし，本書では，経営者が損益の区分シフトをおこなう動機についての検証はおこなっていない。

Ronen and Yaari（2007）や大日方（2013a）などで示されているように，経営者が利益マネジメントをおこなう動機は，投資家の効用を犠牲にして自己の効用（たとえば，経営者報酬）を最大化する機会主義的なものと，投資家に将来キャッシュフローにかんする追加的な情報を顕示するものに大別される。損益の区分シフトにたいする投資家の評価は，経営者がそれをおこなう動機によって異なるはずである。また，経営者は利益マネジメントをおこなう動機をもたなければ，たとえその手段をもっていたとしても，それを実行しないことを鑑みると，それを考慮することで，損益の区分シフトをおこなっている企業の識別をより適切におこなうことができる可能性がある。そのため，本書の内容は，経営者が損益の区分シフトをおこなう動機を考慮することによって，より精緻なものとなるだろう。

今後の研究の展開としては，経営者が損益の区分シフトをおこなう動機の差異を考慮したうえで，損益の区分シフトにたいする投資家の評価について検証をおこなうといったことが考えられよう。

② 損益の区分シフトと他の利益マネジメント手段との関係

Abernathy *et al.*（2014）は，米国企業を検証対象として，経営者が実体上の

利益マネジメントや損益の期間配分操作といった他の利益マネジメントをおこなうことに制約がある場合に，損益の区分シフトをおこなう傾向があることを実証的にあきらかにしている。これは，損益の区分シフトをおこなっている企業グループと，それをおこなっていない企業グループの間で，損益の区分シフト以外の利益マネジメントの傾向にシステマティックな差異が存在している可能性があることを示唆している。このとき，損益の区分シフトをおこなっている企業グループと，それをおこなっていない企業グループの間で，利益にたいする投資家の評価が異なっているとする検証結果が得られたとしても，それが損益の区分シフトではなく，他の利益マネジメントによる損益の歪みによって引き起こされている可能性は否定できない。このことから，本書の内容は，損益の区分シフトと他の利益マネジメントの相互関係を考慮することによって，より精緻なものとなるだろう。

今後の研究の展開として，まずは，損益計算書上，経常利益と一時的な性格をもつ特別損益を区分表示することが強制されている日本固有の開示制度環境においても，損益の区分シフトと他の利益マネジメントとの間にシステマティックな関係があるか否かについて検証をおこなうことが考えられよう。その結果，これら利益マネジメントの間に何らかのシステマティックな関係が認められれば，他の利益マネジメントの影響をコントロールしたうえで，損益の区分シフトにたいする投資家の評価を再検証するといった方向に研究を展開していくことが必要になる。

（2） 経常利益と特別損益の区分を超えて

最後に，本書は損益の区分シフトのターゲットとなる利益を，経常利益に限定して検証をおこなっていた。その理由は，一時的な性格をもつ損益を区分して開示することの是非が，会計制度上，重要な論点であることと，経常利益を調整する手段として，区分選択項目という特徴的な損益項目が存在することにあった。

ただし，日本の区分式損益計算書において，損益の区分シフトのターゲットとなる利益は，経常利益だけではない。経営者は，本書の第6章第4節であきらかにした，固定資産の償却不足を利用した継続的な損益の区分シフトや，第

6章第5節であきらかにした,償却性固定資産の大規模な減損損失の計上による,異時点間の損益の区分シフトによって,営業利益の金額も同時に調整することが可能である。

また,棚卸資産の評価損は,一定の要件を満たせば,特別損失の区分に計上することができる[1]。このことから,経営者は,棚卸資産処分損を利用した損益の区分シフトによって,売上総利益の金額を調整することができる。これは,本書の第1章(および,第6章第3節)であきらかにした,区分選択項目を利用した損益の区分シフトの一形態である。

さらに,包括利益をボトムラインの利益としてとらえた場合,リサイクリングされないその他の包括利益を利用した,純利益をターゲットとした損益の区分シフトも可能となる。たとえば,現行のIAS 19 (International Accounting Standards No. 19, *Employee Benefits*) では,その他の包括利益として認識した,確定給付負債または資産(純額)の再測定は,その後の期間において純利益に振り替えることができないとされている (IAS 19, par. 122)。なお,これ以外の確定給付負債または資産(純額)の変動は純利益となる。確定給付負債または資産(純額)の測定には見積りの要素が多く含まれているから,経営者は,この見積りを裁量的に決定することで,純利益をターゲットとした損益の区分シフトをおこなうことができる可能性がある。

とくに,その他の包括利益のリサイクリングの要否は,会計上重要な論点とされている。企業会計基準委員会が公表した「修正国際基準」では,その他の包括利益のすべての項目について,リサイクリングを要求するように修正されていることからもわかるとおり,その他の包括利益をリサイクリングしない会計処理は,とくに日本では否定的な見解が多い。このような会計処理の是非について,判断材料を提供するという意味でも,また,区分式損益計算書における最適な区分表示を追求する意味でも,上述したようなさまざまなタイプの損益の区分シフトについて,検証を重ねていくことが有益であろう。

---

1 企業会計基準第9号「棚卸資産の評価に関する会計基準」第17項を参照。

参考文献

Abdalla, A. M. 2016. Misclassification of Negative Core Earnings and Signal-Driven Price Association. Working Paper. Available at SSRN : https://ssrn.com/abstract=2897130.

Abdalla, A. M., and C. Clubb. 2016. Classification Shifting, Abnormal Earnings Dynamics, and Stock Valuation. Working Paper. Available at SSRN : https://ssrn.com/abstract=2778780.

Abdul Majid, J. 2015. Reporting Incentives, Ownership Concentration by the Largest Outside Shareholder, and Reported Goodwill Impairment Losses. *Journal of Contemporary Accounting & Economics* 11 (3) : 199-214.

Abernathy, J. L., B. Beyer, and E. T. Rapley. 2014. Earnings Management Constraints and Classification Shifting. *Journal of Business Finance & Accounting* 41 (5-6) : 600-626.

AbuGhazaleh, N. M., O. M. Al-Hares, and C. Roberts. 2011. Accounting Discretion in Goodwill Impairments : UK Evidence. *Journal of International Financial Management & Accounting* 22 (3) : 165-204.

AbuGhazaleh, N. M., O. M. Al-Hares, and A. E. Haddad. 2012. The Value Relevance of Goodwill Impairments : UK Evidence. *International Journal of Economics and Finance* 4 (4) : 206-216.

Alciatore, M., P. Easton, and N. Spear. 2000. Accounting for the Impairment of Long-Lived Assets : Evidence from the Petroleum Industry. *Journal of Accounting and Economics* 29 (2) : 151-172.

Alfonso, E., C. S. A. Cheng, and S. Pan. 2015. Income Classification Shifting and Mispricing of Core Earnings. *Journal of Accounting, Auditing & Finance*. Article first published online : https://doi.org/10.1177/0148558X15571738.

Allee, K. D., N. Bhattacharya, E. L. Black, and T. E. Christensen. 2007. Pro Forma Disclosure and Investor Sophistication : External Validation of Experimental Evidence Using Archival Data. *Accounting, Organizations & Society* 32 (3) : 201-222.

Athanasakou, V. E., N. C. Strong, and M. Walker. 2007. Classificatory Income Smoothing : The Impact of a Change in Regime of Reporting Financial Performance. *Journal of Accounting & Public Policy* 26 (4) : 387-435.

Athanasakou, V. E., N. C. Strong, and M. Walker. 2009. Earnings Management or Forecast Guidance to Meet Analyst Expectations? *Accounting & Business Research (Wolters Kluwer UK)* 39 (1) : 3-35.

Athanasakou, V., N. Strong, and M. Walker. 2010. The Association between Classificatory and Inter-temporal Smoothing : Evidence from the UK's FRS 3. *International Journal of Accounting* 45 (2) : 224-257.

Athanasakou, V., N. C. Strong, and M. Walker. 2011. The Market Reward for Achieving Analyst Earnings Expectations : Does Managing Expectations or Earnings Matter?

Journal of Business Finance & Accounting 38 (1-2): 58-94.

Barnea, A., J. Ronen, and S. Sadan. 1976. Classificatory Smoothing of Income with Extraordinary Items. *The Accounting Review* 51 (1): 110-122.

Barth, M. E., I. D. Gow, and D. J. Taylor. 2012. Why Do Pro Forma and Street Earnings Not Reflect Changes in GAAP? Evidence from SFAS 123R. *Review of Accounting Studies* 17 (3): 526-562.

Bartov, E., F. W. Lindahl, and W. E. Ricks. 1998. Stock Price Behavior around Announcements of Write-Offs. *Review of Accounting Studies* 3 (4): 327-346.

Bartov, E., and P. S. Mohanram. 2014. Does Income Statement Placement Matter to Investors? The Case of Gains/Losses from Early Debt Extinguishment. *The Accounting Review* 89 (6): 2021-2055.

Barua, A., S. Lin, and A. M. Sbaraglia. 2010. Earnings Management Using Discontinued Operations. *The Accounting Review* 85 (5): 1485-1509.

Beattie, V., S. Brown, D. Ewers, B. John, S. Manson, D. Thomas, and M. Turner. 1994. Extraordinary Items and Income Smoothing: A Positive Accounting Approach. *Journal of Business Finance & Accounting* 21 (6): 791-811.

Beatty, A., and J. Weber. 2006. Accounting Discretion in Fair Value Estimates: An Examination of SFAS 142 Goodwill Impairments. *Journal of Accounting Research* 44 (2): 257-288.

Behn, B. K., G. Gotti, D. Herrmann, and T. Kang. 2013. Classification Shifting in an International Setting: Investor Protection and Financial Analysts Monitoring. *Journal of International Accounting Research* 12 (2): 27-50.

Bens, D. A., W. Heltzer, and B. Segal. 2011. The Information Content of Goodwill Impairments and SFAS 142. *Journal of Accounting, Auditing & Finance* 26 (3): 527-555.

Bhattacharya, N., E. L. Black, T. E. Christensen, and C. R. Larson. 2003. Assessing the Relative Informativeness and Permanence of Pro Forma Earnings and GAAP Operating Earnings. *Journal of Accounting and Economics* 36 (1-3): 285-319.

Bhattacharya, N., E. L. Black, T. E. Christensen, and R. D. Mergenthaler. 2004. Empirical Evidence on Recent Trends in Pro Forma Reporting. *Accounting Horizons* 18 (1): 27-43.

Bhattacharya, N., E. L. Black, T. E. Christensen, and R. D. Mergenthaler. 2007. Who Trades on Pro Forma Earnings Information? *The Accounting Review* 82 (3): 581-619.

Black, D. E., and T. E. Christensen. 2009. US Managers' Use of 'Pro Forma' Adjustments to Meet Strategic Earnings Targets. *Journal of Business Finance & Accounting* 36 (3-4): 297-326.

Black, D. E., E. L. Black, T. E. Christensen, and W. G. Heninger. 2012. Has the Regulation of Pro Forma Reporting in the US Changed Investors' Perceptions of Pro Forma Earnings Disclosures? *Journal of Business Finance & Accounting* 39 (7-8): 876-904.

Black, E. L., T. E. Christensen, T. Taylor Joo, and R. Schmardebeck. 2017. The Relation Between Earnings Management and Non-GAAP Reporting. *Contemporary Accounting*

Research 34 (2) : 750-782.

Brayshaw, R. E., and A. E. K. Eldin. 1989. The Smoothing Hypothesis and the Role of Exchange Differences. *Journal of Business Finance & Accounting* 16 (5) : 621-633.

Brown, N. C., T. E. Christensen, and W. B. Elliott. 2012. The Timing of Quarterly 'Pro Forma' Earnings Announcements. *Journal of Business Finance & Accounting* 39 (3-4) : 315-359.

Brown, N. C., T. E. Christensen, W. B. Elliott, and R. D. Mergenthaler. 2012. Investor Sentiment and Pro Forma Earnings Disclosures. *Journal of Accounting Research* 50 (1) : 1-40.

Burgstahler, D., J. Jiambalvo, and T. Shevlin. 2002. Do Stock Prices Fully Reflect the Implications of Special Items for Future Earnings? *Journal of Accounting Research* 40 (3) : 585-612.

Cain, C. A., K. S. Kolev, and S. E. McVay. 2016. Qualifying Special Items : An Identification and Examination of Lower-Quality versus Higher-Quality Income-Decreasing Special Items. Working Paper. Available at SSRN : https://ssrn.com/abstract=1267022.

Cameron, R., and N. Gallery. 2008. The Rise and Demise of Abnormal Items. *Australian Accounting Review* 18 (1) : 63-70.

Chae, S.-J., and M. Nakano. 2015. The Effect of Classification Shifting on Analyst Forecast Accuracy : Evidence from Japan. *Hitotsubashi Journal of Commerce and Management* 49 (1) : 25-35.

Chao, C.-L., and S.-M. Horng. 2013. Asset Write-Offs Discretion and Accruals Management in Taiwan : The Role of Corporate Governance. *Review of Quantitative Finance and Accounting* 40 (1) : 41-74.

Chen, C., M. Kohlbeck, and T. Warfield. 2008. Timeliness of Impairment Recognition : Evidence from the Initial Adoption of SFAS 142. *Advances in Accounting* 24 (1) : 72-81.

Chen, G., M. Firth, and D. Ning Gao. 2011. The Information Content of Earnings Components : Evidence from the Chinese Stock Market. *European Accounting Review* 20 (4) : 669-692.

Chen, L., G. Krishnan, and M. Pevzner. 2012. Pro Forma Disclosures, Audit Fees, and Auditor Resignations. *Journal of Accounting & Public Policy* 31 (3) : 237-257.

Choi, Y.-S., S. Lin, M. Walker, and S. Young. 2007. Disagreement over the Persistence of Earnings Components : Evidence on the Properties of Management-Specific Adjustments to GAAP Earnings. *Review of Accounting Studies* 12 (4) : 595-622.

Choi, Y.-S., and S. Young. 2015. Transitory Earnings Components and the Two Faces of Non-Generally Accepted Accounting Principles Earnings. *Accounting & Finance* 55 (1) : 75-103.

Christensen, T. E., M. S. Drake, and J. R. Thornock. 2014. Optimistic Reporting and Pessimistic Investing : Do Pro Forma Earnings Disclosures Attract Short Sellers? *Contemporary Accounting Research* 31 (1) : 67-102.

Cready, W., T. J. Lopez, and C. A. Sisneros. 2010. The Persistence and Market Valuation of Recurring Nonrecurring Items. *The Accounting Review* 85 (5) : 1577-1615.

Cready, W. M., T. J. Lopez, and C. A. Sisneros. 2012. Negative Special Items and Future Earnings : Expense Transfer or Real Improvements? *The Accounting Review* 87 (4) : 1165-1195.

Curtis, A. B., S. E. McVay, and B. C. Whipple. 2014. The Disclosure of Non-GAAP Earnings Information in the Presence of Transitory Gains. *The Accounting Review* 89 (3) : 933-958.

Dechow, P., and W. Ge. 2006. The Persistence of Earnings and Cash Flows and the Role of Special Items : Implications for the Accrual Anomaly. *Review of Accounting Studies* 11 (2-3) : 253-296.

Desai, N., and N. Nagar. 2016. A Research Note : Are Auditors Unable to Detect Classification Shifting or Merely Not Willing to Report It? Evidence from India. *Journal of Contemporary Accounting and Economics* 12 (2) : 111-120.

Dilla, W. N., D. J. Janvrin, and C. Jeffrey. 2013. The Impact of Graphical Displays of Pro Forma Earnings Information on Professional and Nonprofessional Investors' Earnings Judgments. *Behavioral Research in Accounting* 25 (1) : 37-60.

Donelson, D. C., R. Jennings, and J. McInnis. 2011. Changes over Time in the Revenue-Expense Relation : Accounting or Economics? *The Accounting Review* 86 (3) : 945-974.

Doyle, J. T., R. J. Lundholm, and M. T. Soliman. 2003. The Predictive Value of Expenses Excluded from Pro Forma Earnings. *Review of Accounting Studies* 8 (2-3) : 145-174.

Elliott, J. A., and W. H. Shaw. 1988. Write-Offs as Accounting Procedures to Manage Perceptions. *Journal of Accounting Research* 26 (3) : 91-119.

Elliott, J. A., and J. D. Hanna. 1996. Repeated Accounting Write-Offs and the Information Content of Earnings. *Journal of Accounting Research* 34 (3) : 135-155.

Elliott, W. B. 2006. Are Investors Influenced by Pro Forma Emphasis and Reconciliations in Earnings Announcements? *The Accounting Review* 81 (1) : 113-133.

Entwistle, G. M., G. D. Feltham, and C. Mbagwu. 2005. The Voluntary Disclosure of Pro Forma Earnings : A U. S. -Canada Comparison. *Journal of International Accounting Research* 4 (2) : 1-23.

Entwistle, G. M., G. D. Feltham, and C. Mbagwu. 2006a. Financial Reporting Regulation and the Reporting of Pro Forma Earnings. *Accounting Horizons* 20 (1) : 39-55.

Entwistle, G. M., G. D. Feltham, and C. Mbagwu. 2006b. Misleading Disclosure of Pro Forma Earnings : An Empirical Examination. *Journal of Business Ethics* 69 (4) : 355-372.

Entwistle, G. M., G. D. Feltham, and C. Mbagwu. 2010. The Value Relevance of Alternative Earnings Measures : A Comparison of Pro Forma, GAAP, and I/B/E/S Earnings. *Journal of Accounting, Auditing & Finance* 25 (2) : 261-288.

Fairfield, P. M., K. A. Kitching, and V. W. Tang. 2009. Are Special Items Informative about Future Profit Margins? *Review of Accounting Studies* 14 (2-3) : 204-236.

Fan, Y., A. Barua, W. M. Cready, and W. B. Thomas. 2010. Managing Earnings Using Classification Shifting : Evidence from Quarterly Special Items. *The Accounting Review* 85 (4) : 1303-1323.

Fan, Y., and X. Liu. 2017. Misclassifying Core Expenses as Special Items: Cost of Goods Sold or Selling, General, and Administrative Expenses? *Contemporary Accounting Research* 34 (1): 400-426.

Fan, Y., W. B. Thomas, and X. Liu. 2016. The Impact of Financial Covenants in Private Loan Contracts on Classification Shifting. Working Paper. Available at SSRN: https://ssrn.com/abstract=2675191.

Financial Accounting Standards Board (FASB). 1975. *Reporting Gains and Losses from Extinguishment of Debt*. Statement of Financial Accounting Standards No. 4. Norwalk, CT: FASB.

Financial Accounting Standards Board (FASB). 1995. *Accounting for the Impairment of Long-Lived Assets and for Long-Lived Assets to Be Disposed Of*. Statement of Financial Accounting Standards No. 121.

Financial Accounting Standards Board (FASB). 2001. *Goodwill and Other Intangible Assets*. Statement of Financial Accounting Standards No. 142.

Financial Accounting Standards Board (FASB). 2002. *Rescission of FASB Statements Nos. 4, 44 and 62, Amendment of FASB Statement No. 13, and Technical Corrections*. Statement of Financial Accounting Standards No. 145.

Financial Accounting Standards Board (FASB). 2015. *Income Statement—Extraordinary Items and Unusual Items*. Accounting Standards Update 2015-01.

Francis, J., J. D. Hanna, and L. Vincent. 1996. Causes and Effects of Discretionary Asset Write-Offs. *Journal of Accounting Research* 34 (3): 117-134.

Frederickson, J. R., and J. S. Miller. 2004. The Effects of Pro Forma Earnings Disclosures on Analysts' and Nonprofessional Investors' Equity Valuation Judgments. *The Accounting Review* 79 (3): 667-686.

Giner, B., and F. Pardo. 2015. How Ethical are Managers' Goodwill Impairment Decisions in Spanish-Listed Firms? *Journal of Business Ethics* 132 (1): 21-40.

Godfrey, J. M., and K. L. Jones. 1999. Political Cost Influence on Income Smoothing via Extraordinary Item Classification. *Accounting & Finance* 39 (3): 229-254.

Guler, L. 2016. Has SFAS 142 Improved the Usefulness of Goodwill Impairment Loss and Goodwill Balances for Investors? *Review of Managerial Science*. Cite this article as: https://doi.org/10.1007/s11846-016-0223-y.

Hamberg, M., and L.-A. Beisland. 2014. Changes in the Value Relevance of Goodwill Accounting Following the Adoption of IFRS 3. *Journal of International Accounting, Auditing & Taxation* 23 (2): 59-73.

Haw, I.-M., S. S. M. Ho, and A. Y. Li. 2011. Corporate Governance and Earnings Management by Classification Shifting. *Contemporary Accounting Research* 28 (2): 517-553.

Henning, S. L., W. H. Shaw, and T. Stock. 2004. The Amount and Timing of Goodwill Write-Offs and Revaluations: Evidence from U. S. and U. K. Firms. *Review of Quantitative Finance and Accounting* 23 (2): 99-121.

Hirschey, M., and V. J. Richardson. 2002. Information Content of Accounting Goodwill

Numbers. *Journal of Accounting & Public Policy* 21 (3) : 173-191.
Huang, Q., and T. R. Skantz. 2016. The Informativeness of Pro Forma and Street Earnings : An Examination of Information Asymmetry around Earnings Announcements. *Review of Accounting Studies* 21 (1) : 198-250.
International Accounting Standards Board (IASB). 2007. *Presentation of Financial Statements* (revised). International Accounting Standards No. 1.
International Accounting Standards Board (IASB). 2008. *Business Combinations* (revised). International Financial Reporting Standards No. 3.
International Accounting Standards Board (IASB). 2011. *Employee Benefits* (revised). International Accounting Standards No. 19.
International Accounting Standards Board (IASB). 2018. *Unusual or Infrequent Items*. Sep. 2018, Agenda paper 21C.
Jaggi, B., B. Lin, S. Govindaraj, and P. Lee. 2009. The Value Relevance of Corporate Restructuring Charges. *Review of Quantitative Finance & Accounting* 32 (2) : 101-128.
Jennings, R., and A. Marques. 2011. The Joint Effects of Corporate Governance and Regulation on the Disclosure of Manager-Adjusted Non-GAAP Earnings in the US. *Journal of Business Finance and Accounting* 38 (3-4) : 364-394.
Johnson, P. M., T. J. Lopez, and J. M. Sanchez. 2011. Special Items : A Descriptive Analysis. *Accounting Horizons* 25 (3) : 511-536.
Johnson, W. B., and W. C. Schwartz Jr. 2005. Are Investors Misled by 'Pro Forma' Earnings? *Contemporary Accounting Research* 22 (4) : 915-963.
Jones, D. A., and K. J. Smith. 2011. Comparing the Value Relevance, Predictive Value, and Persistence of Other Comprehensive Income and Special Items. *The Accounting Review* 86 (6) : 2047-2073.
Jones, J. J. 1991. Earnings Management During Import Relief Investigations. *Journal of Accounting Research* 29 (2) : 193-228.
Joo, J. H., and S. Chamberlain. 2016. The Effects of Governance on Classification Shifting and Compensation Shielding. Working Paper. Available at SSRN : https://ssrn.com/abstract=2800016.
Jordan, C. E., and S. J. Clark. 2004. Big Bath Earnings Management : The Case of Goodwill Impairment under SFAS No. 142. *Journal of Applied Business Research* 20 (2) : 63-69.
Kabir, H., and A. Rahman. 2016. The Role of Corporate Governance in Accounting Discretion under IFRS : Goodwill Impairment in Australia. *Journal of Contemporary Accounting and Economics* 12 (3) : 290-308.
Kinney, M., and R. Trezevant. 1997. The Use of Special Items to Manage Earnings and Perceptions. *Journal of Financial Statement Analysis* 3 (1) : 45-53.
Kolev, K., C. A. Marquardt, and S. E. McVay. 2008. SEC Scrutiny and the Evolution of Non-GAAP Reporting. *The Accounting Review* 83 (1) : 157-184.
Kolev, K., and J. Potepa. 2017. On the Contemporaneous Reporting of Income-Increasing and Income-Decreasing Special Items : Initial Evidence. Working Paper. Available at

SSRN : https://ssrn.com/abstract=2418669.

Laghi, E., M. Mattei, and M. di Marcantonio. 2013. Assessing the Value Relevance of Goodwill Impairment Considering Country-Specific Factors : Evidence from EU Listed Companies. *International Journal of Economics and Finance* 5 (7) : 32-49.

Lapointe-Antunes, P., D. Cormier, and M. Magnan. 2009. Value Relevance and Timeliness of Transitional Goodwill-Impairment Losses : Evidence from Canada. *International Journal of Accounting* 44 (1) : 56-78.

Landsman, W. R., B. L. Miller, and S. Yeh. 2007. Implications of Components of Income Excluded from Pro Forma Earnings for Future Profitability and Equity Valuation. *Journal of Business Finance & Accounting* 34 (3-4) : 650-675.

Li, X. 2016. The Impact of the Sarbanes-Oxley Act on Earnings Management Using Classification Shifting : Evidence from Core Earnings and Special Items. *Accounting & Taxation* 8 (1) : 39-48.

Li, Z., P. K. Shroff, R. Venkataraman, and I. X. Zhang. 2011. Causes and Consequences of Goodwill Impairment Losses. *Review of Accounting Studies* 16 (4) : 745-778.

Lipe, R. C. 1986. The Information Contained in the Components of Earnings. *Journal of Accounting Research* 24 (3) : 37-64.

Lougee, B. A., and C. A. Marquardt. 2004. Earnings Informativeness and Strategic Disclosure : An Empirical Examination of 'Pro Forma' Earnings. *The Accounting Review* 79 (3) : 769-795.

Luo, M., S. Shao, and F. Zhang. 2016. Does Financial Reporting Above or Below the Operating Income Matter to Firms and Investors? The Case of Investment Income in China. Working Paper. Available at SSRN : https://ssrn.com/abstract=2830102.

Masters-Stout, B., M. L. Costigan, and L. M. Lovata. 2008. Goodwill Impairments and Chief Executive Officer Tenure. *Critical Perspectives on Accounting* 19 (8) : 1370-1383.

McVay, S. E. 2006. Earnings Management Using Classification Shifting : An Examination of Core Earnings and Special Items. *The Accounting Review* 81 (3) : 501-531.

Nagar, N., and K. Sen. 2016. Earnings Management in India : Managers' Fixation on Operating Profits. *Journal of International Accounting, Auditing & Taxation* 26 : 1-12.

Penman, S. H. 2013. *Financial Statement Analysis and Security Valuation*. 5th International Edition : McGraw-Hill.

Ragothaman, S., and B. O. Bublitz. 1996. An Empirical Analysis of the Impact of Asset Writedown Disclosures on Stockholder Wealth. *Quarterly Journal of Business & Economics* 35 (3) : 32.

Rees, L., S. Gill, and R. Gore. 1996. An Investigation of Asset Write-Downs and Concurrent Abnormal Accruals. *Journal of Accounting Research* 34 (3) : 157-169.

Reimsbach, D. 2014. Pro Forma Earnings Disclosure : The Effects of Non-GAAP Earnings and Earnings-Before on Investors' Information Processing. *Journal of Business Economics* 84 (4) : 479-515.

Riedl, E. J. 2004. An Examination of Long-Lived Asset Impairments. *The Accounting Review*

79 (3) : 823-852.

Riedl, E. J., and S. Srinivasan. 2010. Signaling Firm Performance Through Financial Statement Presentation : An Analysis Using Special Items. *Contemporary Accounting Research* 27 (1) : 289-332.

Robinson, L. A. 2010. Do Firms Incur Costs to Avoid Reducing Pre-Tax Earnings? Evidence from the Accounting for Low-Income Housing Tax Credits. *The Accounting Review* 85 (2) : 637-669.

Ronen, J., and S. Sadan. 1975. Classificatory Smoothing : Alternative Income Models. *Journal of Accounting Research* 13 (1) : 133-149.

Ronen, J., and V. Yaari. 2007. *Earnings Management : Emerging Insights in Theory, Practice, and Research*. edited by J. S. Demski : Springer.

Spear, N. A., and A. M. Taylor. 2011. Asset Write-downs : Evidence from 2001-2008. *Australian Accounting Review* 21 (1) : 14-21.

Stenheim, T., and D. Madsen. 2016. Goodwill Impairment Losses, Economic Impairment, Earnings Management and Corporate Governance. *Journal of Accounting & Finance* 16 (2) : 11-30.

Strong, J. S., and J. R. Meyer. 1987. Asset Writedowns : Managerial Incentives and Security Returns. *Journal of Finance* 42 (3) : 643-661.

U. S. House of Representatives, Committee on Financial Services. 2002. Sarbanes-Oxley (SOX) Act of 2002. Public Law No. 107-204. Washington, D. C. : Government Printing Office.

U. S. Securities and Exchange Commission (SEC). 2003. Conditions for use of non-GAAP financial measures.

Van Hulzen, P., L. Alfonso, G. Georgakopoulos, and I. Sotiropoulos. 2011. Amortisation versus Impairment of Goodwill and Accounting Quality. *International Journal of Economic Sciences and Applied Research* 4 (3) : 93-118.

Zalata, A., and C. Roberts. 2016. Internal Corporate Governance and Classification Shifting Practices : An Analysis of U. K. Corporate Behavior. *Journal of Accounting, Auditing & Finance* 31 (1) : 51-78.

Zalata, A. M., and C. Roberts. 2017. Managing Earnings Using Classification Shifting : UK Evidence. *Journal of International Accounting, Auditing and Taxation* 29 : 52-65.

Zhang, H., and L. Zheng. 2011. The Valuation Impact of Reconciling Pro Forma Earnings to GAAP Earnings. *Journal of Accounting & Economics* 51 (1-2) : 186-202.

Zhang, R., Z. Lu, and K. Ye. 2010. How Do Firms React to the Prohibition of Long-Lived Asset Impairment Reversals? Evidence from China. *Journal of Accounting & Public Policy* 29 (5) : 424-438.

Zucca, L. J., and D. R. Campbell. 1992. A Closer Look at Discretionary Writedowns of Impaired Assets. *Accounting Horizons* 6 (3) : 30-41.

浅野敬志・大坪史尚・天白隼也．2016.「株価水準を評価するうえで有用な利益情報：公正価値情報や減損損失はノイズなのか」『金融研究』35 (1) : 31-69.

参考文献

池田健一・北川教央・小谷学．2013．「特別損失の計上頻度による将来業績予測」桜井久勝・音川和久編著『会計情報のファンダメンタル分析』中央経済社：125-148．
榎本正博．2007．「減損会計基準の適用における利益マネジメント：早期適用企業を用いた実証分析」『管理会計学』15（2）：41-56．
岡﨑英一．2014．「我が国の減損会計の特質に関する一考察：利益平準化による利益マネジメントと継続的な減損損失計上の関係について」『福井大学教育地域科学部紀要』（5）：109-128．
乙政正太．2008．「退職給付における損益計算書の区分表示」須田一幸編著『会計制度の設計』白桃書房：349-370．
大日方隆．2006．「多段階利益の持続性，資本化係数と Value Relevance—日本式損益計算書における多段階利益の特性」『経済学論集』72（2）：18-84．
大日方隆．2008．「損益計算書区分表示の意義」須田一幸編著『会計制度の設計』白桃書房：164-194．
大日方隆・岡田隆子．2008．「減損計上企業の会計行動」『経済学論集』74（1）：2-75．
大日方隆．2013a．『アドバンスト財務会計（第2版）』中央経済社．
大日方隆．2013b．「利益率の分布の偏り：法人企業統計データの分析」『経済学論集』78（4）：2-46．
勝田英紀・馬文傑・大川雅也．2008．「減損会計基準の早期適用の株価効果分析」『大阪大学経済学』57（4）：46-61．
企業会計基準委員会．2006．「棚卸資産の評価に関する会計基準」企業会計基準第9号．
企業会計基準委員会．2015．「修正国際基準（国際会計基準と企業会計基準委員会による修正会計基準によって構成される会計基準）」．
企業会計審議会．1982．「企業会計原則注解」（最終改正）．
企業会計審議会．2000．「退職給付に係る会計基準」．
企業会計審議会．2002．「固定資産の減損に係る会計基準」．
木村晃久．2007．「減損会計基準の早期適用による利益マネジメント—基準設定主体が早期適用期間を設けた趣旨は達成されたか—」『産業経理』67（2）：122-129．
木村晃久．2013．「損益項目の表示区分選択，経常利益の平準化と区分損益情報の Value Relevance—退職給付会計における会計基準変更時差異を題材として—」『會計』184（2）：220-233．
木村晃久．2017．「実証分析—減損損失に対する投資家の反応と評価」『証券アナリストジャーナル』55（11）：24-32．
島田奈美．2010．「のれんの減損情報の有用性」『年報経営分析研究』（26）：74-82．
首藤昭信．2010．『日本企業の利益調整—理論と実証』中央経済社．
内閣府．2015．「財務諸表等規則」（最終改正）内閣府令第52号．
内閣府．2015．「連結財務諸表規則」（最終改正）内閣府令第52号．
永田京子・白土和志．2013．「分類操作による利益調整行動」『証券アナリストジャーナル』51（5）：44-53．
日本公認会計士協会．2000．「退職給付に係る会計基準変更時差異の取り扱い」リサーチ・センター審理情報 No.13．

向伊知郎．2008．「減損会計基準の適用に伴う市場の反応と財務情報への影響」『會計』174（4）：584-594．
吉田和生・吉田靖．2004．「新年金会計基準の導入と経営者行動—積立不足の償却要因」『経営財務研究』23（1）：43-55．

索　引

―― 英　数 ――

FASB（Financial Accounting Standards Board）による開示制度 ………………1
IASB（International Accounting Standards Board）による開示制度
　………………………………………1, 234
OLS（Ordinary Least Squares）回帰モデル……………………………96
SOX 法（Sarbanes-Oxley Act of 2002）
　…………………………………………22

―― あ 行 ――

異時点間の損益の区分シフト…… 132, 216
異常項目（Extraordinary Items）……… 1
異常値………………………………………98
一元配置分散分析（ANOVA）…………35
一般に公正妥当と認められた会計原則
　（Generally Accepted Accounting Principles；GAAP）…………………13
売上総利益……………………………… 238
営業利益………………………………… 238

―― か 行 ――

会計期間をまたぐ損益の区分シフト…… 6
会計基準変更時差異………………………20
会計上の利益マネジメント………………13
株式の価値…………………………………88
株主資本コスト……………………………89
機会主義的な調整…………………………23
擬似実験……………………………………5

基本財務諸表プロジェクト
　（Primary Financial Statements）… 4, 234
区分選択項目………………………… 16, 25
クラスター補正……………………………98
経済的に無視できない大きさの減損・処分損の継続的な計上………………… 162
経済的に無視できない大きさの特別損失の継続的な計上………………57
経常利益……………………………………2
継続的な損益の区分シフト……… 113, 199
減益回避企業………………………………38
減損・処分損………………………… 149
減損損失…………………………… 6, 150
コア利益（Core Earnings）……… 18, 79
恒久利益（持続可能な利益）……………89
固定資産処分損益………………… 6, 150
固定資産処分損益の区分変更…… 155, 184
固定資産の費用配分…………………… 148

―― さ 行 ――

財務報告におけるコミュニケーションの改善プロジェクト
　（Better Communication in Financial Reporting）……………………… 4, 234
裁量的アクルーアルズ
　（Discretionary Accruals）……………18
サブトータルの利益………………… 2, 234
実体上の利益マネジメント………………13
シフト前経常利益…………………………35
シフト率……………………………………28
収益性の改善………………………………51
修正国際基準…………………………… 238
純利益…………………………………… 238

小規模な減損損失……………………170
小規模な特別損失……………………69
償却不足………………………………160
将来利益の予測能力…………………102
その他の包括利益……………………238
損益の期間配分操作……………………14
損益の区分シフト………………………2
損失回避企業……………………………38

═══ た 行 ═══

大規模な減損損失……………………171
大規模なシフト率の増加………………33
大規模な特別損失……………………69
多重共線性………………………………96
多重比較…………………………………36
置換処理…………………………………98
同一時点の損益の区分シフト…………93
特別項目（Special Items）…………2, 52
特別損益……………………………6, 15
特別利益と特別損失を相殺するような
　利益マネジメント……………………54

═══ な 行 ═══

内部情報の顕示…………………………23
日本の財務諸表開示制度…………………1
年度効果と企業効果……………………98
年度効果と産業効果………………33, 35
ノイズ…………………………………235

═══ は 行 ═══

ビッグ・バス（Big-Bath Accounting）…5

不均一分散………………………………98
プロ・フォーマ利益
　（Pro Forma Earnings）……………16
プロ・フォーマ利益開示の規制強化
　（Regulation G）……………………22
包括利益………………………………238
ボトムラインの利益…………………234

═══ ま 行 ═══

目標利益…………………………………34

═══ ら 行 ═══

利益資本化モデル………………………96
利益情報の信頼性……………………101
利益と株価の関連性……………………96
利益捻出型の利益マネジメント………54
利益の持続性……………………………89
利益反応係数
　（Earnings Response Coefficient ; ERC）
　…………………………………………97
利益マネジメント………………………13
利益マネジメントをおこなう動機…236
リサイクリング………………………238
リストラ費用……………………………6
ロバスト推定……………………………98

═══ わ 行 ═══

割引評価…………………………………91

●著者紹介

木村　晃久（きむら　あきひさ）

2003年　東京大学経済学部卒業
2005年　東京大学大学院経済学研究科修士課程修了
2010年　東京大学大学院経済学研究科博士課程単位取得退学
2010年　埼玉学園大学経営学部専任講師
2011年　横浜国立大学経営学部准教授
2013年　横浜国立大学大学院国際社会科学研究院准教授（現在に至る）
2018年　東京大学より博士（経済学）の学位を取得

〈主要著書〉
『実践財務諸表分析（第2版）』（共著），中央経済社，2017年
『テキスト会計学講義』（共著），中央経済社，2018年
『アナリストのための財務諸表分析とバリュエーション（原書第5版）』（共訳），有斐閣，2018年

損益の区分シフト―経常利益の調整実態と株価への影響

2019年3月25日　第1版第1刷発行

著者　木　村　晃　久
発行者　山　本　　　継
発行所　㈱中央経済社
発売元　㈱中央経済グループ
　　　　パブリッシング

〒101-0051　東京都千代田区神田神保町1-31-2
電話　03（3293）3371（編集代表）
　　　03（3293）3381（営業代表）
http://www.chuokeizai.co.jp/
印刷／三美印刷㈱
製本／誠　製　本㈱

© 2019
Printed in Japan

＊頁の「欠落」や「順序違い」などがありましたらお取り替えいたしますので発売元までご送付ください。（送料小社負担）
ISBN 978-4-502-29441-9 C3034

JCOPY〈出版者著作権管理機構委託出版物〉本書を無断で複写複製（コピー）することは，著作権法上の例外を除き，禁じられています。本書をコピーされる場合は事前に出版者著作権管理機構（JCOPY）の許諾を受けてください。
JCOPY〈http://www.jcopy.or.jp　eメール：info@jcopy.or.jp　電話：03-3513-6969〉

―■おすすめします■―

学生・ビジネスマンに好評
■最新の会計諸法規を収録■

新版 会計法規集

中央経済社編

会計学の学習・受験や経理実務に役立つことを目的に，最新の会計諸法規と企業会計基準委員会等が公表した会計基準を完全収録した法規集です。

《主要内容》

会計諸基準編＝企業会計原則／外貨建取引等会計処理基準／連結CF計算書等作成基準／研究開発費等会計基準／税効果会計基準／減損会計基準／自己株式会計基準／1株当たり当期純利益会計基準／役員賞与会計基準／純資産会計基準／株主資本等変動計算書会計基準／事業分離等会計基準／ストック・オプション会計基準／棚卸資産会計基準／金融商品会計基準／関連当事者会計基準／四半期会計基準／リース会計基準／持分法会計基準／セグメント開示会計基準／資産除去債務会計基準／賃貸等不動産会計基準／企業結合会計基準／連結財務諸表会計基準／研究開発費等会計基準の一部改正／変更・誤謬の訂正会計基準／包括利益会計基準／退職給付会計基準／税効果会計基準の一部改正／収益認識基準／原価計算基準／監査基準／連続意見書　他

会 社 法 編＝会社法・施行令・施行規則／会社計算規則

金 商 法 編＝金融商品取引法・施行令／企業内容等開示府令／財務諸表等規則・ガイドライン／連結財務諸表規則・ガイドライン／四半期財務諸表等規則・ガイドライン／四半期連結財務諸表規則・ガイドライン　他

関 連 法 規 編＝税理士法／討議資料・財務会計の概念フレームワーク　他

■中央経済社■

■最新の監査諸基準・報告書・法令を収録■

監査法規集

中央経済社編

本法規集は，企業会計審議会より公表された監査基準をはじめとする諸基準，日本公認会計士協会より公表された各種監査基準委員会報告書・実務指針等，および関係法令等を体系的に整理して編集したものである。監査論の学習・研究用に，また公認会計士や企業等の監査実務に役立つ1冊。

《主要内容》

企業会計審議会編＝監査基準／不正リスク対応基準／中間監査基準／四半期レビュー基準／品質管理基準／保証業務の枠組みに関する意見書／内部統制基準・実施基準

会計士協会委員会報告編＝会則／倫理規則／監査事務所における品質管理　《**監査基準委員会報告書**》　監査報告書の体系・用語／総括的な目的／監査業務の品質管理／監査調書／監査における不正／監査における法令の検討／監査役等とのコミュニケーション／監査計画／重要な虚偽表示リスク／監査計画・実施の重要性／評価リスクに対する監査手続／虚偽表示の評価／監査証拠／特定項目の監査証拠／確認／分析的手続／監査サンプリング／見積りの監査／後発事象／継続企業／経営者確認書／専門家の利用／意見の形成と監査報告／除外事項付意見　他《**監査・保証実務委員会報告**》継続企業の開示／後発事象／会計方針の変更／内部統制監査／四半期レビュー実務指針／監査報告書の文例

関係法令編＝会社法・同施行規則・同計算規則／金商法・同施行令／監査証明府令・同ガイドライン／内部統制府令・同ガイドライン／公認会計士法・同施行令・同施行規則

法改正解釈指針編＝大会社等監査における単独監査の禁止／非監査証明業務／規制対象範囲／ローテーション／就職制限又は公認会計士・監査法人の業務制限

会計と会計学の到達点を理論的に総括し、
現時点での成果を将来に引き継ぐ

体系現代会計学 全12巻

■総編集者■

斎藤静樹(主幹)・安藤英義・伊藤邦雄・大塚宗春
北村敬子・谷　武幸・平松一夫

■各巻書名および責任編集者■

第1巻	企業会計の基礎概念	斎藤静樹・德賀芳弘
第2巻	企業会計の計算構造	北村敬子・新田忠誓・柴　健次
第3巻	会計情報の有用性	伊藤邦雄・桜井久勝
第4巻	会計基準のコンバージェンス	平松一夫・辻山栄子
第5巻	企業会計と法制度	安藤英義・古賀智敏・田中建二
第6巻	財務報告のフロンティア	広瀬義州・藤井秀樹
第7巻	会計監査と企業統治	千代田邦夫・鳥羽至英
第8巻	会計と会計学の歴史	千葉準一・中野常男
第9巻	政府と非営利組織の会計	大塚宗春・黒川行治
第10巻	業績管理会計	谷　武幸・小林啓孝・小倉　昇
第11巻	戦略管理会計	淺田孝幸・伊藤嘉博
第12巻	日本企業の管理会計システム	廣本敏郎・加登　豊・岡野　浩

中央経済社